심리치료이론과 가족치료

김유숙 저

Theory of Psychotherapy and Family Therapy

학지사

| 저자 서문 |

21세기에 들어서면서 산업화, 도시화 등으로 사람들의 생활은 편리해졌지만, 이는 가족구조를 변화시켜 인간관계의 질을 저하시키는 결과를 초래했다. 핵가족화로 인해 대가족에서 누릴 수 있는 관계의 풍요로움과, 이처럼 안정된 곳에서 인간관계의 원리를 배울 수 있는 기회 등을 상실한 채 심리적 균형에 위협을 경험하는 사람들이 늘어났다. 이런 시대적 변화로 인해 사람과 잘 어울려 산다는 것은 무엇인가, 또는 심성이란 무엇인가 등의 기본적인 삶의 방식이나 치유에 관한 관심이 높아졌다. 더불어 이와 관련된 지식을 배우려는 사람도 늘어나고 있다. 그러나 현재 심리치료나 가족치료에 대한 접근방법은 다양해서 이에 관한 기본개념이나 접근을 포괄적으로 다룬 책은 많지 않다. 입문서로서 포괄적인 개념을 다루는 경우에도 대부분 각각의 전문가들이 분담하여 집필함으로써 독자의 입장에서는 통일감이 없어서 흐름을 이해하기 힘든 경우가 있다.

이 책은 이러한 시대적 변화에 따라 심리치료와 가족치료에 대한 기본적인 지식을 체계적으로 담고 있다. 심리치료나 가족치료라는 단어가 더 이상 오랫동안 훈련 받은 전문가의 전유물이 아니라는 점에서 복잡한 이론을 알기 쉽게 쓰려고 노력했다. 임상심리와 가족치료를 전공한 필자의 경험에 의해 심리치료와 가족치료를 이해하는 데 핵심이 된다고 생각되는 부분에 초점을 두어, 초심자나 어느 정도의 지식을 가진 사람도 흥미를 가지고 읽을 수 있도록 배려하였다.

이 책은 '1부 심리치료이론'과 '2부 가족치료'로 나누어, 1부는 개인을 대상으로 한 정신분석부터 집단치료까지를 다루었다. 1장에서는 심리치료의 개념과 특징, 치료과정, 치료자의 역할 등을 통해 독자들이 심리치료가 무엇인지 개괄적인 이미지를 그려 낼 수 있도록 하였다. 2장부터 7장까지는 심리치료의 여러 접근 중 현장에서 도움이 된다고 판단되는 몇몇 접근을 소개하였다. 심리치료의 첫 장을 연 정신분석을 2장에서, 분석심리를 3장에서 다루었다. 2, 3장을 통해 내담자의 내적 세계를 이해하는 데 도움이 되기를 바란다. 4장에서는 치료의 주도적 역할이 치료자에서 내담자로 옮겨가는 계기를 제공한 내담자 중심 치료를 소개함으로써 임상현장에 종사하는 사람들이 자아실현의 주체로서 내담자를 이해하도록 하였다. 5장에서는 심리치료의 또 다른 접근인 한 개인의 내면이 아닌 개인이 드러낸 행동에 개입한다는 행동치료와 이것을 보완한 인지행동치료에 대해 소개하고 있다. 6장에서는 이들의 치료철학을 지향하지 않더라도 각자의 임상영역에서 적용하기 쉬운 다양한 치료기법을 가지고 있는 게슈탈트 치료를 소개하였다. 7장에서는 치료적 철학에 의한 접근이라기보다 치료대상이 개인치료에서 복수로 전환하는 집단치료를 소개하고 있는데, 이것은 2부의 가족치료 내용과 가교 역할을 하기 때문이다.

2부에서는 가족치료의 이론과 실제를 소개하는데, 다소 생소하게 느끼는 임상가들을 고려하여 간단한 실례를 덧붙여 임상적 이해의 폭을 넓히고자 하였다. 8장에서는 문제를 개인보다는 개인을 둘러싼 관계에서 이해하고 해결한다는 가족치료의 개념과 역사, 치료과정 등을 소개하였다. 9장 가족정서체계 가족치료에서는 초기 선구자인 보웬이 주창한 8개의 개념을 중심으로 가계도의 작성방법과 해석을 소개하였다. 10장은 가족의 구조 변화에 초점을 둔 구조적 가족치료, 11장은 가족 경험의 변화를 통해 개인과 가족의 성장을 목표로 한 경험적 가족치료를 소개하였다. 12장 해결중심 가족치료와 13장 이야기치료에서는 경험은 발견하는 것이 아니라 구성하는 것이라는 사회구성주의 관점에 기반을 두고 내담자가 새로운 경험을 만들어 가도록 돕는 새로운 개념의 치료기법을 설명하였다. 마지막 14장은 가족생활주기에 따라 해결해야 하는 과업은 무엇이며, 이러한 부분의 어려움을 겪는 가족에게 어떻게 접근해야 하는지를 정리하였다.

이 책은 심리치료와 가족치료 현장에서 개인이나 가족을 만나고 있거나, 이를 위해 전문가 과정을 준비하는 학생들에게 도움이 되는 책이 많지 않다는 것을 안타깝게 여긴 학지사 김진환 사장님의 끊임없는 노력으로 출간되었다. 인내심을 가지고 오랜 시간 기다려 준 것에 대해 감사를 드린다. 또한 읽기 편한 책이 되도록 많은 노력을 해 준 서울여자대학교 교육심리학과 이가현 조교와 학지사 편집부 백소현 선생님에게도 고마움을 전한다.

| 차 례 |

제2부 가족치료

제 1 부

심리치료이론

| 제1장 |

심리치료의 이해

심리치료란 심리적 원조의 이론과 기술을 숙달한 치료자가 심리적인 문제에 직면하고 있는 내담자와 면담함으로써 내담자가 문제해결을 하도록 도와주는 것이다. 심리치료는 정신과 의사인 지그문트 프로이트(S. Freud)에 의해 시작되면서 초기의 치료대상은 대부분 신경증의 문제를 가진 내담자들이었다. 그 후 심리학자인 로저스(C. R. Rogers)가 내담자 중심의 치료를 제창하였다. 그는 치료대상을 아동에서 노인까지, 가벼운 문제부터 심한 어려움까지 폭넓게 적용하였다. 심리적 도움을 받으려는 대다수의 사람들은 단순히 현재의 고통에서 벗어나고 싶다는 기대보다는 더 나아가 인격적 성장이나 더욱 나은 미래를 추구하려는 욕구를 가지고 치료자를 방문한다. 초기의 정신분석치료자들은 그들의 이런 기대를 주로 대화를 통해 달성하고자 했으므로 정신분석치료를 '대화치료' 라고 불렀다. 따라서 초기의 심리치료는 치료적 의도를 가진 대화라고도 말할 수 있다. 그러나 대화가 항상 치료적 효과를 높이는 것은 아니며, 내담자의 생활에 대한 변화를 통해 치료적 접근을 하지 않으면 안 되는 경우도 있다. 심리치료는 궁극적으로 마음속에 내재된 것을 정확하게 표현하도록 돕는 것이 중요하다. 따라서 치료자와 내담자의 독특한 관계 속에서 고통을 완화하는 재학습과 인격적 성장을 촉진하는 일련의 행위로 정의하고자 한다.

그런데 사람들이 호소하는 문제를 바라보는 관점은 시대에 따라 달라졌다. 프로이트나 융(C. G. Jung)과 같은 초기의 심리치료자들은 인간을 심리 내부의 역동에 의해 행동하는 존재로서 이해했다. 이들은 인간이 알 수 없는 수수께끼 같은 존재이며 모든 인간은 그 내부 깊숙한 곳에 신비스러운 비밀이 자리 잡고 있다고 보았다. 이와 같이 내면에 자리 잡은 신비한 비밀은 때로는 통제할 수 없는 힘으로 또는 고뇌와 갈등, 예측하지 못한 신체적 증상으로 나타나기도 한다. 그들은 이런 내면의 역동성을 파악하고 그 알 수 없는 힘에 이름을 붙여 줄 때, 비로소 그 사람을 이해할 수 있다고 보았다. 이와 같은 일련의 과정을 무의식을 의식화하는 작업이라고 불렀다. 그 후 스키너(B. F. skinner), 미드(G. H. Mead), 아이젱크(H. Eysenck)와 같은 학자들은 인간을 상호 교류하면서 행동하는 존재로 보았다. 이들은 인간을 예측하지 못할 신비로운 존재라고 보는 입장과는 달리 인간을 개인과 환경 사이에서 끊임없이 상호작용함으로써 예측 가능한 행동을 하는 존재로 보았다. 따라서 인간을 대상으로 연구해야 하는 것은 무의식의 자료가 아니라 과학적 관찰과 예측이나 측정 가능성을 지닌 인간 행동이라고 보았다. 피아제(J. Piaget), 켈리(G. Kelly), 매슬로(A. Maslow) 등으로 대표되는 학자들은 인간을 해석하는 존재로 이해했다. 이들은 인간을 두뇌와 인지능력 각각의 발달단계에 따라 환경이나 사건에 적절히 대응하며 살아가는 해석의 구조, 틀, 패턴 등을 지닌 존재라고 보았다. 따라서 인간을 이해하는 지름길은 인간 발달단계에 따른 인식구조를 이해하는 것이라고 보았다. 이처럼 심리치료자들은 자신들의 이론적 관점에 따라 인간을 제각기 이해하였다. 또한 치료자들은 심리치료의 목표인 성격이나 행동 변용을 초래하기 위한 개입에서도 다양한 시도를 하였다. 즉, 성인 내담자와의 치료적인 일대일 대화만이 아니라 가족치료, 집단치료, 놀이치료, 그 밖의 여러 가지 행동 변용의 방법을 포함한 개입을 시도하였다. 현재 심리치료의 종류는 치료자 수만큼이라고 해도 좋을 정도로 다양하다. 그러나 어떤 이론적 입장을 표명해도 본질적으로 심리치료는 치료자라고 불리는 사람과 내담자라고 불리는 사람이 치료의 장에서 형성하는 신뢰관계가 바탕이 된다. 이들은 상호작용을 반복하면서 내담자의 행복, 자율성, 인간적 능력의 촉진을 목표로 한다는 공통점을 가지고 있다. 치료적 변화는 내담자가 치료관계를 통해 개인적으로 의미가 있고 정서적으로도 중요한 경험을 새롭게 함으로써 생긴다. 그러므로 심리치료에서는 치료자의 특정 기법보다도 치료자와 내담자의 관계가 더 중요하다.

이처럼 심리치료를 포괄적인 의미로 이해한다면 여러 가지 대립되는 접근이나 차이가 존재하더라도 추구하는 목표나 사용하는 기법을 뛰어넘는 기본적인 가설을 도출해 낼 수 있을 것이다. 이 장에서는 각 학파 간의 상이한 이론을 비교하기 전에 모든 접근이 공유하는 심리치료의 일반적인 특징을 언급함으로써 심리치료가 가진 치료적 유용함을 설명하고자 한다.

1. 심리치료의 특징

1) 재학습의 기회로서의 심리치료

심리치료는 모든 인간의 행동이 변할 수 있다는 기본적 가설에서 출발한다. 개인의 성격이나 대처능력은 순응적이건 비순응적이건 간에 한 개인이 출생하면서부터 학습된 결과다. 자신이나 타인에 대한 감정, 태도, 가치관, 기술, 습관, 강점이나 취약한 부분을 포함한 모든 것은 어린 시절의 다른 사람과의 교류를 통해 학습된 것이다. 일반적으로 사람들은 초기 환경에 적응하기 위한 순응양식을 발달시키는데 이것이 고착된 채로 성장한다면 달라진 환경에 제대로 기능하지 못할 것이다. 이것은 현재 본인이나 타인에게 해를 끼치는 문제행동이라도 생의 초기에는 유용했을 수 있다는 점을 시사하고 있다. 단지 성장함에 따라 이런 행동이 바람직하지 않다는 점을 인식하더라도 이런 행동은 내담자의 현재 생활에 지속적으로 관여하여 새로운 학습을 방해하는 것이다. 또한 내담자는 고통스러운 감정, 불안, 죄의식, 우울감 등에 짓눌려 자신이 삶의 주인공이라는 감정을 느끼지 못할 것이다. 오히려 자신을 무력하고 불완전하여 아무것에도 소용이 없는 존재로 인식한다. 심리치료는 내담자에게 이와 같은 고통에서 벗어남과 동시에 자존감이나 자기통제의 힘을 발전시켜 나갈 수 있도록 재학습의 기회를 제공하는 것이다.

2) 이해하는 것보다 경험하는 것

여기에서 심리치료 과정 중에 어떤 종류의 학습이 일어나며 이런 학습이 일어나는 이유에 대한 궁금증이 생긴다. 이를 설명하기 위해 한 회기를 살펴보자. 그곳에는 자신의 문제나 경험, 태도나 감정 등에 대해 이야기하는 내담자가 있다. 반대편에는 치료자가 그것에 대해 질문하거나 코멘트를 하면서 명료화하거나 조언한다. 이런 과정을 통해 내담자는 자신의 동기나 생각, 행동에 대한 깊은 이해를 하거나 통제를 한다. 때로는 문제를 해결하거나 장래의 문제에 대처하기 위한 더욱 유용한 방법을 습득했다고 느끼기도 한다. 그러나 심리치료는 이처럼 외부에서 들여다보는 것만으로는 본질적인 과정에 다가가기 힘들다. '자신의 문제에 대해 이야기한다면 자기이해를 더 잘할 수는 있지만 그렇다고 그것이 성격이나 행동의 본질적인 변화를 가져오는 것일까?' '내가 가진 걱정이나 문제에 대해서는 이미 주위 사람들에게도 자주 이야기했는데 그것과 심리치료자에게 이야기하는 것은 무엇이 다를까?'라는 소박한 의문이 생길지도 모른다.

심리치료는 단순히 무엇에 대해 이야기하는 것을 뛰어넘어 그것에 의한 이해, 즉 통찰을 얻는 것이다. 그런데 그것은 단순한 과정을 통해 획득할 수 있는 것이 아니다. 치료적 과정의 재학습이란 그들이 몰랐던 영역에 대한 새로운 지식을 획득하는 지적인 과정이 아니라 치료적 변화로 이어져야 한다. 이는 내담자가 지적 상호작용을 하면서도 치료관계와 연결된 정서적으로 중요한 경험을 새롭게 할 때만 가능하다. 정신분석에서는 지적 통찰과 정서적 통찰을 구별한다. 어떤 내담자가 "내가 무서워하는 게 아무것도 아니라는 사실은 알겠는데요. 그래도 여전히 무서워요."라고 호소하는 경우가 종종 있다. 이를 통해 두 가지를 구별할 수 있을 것이다. 치료적 변화는 치료과정에서 반복적이며 통제된 정서적 경험을 통해서 어떻게 하면 두려워하지 않을 수 있는지에 대한 학습의 기회를 갖는 것이다. 이것은 무엇이 왜 두려운지를 아는 것만으로는 일어나지 않는다. 치료적 변화가 경험적이거나 정서적인 학습에 의한 것이라면 그것은 오랜 시간을 필요로 하는 일이며, 내담자의 적극적인 관여도 필요하다. 그런데 유감스럽게도 치료자들은 내담자에게 그들의 공포가 비합리적이며 공포가 어디서 유래된 것인가를 설명하는 것 이외에 할 수 있는 것이 많지 않다. 많은 부분은 내담자가 스스로 발견하지 않으면 안 된다. 심리치료자들은 외과 의사처럼 어떤 문제를 수술이라는 극적인 해결책을 가지고 해결하지 못한다. 내담자와 함께 힘든 작업을 견디어 내야 하기 때문에 치료라는 독특한 대인관계에 의존할 수밖에 없다. 실제 치료적 변화를 일으키는 주요 원천은 치료자가 활용하는 특정 기법보다는 치료자와 내담자의 관계 속에서 일어나는 경우가 많다.

3) 심리치료 관계

치료자는 집중적인 주의, 공감적 관심, 내담자의 개인적 의미 이해 등을 위해 지속적인 노력을 하면서 내담자의 말에 귀를 기울일 필요가 있다. 자신의 욕구나 감정 또는 사회적 관습에 얽매이지 않는 경청 능력은 심리치료의 기본 조건이다. 치료자는 자신이 이해한 것을 적절한 시기에 내담자에게 전하거나 그들의 고통을 경감시키기 위해 개입하지만 내담자를 한 인격체로서 있는 그대로 보며 그를 불완전하다고 생각하지 않아야 한다. 또한 내담자가 자기 개선을 위해 보이는 고통을 존중해 주어야 한다. 동시에 치료자는 내담자에 대해 객관성이나 거리를 유지하는 것이 중요하다. 즉, 치료자는 따뜻한 관심과 함께 냉철한 안목도 지녀야 한다. 치료목표는 내담자를 이해하며 훈련된 자신의 지식이나 지성, 공감을 사용하여 내담자를 도와서 그들의 삶의 질을 높이는 데 있다.

치료자와 내담자의 관계는 일종의 직업적 관계다. 그것은 전문가가 원조를 구하는 개인에게 서비스를 제공하고 그 대신 보수를 받는 관계라는 점이 포함되어 있다. 그러므로 치료자가 여러 명의 내담자를 만나고 있다 할지라도 각각의 내담자에게 치료자의 직업적 배려나 관심을 공평하게 주어야 한다. 성실한 직업적 전문가로서 치료자는 적절한 요금을 정하여 약속된 시간에 내담자를 만나고 치료시간 이외에 도움이 필요할 때 어떻게 할 것인지에 대해서도 임상적 계약에 의해 정해진 의무를 수행한다. 또한 내담자는 이 관계에서 둘만의 시간, 비밀 준수, 도덕적 중립을 보장받을 수 있어야 한다. 치료자는 치료 장면에서도 개인적 관심에서 벗어나 내담자가 전하는 것을 있는 그대로 이해하려고 노력하지 않으면 안 된다. 또한 치료자는 내담자를 치료자 개인의 경제적 · 성적 · 사상적 · 권력적 욕구에 사용하거나 조작해서는 안 된다. 치료자의 목표는 내담자의 자아실현, 자율성, 인격적 능력을 촉진하는 것이다. 이러한 목표는 설령 치료자가 내담자의 고통을 충분히 느끼고 그것에 깊은 동정심을 가지는 경우라 하더라도 잊어서는 안 된다. 단순하게 위로하는 것은 심리치료의 영역이 아니다. 동정적으로 듣거나 그들이 지고 있는 짐을 나누어 지려는 것만으로는 치료적 변화를 초래할 수 없다. 치료자가 내담자에게 이해와 존중, 원조를 제공하기 위해서는 호의적인 감정과 심리적 거리를 두는 것 사이의 균형을 잃지 말아야 한다.

4) 내담자의 동기, 신뢰, 기대

심리치료를 받으러 오는 내담자는 불안과 희망에 대한 양가적인 감정을 가진다. 그들은 치료과정에서 무엇이 일어나는가를 알 수 없지만, 시간이나 경제적 부담을 감수해야 하며, 자신의 내면을 노출해야 하는 고통을 맛봐야 한다는 점을 이미 알고 있다. 치료자가 자신이 느끼고 있는 것보다 훨씬 심한 상태로 자신을 판단하지 않을까라는 공포심도 가질 수 있다. 지적으로 우수하거나 사회적으로 안정적인 지위에 있는 사람은 이러한 것을 수치로 받아들일 수도 있다. 자신이 전문적 원조를 받지 않으면 안 될 만큼 다른 사람들보다 형편없다고 생각하기도 한다. 자신의 생활을 스스로 잘 처리할 능력이 없다는 점을 고통스럽게 인식할지도 모른다. 그러나 동시에 그들은 치료에 온 자체가 긍정적인 행동이라며 희망을 가지려고 한다. 다른 사람의 도움 없이는 대처할 수 없는 심리적 문제를 가지고 있다는 것을 내담자가 명확하게 인식하고 있다고 추론할 수 있다. 따라서 내담자는 치료자에 대한 신뢰를 통해 희망을 가지고 치료가 잘될 것이라는 기대를 가질 수 있다.

2. 심리치료의 과정

심리치료자가 어떤 치료적 접근방법을 지향하든 간에 기본적으로는 내담자의 고통을 경감시키고 그들이 더욱 유용한 기능을 발휘하도록 돕는다는 것은 공통된 목표다. 각 심리치료의 특성을 소개하기 전에 공통적인 목표를 추구하기 위해 접근하는 기본적인 치료과정을 살펴보고자 한다. 그러나 심리치료는 각 학파마다 목적, 개념, 방법에 있어서 차이를 보이기 때문에 치료과정을 소개하는 것은 쉽지 않은 일이다. 따라서 여기서는 이 같은 어려움을 염두에 두고 기본적인 과정만을 서술하고자 한다.

1) 초기 단계: 치료관계의 구축

심리치료에서는 내담자와 치료자 관계의 시작인 초기 단계에 의해 치료의 지속 여부가 결정된다고 해도 과언이 아니다. 이 시기는 두 사람의 관계가 어떻게 설정될 것인지에 대해 파악하고 이해하는 단계이기도 하다. 내담자는 자신의 문제를 해결하려고 여러 가지 노력을 하던 끝에 치료자를 찾는다. 따라서 처음 만난 치료자가 어떤 사람일지에 대한 불안이나 긴장감에 휩싸인다. 대부분의 내담자는 '자신을 이해해 줬으면 좋겠다.' '좋아지고 싶다.' 는 감정과 '어떤 변화도 없이 지금 그대로 있고 싶다.' 는 욕구 사이에서 갈등한다. 그러므로 초기 단계는 내담자와 신뢰관계를 형성하여 내담자가 지닌 문제에 대한 정보를 수집하며, 변화하려는 내담자의 결의를 지지하면서 내담자와 치료계약을 맺는 것이 필요하다.

(1) 첫 회기

첫 회기의 목적은 주로 임상적 평가에 있지만, 다음과 같은 것이 포함된다. 첫째, 인간관계를 확립한다. 이것은 앞으로의 치료적 교류에 필요한 라포나 신뢰를 형성하는 기반이 된다. 둘째, 내담자와 그들을 둘러싼 문제에 대한 정보를 얻는다. 셋째, 상담기관에 관한 정보를 제공한다. 넷째, 변화하려는 내담자의 결의를 지지한다. 상식적인 표현이지만, 심리치료의 첫 단계는 상대가 어떤 사람인지, 두 사람의 관계가 어떻게 될지를 서로 이해해 가는 과정을 포함한다. 이런 이해를 위해서는 여러 회기가 사용될 수도 있지만, 첫 회기에서 내담자에 대한 이해와 존중, 도우려는 자세를 전달하는 것이 바람직하다. 이처럼 첫 회기에서는 치료자가 내담자에 대해 이해하려는 자세가 필요하다. 때로는 내담자가 막연히 표현하거나 자신이 뭘 기대하고 있는지 알 수 없다는 태도를 보이더라도 치료자인 자신에게 무언가를 기대하고 있다는 점을 깨닫는 게 중요하다.

(2) 치료동맹

치료가 진행되기 위해서는 내담자가 치료를 추구할 의욕을 가지고 있지 않으면 안 된다. 그러나 대부분의 내담자는 치료에 대해 강렬한 내적 저항도 동시에 갖고 있다. 현실적으로는 자신을 힘들게 하는 문제에 봉착하여 고통을 호소하지만, 잠재적으로는 변화에 대한 두려움이 있다. 따라서 치료를 위해서는 내담자의 자발적인 참여와 치료에 필요한 시간이나 노력, 비용을 지불할 준비가 선행되어야 한다. 앞으로 진행될 치료과정을 통해 회피하고 싶다고 느낄 만한 시련도 여러 번 겪게 될 것이므로 치료는 내담자의 동기가 높아야 시작되고 지속될 수 있다. 내담자가 자신이 지금까지 이해할 수 없는 비합리적 고통에 시달려 왔다는 사실을 깨닫는다고 해서 반드시 합리적인 기대를 하는 것은 아니다. '앞으로 건강하게 살고 싶다.'는 희망을 가짐과 동시에 '지금 이대로 있고 싶다.'는 생각에도 사로잡힌다. 이와 같은 두 가지 측면은 여러 가지 상황에서 끊임없이 갈등으로 드러난다. 따라서 초기 단계에는 치료동맹을 형성하여 내담자가 자신을 성실하게 바라보겠다는 자세를 이끌어 내고 격려하는 것이 필요하다.

(3) 치료계약

내담자와 치료자 간에 존재하는 의무나 협상은 치료계약으로 언급할 수 있다. 그것은 형식적으로는 '당신이 그것을 한다면 나는 이것을 할 것이다.'는 조항으로 명기될 수 있으나, 내담자와 치료자가 자유롭게 의논하여 서로를 이해하는 과정에서 협의하는 것이 이상적이다. 그러나 현실적으로는 치료계약이 담지 못하는 명확하게 드러나지 않은 기대, 암묵적인 조건도 많다. 때로는 서로의 이해가 달라서 심리치료 과정에서 여느 인간관계처럼 갈등이나 오해가 생길 수도 있다. 상반된 기대를 드러내지 않은 채 치료가 진행된다면, 결국 치료는 중단될 수밖에 없다. 그러므로 가능하다면 치료 초기에 서로가 합의할 수 있는 준수사항을 명확히 해 놓는 것이 중요하다. 이와 같은 계약은 치료를 진행하면서 여러 회기에 걸쳐 다듬어 가는 것이 일반적이다. 물론 내담자와 치료자가 서로에게 요구하는 행동이나 의무에 대해 전부 언급하는 것은 불가능하지만, 그래도 치료의 기본적인 틀에 대해 서로 이야기를 나누는 것이 바람직하다.

치료 일정과 비용은 초기 과정에서 비교적 결정하기 쉬운 부분이다. 시간과 비용, 면담 횟수를 정하는데, 내담자는 약속된 시간에 정확히 올 것과 약속을 취소할 때는 일정 시간 전에 연락할 것 등에 동의한다. 한편, 치료자는 약속한 시간에 치료실에서 내담자를 기다리고 있어야 하며 그 이외의 시간에도 긴급한 경우에는 전화 연락을 받을 수 있어야 한다. 또한 치료과정 동안은 그 어느 것에도 방해받지 않도록 두 사람만의 시간을 보장해야 하며, 그 후에도 내담자의 비밀을 지켜야 한다. 치료 초기에는 치료기간에 대해 유연한 계약을 하는 것이 바람직하다. 치료기간이 이미 정해져 있는 치료방법을 채택하는 경우가 아니라면 "어느 정도의 치료기간이면 좋아질까요?"라는 내담자의 질문에 다음과 같이 대답하는 것이 바람직하다. "글쎄요. 저도 얼마나 오래 걸릴지 잘 모르겠지만 먼저 어느 정도 만나면서 당신이 힘들어 하는 문제가 무엇인지 파악한 후 내가 도울 수 있는지 판단하는 게 좋을 것 같아요. 당신도 그 기간 동안 저와 만나는 게 정말 도움이 되는지 판단해 주세요." 이런 식으로 잠정적인 계약을 한다.

치료계획이나 비용 같은 치료관계의 외적 측면과 관련된 합의 이외에도 내담자가 담당해야 하는 기본적인 의무가 있다. 내적 탐색을 할 때 의식적으로 감추지 말고 자신의 감정이나 경험에 대해 성실하게 이야기해야 한다는 것이다. 실제로는 어느 정도의 시간이 경과해야 내담자가 이런 자세의 필요성을 깨달을 수 있다. 그러나 치료를 시작할 때 내담자가 치료적 대화에 협력하려는 의지와 치료과정의 고통을 감수해야 한다는 점을 인식하는 것이 중요하기 때문에 초기 단계에서 언급하는 것이 바람직하다.

그렇다면 치료자는 내담자에게 무엇을 약속할 것인가? 치료회기 동안 내담자에 대한 지속적인 관심을 가질 것이며 섣불리 내담자를 판단하지 않으면서 그들을 위해 자신의 다양한 지식과 최선의 판단과 공감적 능력을 사용할 것이라는 점을 명확히 해야 한다. 그리고 내담자의 사생활과 비밀을 지켜 주겠다는 보증을 하는 것도 중요하다. 치료자는 이와 같은 직업적 윤리를 준수할 것이라는 점을 전해야 하지만, 어떤 특정 효과에 대해서 보증해서는 안 된다. 즉, 목표를 향한 노력을 하겠다는 점을 분명히 하더라도 목표의 달성을 보증해서는 안 된다. 반드시 치료결과에 대해 언급해야 할 상황이라면 "대부분의 사람들은 치료가 끝난 후에……"의 추론 형태로 암시하는 것이 좋다. 치료계약의 다른 측면은 치료의 불확실성이라는 현실적인 모습을 내담자에게 있는 그대로 전하는 것이라고 생각한다. 그러나 치료자는 자신이 내담자를 위해서 노력할 것이며 내담자의 잠재된 성장력을 믿고 있다는 것도 동시에 전하지 않으면 안 된다.

(4) 치료목표의 설정

치료 초기 단계에는 앞으로의 치료 방향을 결정하는 것도 중요하다. 치료목표가 고정된 것이 아니라 상담과정에서 바뀌어 간다 할지라도, 초기 단계에 내담자와 목표를 설정하는 것이 치료에 도움이 된다. 이것은 출항을 앞둔 배가 가야 할 목적지를 확인하는 작업과도 같다. 심리치료의 목표를 넓은 의미로 표현한다면 내담자의 고통을 경감하고 인격적 성장을 촉진하는 것이다. 그러나 심리치료를 시작하려면 이러한 일반적인 목표만으로는 미흡하므로 초기 단계에서 개개인의 목표를 구체화하는 것이 필요하다. 이를 위한 기본적인 출발점은 내담자 자신이 무엇을 달성해야 한다고 생각하는가를 드러내는 것이다. 치료를 시작하면서 내담자는 나름대로 치료를 통해 얻고자 하는 것이 있다. 치료자는 이러한 내담자의 기대를 가능하면 빨리 파악하는 것이 필요하다. 이것은 '좀 더 행복해지고 싶다.' '높은 곳에 가면 느끼는 공포심에서 벗어나 산에 오르고 싶다.' '내 삶에서 진정한 의미를 발견하고 싶다.' '부부관계를 더 이상 악화시키고 싶지 않다.' 등으로 각 개인에 따라 다양하게 표현된다. 때로 "아내는 내가 가정생활에 좀 더 충실한 모습을 보이지 않으면 이혼하겠대요." 라는 식으로 내담자의 기대가 자발적인 욕구에 의해서라기보다는 외부의 압력에 의한 경우도 있다. 그것이 무엇이건 간에 치료 초기에 치료자는 내담자의 욕구와 기대를 이해해야 한다. 이때 일어나기 쉬운 과오는 치료자가 자신의 목표와 가치를 내담자에게 투사하거나 강요하는 것이다. 치료자는 치료과정에서 내담자의 문제에 대한 자신의 견해나 함께 지향하고 싶은 목표를 내담자에게 전해야 하는데, 이때 내담자와 치료자의 기대가 다르다면 내담자의 기대가 우선되어야 한다. 그렇다고 해서 치료자가 내담자의 욕구를 무조건 그대로 받아들일 수는 없다. 치료자는 자신이 어떤 목표를 중요하게 여기며 어떤 목표가 현실적이라고 생각하는지, 그리고 자신의 치료기법을 통해 달성 가능한 것은 무엇인지를 내담자에게 전할 의무가 있다. 치료자와 내담자 모두 서로의 관점을 이야기해 가면서 합의할 수 있는 목표를 이끌어내는 것이 필요하다. 이때 치료자는 내담자에 관해 얻은 정보를 심리치료의 여러 일반 원리와 통합하여 고려 가능한 여러 요인을 합리적으로 예측하면서 자신의 판단을 다지지 않으면 안 된다. 향후 치료과정에서 내담자가 어떤 경과를 거칠 것인지는 치료가 추구하는 목표에 의해 결정된다.

(5) 제한설정

치료관계는 내담자가 비난의 두려움 없이 개인적인 감정을 표현할 수 있는 독특한 기회를 제공하기 때문에 일반적으로 허용적인 관계로 일컬어진다. 그렇다고 해서 내담자의 충동이 절제 없이 표현될 수 있는 것은 아니므로 치료관계에는 분명한 제한도 존재한다. 그 중에서 반드시 지켜야 할 것은 치료계약에서 언급한 것처럼 내담자가 치료 시간이나 비용에 대한 약속을 어기지 않는 것이다. 또한 내담자는 치료자의 인격을 존중해야 한다. 내담자가 자신의 분노 감정을 드러낼 수는 있지만, 그것은 언어적 영역에서 이루어져야 한다. 치료자에 대한 신체적 공격이나 치료실의 가구를 파손하는 것은 허용되지 않는다. 동시에 치료자에게 찬사나 호의적인 감정은 자유롭게 표현해도 좋지만 성적 발언은 삼가야 한다. 치료동맹은 기본적으로 친구나 연인, 동료와의 관계 또는 종교 지도자와 신자 간의 관계와는 다르며 만약 이와 유사한 관계가 되어 버린다면 치료동맹의 가치는 희박해질 것이다.

2) 중기 단계: 자기인식

이 단계는 치료자가 여러 가지 개입을 통해 치료목표를 향해 나아가는 치료적이고 본질적인 과정의 시기다. 내담자가 여러 회기를 지속적으로 방문했음에도 면담이 중단되기도 하고 저항이나 전이가 드러나기도 한다. 또한 내담자의 침묵으로 치료자가 불안해하는 등의 문제가 생기기 쉬운 단계이기도 하다. 이 시기에 드러나는 내담자의 공통적인 심리적 특징은 면담을 계속해야 한다는 확신이 흔들리면서 생기는 치료자와의 관계에 대한 갈등이다. 치료자를 신뢰하려는 한편으로 자신이 인식하지 못한 원인이 노출되어 버리는 것은 아닌가 하는 불안이나 치료자의 둔감함에 화가 나기도 하며, 정확한 조언에는 고마움을 느끼기도 하는 복잡한 감정에 놓인다. 또한 치료효과에 대해서도 의문을 갖는다. 그러나 치료자가 각 상황에 교차하는 내담자의 복잡한 감정을 놓치지 않고 정확하게 받아들인다면 내담자의 자기이해가 깊어지고 치료관계가 더욱 발전해 갈 수 있는 단계다.

(1) 의사소통

내담자는 자신의 경험, 감정, 욕망, 현재 직면하고 있는 문제와 과거의 기억, 예기된 장래의 사건이나 계획에 대해 말한다. 그들은 언어나 침묵, 몸짓 등으로 자신의 메시지를 전하는데, 그것에는 내담자 스스로 의식하는 것도 있고 의식하지 못하는 것도 있다. 치료자는 주의를 기울이면서 그것에 포함된 내담자의 개인적 의미를 이해하고 주제를 파악하려고 노력해야 한다. 치료자는 이를 통해 내담자의 의사소통을 명확히 하거나 주제와 관련된 것을 연관지어 언급할 수도 있다. 또는 내담자의 의사소통 흐름을 단순하게 자극하거나 어떤 방향을 결정할 수도 있다. 이처럼 내담자와 치료자 사이에는 빈번한 의사소통의 교류가 일어난다. 면접이 자신의 목적을 위해 다른 사람으로부터 정보를 얻는 것이라면, 심리치료에서의 의사소통은 치료적 대화라고 표현하고 싶다. 왜냐하면 심리치료에서는 상호작용하는 의사소통을 진행하여 발전시켜 나가는 것이 중요하기 때문이다. 치료자는 의사소통의 흐름을 촉진하기 위해서 여러 가지 방법을 사용한다. 예를 들어, "……에 대해 이야기하는 것은 고통스러운 것이군요. 그래도 이것에 대해 좀 더 이야기해 볼까요?"라는 식으로 자유로운 감정 표현이 방해받지 않도록 마음의 안정을 촉진하거나 흥분한 감정 상태를 진정시키기도 한다. 치료자가 중립적이며 허용적인 태도를 유지하려고 노력하더라도 일반적인 인간관계와 마찬가지로 내담자의 행동에 대해 치료자 자신의 감정이나 반응을 배제하기 어려운 경우가 있다. 그러나 치료자는 자신의 감정이나 의사소통에 대해 충분히 자각하면서 자신도 모르는 사이에 자신의 욕구를 드러내어 이끌어 가려는 것을 최소화하려고 노력하지 않으면 안 된다. 연륜이 있는 치료자라도 내담자에게 "나는 ……에 대해 그다지 많이 말하지 않았어요. 그렇지만 그건 내가 이야기해도 당신이 흥미를 느끼지 못할 것이라고 생각했기 때문이에요."라는 표현을 자주 쓴다. 심리치료에서 중요한 것은 내담자가 한 말의 의미를 이해하고 명확히 하려고 언급하는 치료자의 피드백이다. 치료적 대화는 개인적인 의미의 의사소통에서 시작하지만, 치료자는 그와 같은 사소한 이야기를 들으면서도 현실지향적 또는 논리적 자세를 초월한 무언가를 이끌어 낼 수 있어야 한다.

치료자로서는 내담자가 언급한 것 이상의 것을 듣지 않으면 안 되며 또한 말한 것의 의미, 말하지 않은 것의 의미, 때로는 내담자 스스로도 인식하지 못하는 의미를 파악하지 않으면 안 된다. 이를 위해서는 말한 내용 이상의 것을 파악할 수 있는 공감적 경청의 자세가 필요하다. 왜냐하면 내담자의 언어나 몸짓에 의해 전달되는 것이 치료자 자신 안에 전해지는 계기가 되는 공감적 경청을 통해 치료자는 민감해지며, 그로 인해 내담자의 경험을 정확히 이해하는 것이 가능해지기 때문이다.

(2) 경험의 음미

일반적으로 치료과정에서 치료적 대화의 중심은 내담자의 현재 욕구와 문제, 생활경험에 관한 것이다. 치료자들은 치료 초기에는 주로 내담자의 증상이나 문제, 그를 곤란하게 하는 것 또는 그가 치료적 도움을 구하러 온 이유를 파악하는 것에 관심을 가진다. 한편, 내담자들은 이런 치료적 대화를 통해 자신들의 문제가 어떤 상황에서 더욱 강력하게 표현되고 어떤 때 약화되는지를 이해하면서 자신의 강점과 취약점을 이해한다. 다시 말해서 내담자 스스로가 자신의 심리적 상태를 좌우하는 상황의 전체적인 구조를 그리게 된다는 것이다. 그러나 치료가 중반에 접어들면서 치료적 대화의 초점은 초기의 주된 호소 문제에서 벗어나 자신의 현재 생활

전반으로 넓어지는 것이 일반적이다. 내담자는 가족이나 친구, 동료와 같이 자신을 둘러싼 생태환경적 네트워크에 대해 언급하기 시작한다. 내담자는 최근 경험한 사건이나 흥밋거리, 사회적 또는 정치적 관심까지를 포함하여 자신과 관련되어 있는 사건 전 영역에 대해 말한다. 이런 과정에서 언급되는 관심에는 오랫동안 품고 있던 것도 있지만 때로는 최근 경험에 의해 드러난 것도 있을 수 있다. 치료과정을 통해 이처럼 다양한 주제를 한 가지씩 검토해 가면서 새로운 경험을 하는 것이 중요하다. 치료자의 역할은 해석적인 가설을 부여하여 내담자가 지금까지와는 다른 시각으로 자신을 바라보며 음미할 수 있도록 돕는 것이다.

(3) 과거에 대한 탐색

치료를 위해 오는 내담자들은 지금까지 오랜 기간 동일한 패턴으로 문제를 해결하려고 노력해 왔다는 특징이 있다. 따라서 치료과정에서는 내담자의 과거를 되돌아봄으로써 현재 내담자의 생활이나 문제 및 대응방법을 이해할 수 있는 배경을 찾아야 한다. 치료적 관심의 초점은 어디까지나 현재 내담자의 상태이지만, 현재는 과거와 연결되어 있다는 의미에서 과거에 대한 역사적 탐색은 치료과정의 필수 부분이기도 하다. 과거의 경험과 현재 드러내고 있는 문제 중에 무엇을 더 중요하게 다룰 것인가는 치료자가 지향하는 치료기법에 따라 다르지만, 이 두 가지는 서로 맞물려 있다. 과거의 선행 경험을 발견하여 그것에 대한 인식을 확대하는 것이 현재의 생활을 반드시 정확하게 이해하게 만든다고 볼 수는 없다. 그렇지만 과거에 일어난 많은 사건이 현재와는 무관하며 개인의 과거 사건이 그의 미래를 예측하는 데 불필요한 것이라고 단정할 수도 없다. 이는 학자들 간에도 이견을 가진 부분으로, 보울비(J. Bowlby)는 초기 정서적 경험이 한 개인의 삶을 결정하는 데 중요한 역할을 한다고 주장한 반면, 로저스는 인성은 항상 변화 가능성이 있으며 지속적으로 발전해 나간다는 점을 강조하였다(Korchin, 1976 재인용). 따라서 심리치료에서는 초기의 정서적 경험을 중시하지만 이것이 성인기에 원활한 기능을 하게 만드는 유일한 결정요인이라고 보아서는 안 된다. 성격의 어떤 측면이 외상적 또는 갈등을 가진 초기 경험에 근거한 것이 분명하다 하더라도 치료자는 그것이 현재 관계 속에서 새로운 학습을 방해하는지의 여부를 파악하는 것에 더 많은 관심을 기울여야 한다. 심리치료는 단순히 억압된 기억들을 상기하는 것이 아니다. 오히려 외상적 사건이 내담자의 기억에 어떻게 자리잡고 있으며 그것을 내담자가 어떻게 이해하는가가 중요하다.

(4) 치료자-내담자의 관계 탐색

치료자와 내담자의 이상적인 관계는 내담자가 자발적으로 자기탐색을 하는 것이다. 이와 같은 정서적 분위기를 가정할 때 치료에서는 다음의 3가지 기능을 제공한다.

❖ 사회적 관계의 축소판을 제공한다.

내담자와 치료자 간의 교류는 특수한 것이지만 이는 내담자의 여러 사회적 관계에서도 유익한 면을 제공할 수 있다. 물론 사회적 역할이 다르기 때문에 내담자와 치료자의 상호작용이 내담자와 배우자, 학생과 교사 사이의 상호작용과 동일할 수는 없다. 그러나 역할은 다르지만 어떤 관계에서든지 상호작용할 때 성격특성이 반영되므로 일관되게 드러나는 기제는 동일할 것이다. 예를 들어, 소극적인 사람은 배우자나 교사에게는 물론 치료자에게도 자신의 의견을 분명히 전달하는 것에 대해 부담을 느낄 것이며, 반대로 자기주장적인 사람은 모든 관계에서 자신의 감정을 쉽게 표현할 것이다. 일반적으로 심리치료는 치료과정 이외에서 일어나는 사건에 초점을 두지만 치료과정 중에 치료자와 내담자 간에 지속적으로 일어나는 상호작용에서 나타나는 특징적인 대인관계를 이해하는 것도 의미가 있다. 치료 현장인 '지금-여기'의 상황에서 얻은 직접적인 정보는 내담자의 문제나 성격을 이해할 때 하나의 틀을 제공할 수 있다. 많건 적건 내담자가 드러내는 전형적인 행동은 그가 가진 대인관계의 패턴을 드러내는 것이다. 따라서 치료자는 그것을 통해 실생활의 행동에 관한 내담자의 설명을 이해할 수 있다.

❖ 전이 감정을 음미하는 기회를 제공한다.

프로이트는 내담자가 드러내는 치료자에 대한 반응을 전이(transference)라고 이름 붙였다. 이는 치료자가 스스로 초래한 것이 아닌 내담자의 초기 경험에서 기인한 태도가 현재의 치료자에게 투사되는 것이다. 친절하고 현명한 치료자에 대해 깊은 경의의 감정을 드러내거나 친구로서 지속적인 접촉을 가지고 싶어 하는 것은 치료관계에서 흔히 볼 수 있는 현상이다. 때로는 치료자가 부담스러울 정도의 흠모를 보이거나 그 이상의 관계를 희망하기도 한다. 정신분석가라면 이러한 감정은 부모와의 관계와 같은 초기 생활에 대한 욕구좌절과 관련이 있다고 생각할 것이다. 이들은 전이가 과거의 결정적인 갈등을 현재의 의식 속에서 드러낸다고 보기 때문에 치료과정의 핵심 요소는 이것을 분석하는 것이라고 여긴다. 정신분석에서는 빈번한 치료 회기, 무의식적 공상의 장려, 치료자의 비인격성(impersonality) 등과 같은 치료적 조건이 장기간에 걸쳐서 이루어지므로 전이가 일어나기 쉽다. 그러나 감정의 전이나 투사와 같은 현상은 정신분석의 전유물이 아니며 모든 형태의 치료에서 일어날 수 있다. 따라서 치료자는 내담자가 보일 수 있는 현실적 상황에 대한 감정의 불균형적 표출에 대비하지 않으면 안 된다. 특히 온정적인 치료자라면 스스로 초래한 감정과 전이된 감정을 구별할 때 자신이 내담자의 상태에 어떤 영향을 미치고 있는지 알 수 있다.

현실적이며 적절한 감정과 비현실적이며 과장된 감정 간의 경계선을 긋는 것은 어려운 일이며, 또한 이 모든 감정은 치료에 중요하다. 그러나 전이반응은 초기 생활에서 중요한 인물에 대해 내담자가 가지는 결정적 요소로서 깊이 뿌리 내리고 있다는 점에서 중요한 가치가 있다.

❖ **동일시와 모델링을 통한 학습의 기회를 제공한다.**

심리치료에서 경험한 치료자와 내담자의 관계는 내담자의 다른 관계에도 적용될 수 있어야 한다. 즉, 내담자가 동일시와 모델링의 과정을 통해 치료자의 행동을 관찰하고 모방하여 자신들의 삶에서 활용할 수 있는 기회를 제공하는 것이 바람직하다. 반두라(Bandura, 1977)는 내담자가 아동일 경우에는 모델링이 더욱 중요한 의미를 가진다고 강조하였다. 사실 어떠한 형태의 치료적 개입이라도 내담자는 치료자의 생각이나 행동방식에 영향을 받는 경향이 있다. 이것은 의도적으로 영향을 주고받는 경우도 있지만, 대부분의 경우에는 자신도 모르는 사이에 동일시되거나 내면화의 과정을 거치게 된다. 때로는 치료자의 묘한 버릇이나 복장을 따라 하는 것처럼 치료자의 지극히 사적인 부분을 포함하는 경우도 있다. 이처럼 충동적으로 행동하는 것이 아니라, 면밀한 행동계획을 세워서 의식적으로 시도하는 것이 치료에 도움이 된다. 이것은 내담자가 자신의 불완전함을 부인하는 것이 아니라 그것에 직면함으로써 일정 부분 치료자의 태도를 통해 자신을 계발한다는 점에서 치료적 변화와 연관되어 있다.

(5) 내담자의 감정과 의미에 대한 명료화 및 해석

치료자는 내담자가 이야기하는 것에 귀를 기울이면서 적절한 시기에 그것에 대한 피드백을 한다. 치료자는 피드백을 통해 내담자의 감정이나 신념에 더욱 주의 깊은 이해를 하게 되며 그것을 명료화하거나 성격의 여러 측면과 연관시킨다. 내담자는 이와 같은 치료자의 명료화를 토대로 미래에 관해 지각을 하며 더 나아가 자기인식의 증대를 통해 스스로의 행동에 변화를 초래할 수 있는 기회를 갖게 된다. 해석은 행동 내용(what)과 이유(why)에 초점을 두고 이루어진다. 그것은 치료자로서는 내담자가 현재 무엇을 느끼고 있으며 또한 다른 사람에게는 어떤 충격을 주는지에 대한 치료자 자신의 인식을 확장시키는 계기가 된다. 동시에 내담자의 욕구와 성격구조 그리고 결정적 요인이 된 여러 경험을 다각적으로 이해함으로써 자신이 왜 그처럼 느끼고 행동했는가를 발견하게 된다. 치료과정의 초기에는 내용에 초점을 맞추며, 치료의 중반에 들어서면서 이유에 초점을 두는 것이 일반적이다. 해석이 지향하는 효과는 초점이 무엇이든 간에 또는 해석이 단순한 것인지 복잡한 것인지를 불문하고 항상 자신이나 자신을 둘러싼 세계에 관한 내담자의 인식을 변화시키는 것이다.

해석의 수준은 다양하다. 단순한 수준의 해석은 내담자가 말한 것을 반복적으로 언급함으로써 자신이 말한 언어의 의미를 더욱 명확하게 인식하도록 한다. 예를 들어, 내담자가 "오늘은 이것도 저것도 되는 게 없다."라고 말할 때 치료자는 "이것도 저것도?"라고 질문하면서 그것에 대해 좀 더 설명해 달라는 단순한 표현을 할 수도 있다. 이것은 그 문제가 중요하며 보다 정확한 정보가 필요하다는 의미를 우회적으로 전달하는 것이다. 한편, 복잡한 해석은 내담자의 언어 배후에 있는 감정 상태를 정확히 지적하거나 내담자가 알지 못한 채 부인하려는 어떤 태도에 대한 그의 인식을 촉진시키는 것이다. "그 사람에 대해 이야기할 때 당신은 몹시 화를 내는군요."라든가 "생각한 대로 되지 않으면 당신은 금방 포기하는군요."라는 것처럼 실제의 예를 들어 해석적 피드백을 하기도 한다. 복잡하거나 추론에 근거한 해석에는 과거의 중요한 인물에 대한 내담자의 감정과 치료자에 대한 전이를 포함하여 현재 생활에서 중요한 인물과의 관련성을 시사할 수도 있다.

3) 종결 단계: 이해에서 행동으로

인생에서 만남이 있으면 반드시 헤어짐이 있는 것처럼 내담자와 좋은 관계를 유지하고 있던 심리치료도 일정 목표가 달성된 시점에서는 종결을 하지 않으면 안 된다. 심리치료의 과정이 오랜 기간 이어지면 치료를 언제 종결해야 할 것인지에 대한 고민을 하게 된다. 어떤 의미에서는 결코 종결할 수 없다. 인격 성장에는 끝이 없으며 행동의 의식적인 의미, 이해, 완성이라는 것이 본질의 문제인 것처럼 치료 역시 살아 있는 한 끝나지 않는 과정이다. 심리치료는 치료적인 사고방법 중에 스스로가 노력한 이상의 것을 가져오고 싶다는 희망적인 삶의 방법이다. 이러한 치료적 태도는 성숙한 행동의 자연스러운 부분이지만 치료 전문가와 치료과정 중에 배우는 것이기도 하며 그 후 장래의 생활지침이 될 수도 있다.

치료 종결을 할 때 상담자나 내담자가 어떤 성취감도 느끼지 못한 채 치료가 종결되는 경우도 있다. 내담자와 치료자가 최대한 노력했음에도 치료에 어떤 진전도 없이 긴 불모의 터널밖에 보이지 않는다면 서로 의논하여 치료를 종결하는 것이 바람직하다. 그러나 통상적으로 한정된 의미에서 심리치료는 일정 목표가 달성된 때에 종결해야 한다. 그 목표가 초기 단계에서 명확하면 할수록 치료자와 내담자는 그것이 달성되었는지의 여부를 확실히 파악할 수 있다.

가와이(河合, 1991)는 자기실현이라는 관점에서 다음과 같은 경우 종결을 권하고 있다. 첫째, 내담자의 인격에 바람직한 변화가 일어난 경우다. 둘째, 내담자가 호소하고 있던 증상이나 고민 등 외적인 문제가 해결된 경우다. 셋째, 내적인 인격 변화와 외적인 문제해결의 관련성이 잘 이해된 경우다. 이 세 가지 경우는 내담자와 치료자가 직접 이야기를 나누면서 이해하기도 하며 때로는 치료과정에서 어떤 사건의 의미를 파악하는 과정에서 확인하기도 한다. 구체적인 내담자의 변화로는 외견상 용모나 복장이 자연스러워지며 안정되어 가는 것을 들 수 있다. 또한 자신에 대한 견해가 변화하여 있는 그대로의 자신을 받아들이게 되며, 자신 이외의 것이나 인간에 대한 견해도 현실적이며 합리적으로 변화한다. 그리고 성장해 가는 인간으로서의 자신을 깨닫고 장래의 전망을 펼치기도 한다. 내담자 자신의 이러한 변화와 함께 내담자가 관계를 맺고 있는 사람과의 행동에서도 보다 좋은 방향으로 변화하기 시작한다.

마지막 치료회기에서는 치료자나 내담자 모두 일종의 상실감을 느끼는 경우가 많다. 그러나 치료자는 새 출발을 하려고 하는 내담자를 따뜻하게 돌보며 이별을 통보하지 않으면 안 된다. 실제의 종결은 단계적으로 면담 횟수를 줄여 가면서 완만하게 이루어지는 것이 이상적이다. 필요하다면 헤어지는 내담자에게 언제든지 다시 만날 수 있다고 전하는 것도 중요하다.

3. 치료자의 윤리

심리 전문가로서 치료자는 내담자나 사회에 대해 중대한 책임을 지고 있다. 치료자가 지켜야 하는 사항에 대해서는 임상심리사 윤리강령으로 규정하고 있는데, 여기서는 치료자가 치료 장면에서 얻은 정보를 다른 사람에게 누설해서는 안 된다는 비밀유지에 관해 강조하고 싶다. 내담자는 자신의 비밀이 지켜지고 있다는 보증을 받음으로써 치료 장면에서 자기 감정을 자유롭게 표현하거나 지극히 사적인 사건까지 이야기할 수 있다. 설령 내담자가 자신의 사적인 부분을 많이 드러내지 않았더라도 치료과정에서 치료자와 나눈 대화가 다른 사람에게 알려진다는 사실을 알게 되면 그동안 쌓아 온 치료자와 내담자의 신뢰관계는 일순간에 무너져 버릴 것이다. 예를 들어, 내담자의 가족이 내담자가 심리치료를 받고 있는지를 묻더라도 내담자의 동의 없이 알려 줘서는 안 된다. 그러나 내담자가 자살을 시도하려고 하거나 다른 사람에게 해를 끼치려는 것이 명백한 경우라면 어떻게 해야 할까? 미국에서는 비밀의무에 관한 법률에서 비밀유지의 예외사항을 다음과 같이 규정하고 있다.

첫째, 내담자가 자발적으로 치료자가 정보를 알려 주어도 좋다고 허락한 경우다. 여기에는 내담자가 어려서 부모의 승낙을 받은 후 치료자가 학교 선생님에게 이야기를 한 경우도 포함된다.

둘째, 아동 또는 노인에 대한 학대의 경우다. 미국에서는 치료자가 학대나 거부의 사례를 안 경우에는 보고를 하도록 법률로 정해져 있다. 내담자가 가해자이거나 피해자의 경우에도 가족을 처벌하기 위한 것이 아니라 아동이나 노인의 안전을 위한 것이라는 사실을 설명하면서 보고하는 것이 중요하다.

셋째, 내담자가 치료자에 대해 의료과실에 관한 고소를 한 경우다. 내담자가 심리치료 중의 사항에 관해 치료자를 고소한 경우라면 치료자는 자신을 지키기 위해 치료의 상세한 부분을 명확히 밝히는 것이 인정되고 있다.

넷째, 내담자가 자해를 하거나 타인에게 해를 끼칠 위험이 있는 경우다. 내담자가 자살계획을 이야기하거나 다른 사람에게 해를 끼치려 하는 것이 명백한 경우에는 위기상황이라고 판단하여 가족이나 병원, 경찰에 연락하지 않으면 안 된다.

한국에서는 비밀유지 의무가 법률적으로 명문화되어 있지 않지만 최근 들어 각 학회 차원에서 비밀보장 등을 포함한 윤리규정을 만들면서 이에 관한 관심이 높아지고 있다. 심리치료의 장면에서는 관계가 형성되는 단계, 예를 들면 초기면접에서 이 같은 사실을 내담자에게 알려 이해를 구하는 것이 바람직하다.

| 제2장 |

정신분석

1. 정신분석의 태동

프로이트

정신분석을 창시한 지그문트 프로이트(S. Freud)는 자기 자신에 대한 많은 고민을 통해 정신분석의 이론적 체계를 구축하였다. 즉, 끊임없는 자기분석 및 치료적 실천을 하면서 지속적으로 자기통찰을 이어 갔다. 따라서 여기서는 먼저 정신분석으로 승화된 프로이트의 생애를 개관해 보고자 한다.

프로이트는 1856년 5월 6일 오스트리아 제국 모라비안의 작은 마을에서 양모 상인인 유대인 아버지 야콥과 그의 세 번째 아내인 아말리에 사이에서 장남으로 태어났다. 결혼 당시 야콥은 41세이며, 아말리에는 21세였는데, 이들

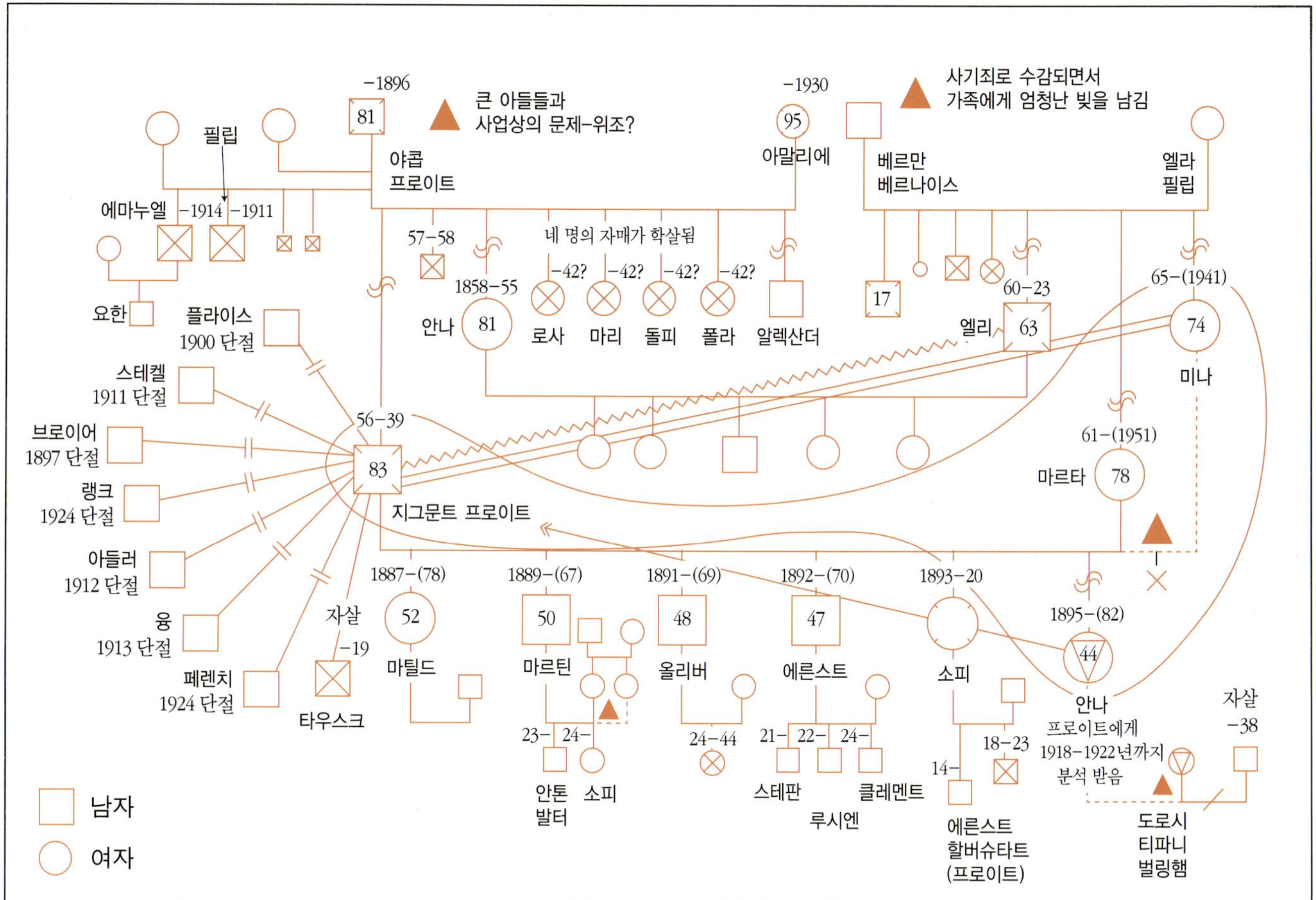

[그림 2-1] 프로이트 가계도

출처: 이영분 외 공역(2011).

사이에는 전처 사이에 낳은 두 명의 아들이 있었다. 큰 아들 에마누엘은 결혼하여 요한이라는 자녀도 있었다. 에마누엘의 가족이 프로이트 일가와 함께 살았기 때문에 한 살 위인 조카 요한은 프로이트의 유년기 경쟁 상대였다. 프로이트는 어머니와 연령이 같은 또 다른 이복형인 필립과 아말리에가 서로 부부라고 착각하던 시기도 있었다. 이 같은 복잡한 가족관계는 어린 프로이트에게 많은 영향은 끼쳤다고 알려져 있다.

프로이트에게는 5명의 여동생과 2명의 남동생이 있었다. 그러나 어머니는 양막을 쓰고 태어난 프로이트가 장래에 큰 인물이 될 것이라는 어느 노파의 예언을 굳게 믿으면서 다른 형제보다 프로이트를 편애했다. 어머니의 흔들리지 않는 사랑과 신뢰는 어린 프로이트의 마음에 강하게 심어져 있었고, 전 생애에 걸쳐 그 자신의 강력한 주춧돌이 되었다. 성년이 된 프로이트는 잊고 있었던 두세 살경의 기억을 상기하여 자기분석을 시도했다. 그중에 부모의 침실에 들어갔을 때 아버지가 화를 냈던 것, 이불에 오줌을 싸면 어머니가 아닌 아버지가 야단을 쳤던 것, 어머니의 나체를 보고 반했던 기억을 되살릴 수 있었다. 또한 두 살 때 11개월 된 남동생이 죽었는데, 이 경험을 통해 남동생에게 어머니의 애정을 뺏긴 것에 대한 질투심을 느꼈고 이런 자신의 원망 때문에 남동생이 죽었다는 죄책감에 시달렸다는 것을 떠올렸다. 이러한 경험은 가족 내의 대인관계에 대한 통찰에서 생겨난 오이디푸스 콤플렉스, 유아기의 성, 형제 갈등의 개념 등을 만들어 냈다.

세 살 때 아버지가 사업에 실패하여 비엔나로 이주한 일가의 생활은 경제적으로 어려웠다. 그러나 부모는 프로이트에게 보다 나은 교육을 시키기 위해 그에게만 독방을 주고 양초 대신 석유램프를 쓰도록 편애했다. 이런 후원에 힘입어 그는 남보다 이른 열일곱 살에 최우수 성적으로 고등학교를 졸업했다. 영어를 포함한 8개 국어에 능통할 정도로 어학에 뛰어났지만, 의사가 되는 것만이 유대인에 대한 박해에서 벗어날 수 있는 길이라고 생각하여 의학부에 진학했다. 또한 이 시절 집안에서는 가장으로서 권위만 누렸던 아버지가 밖에서는 반유대주의라는 사회적 박해에 아무런 저항을 하지 못하는 것을 목격하고 아버지에 대한 연민을 느낀 것으로 알려져 있다. 비엔나 대학 의학부에 입학한 그는 폭넓은 지적 호기심을 만족시키기 위해서 의학뿐 아니라 동물학, 생리학, 철학, 심리학 등을 섭렵했다. 그 때문에 의학부를 3년 늦게 졸업했으나, 3학년 때 썼던 「뱀장어의 고환에 관한 연구」가 인정을 받아 브뤼케(E. W. Brucke) 교수의 생리학 연구실에서 일할 수 있었다. 연구실의 조수로는 후에 프로이트의 협동연구자가 된 브로이어(J. Breuer)도 있었다. 그는 연구실에서 많은 업적을 남겼으나 임상경험을 쌓기 위해 비엔나 종합병원에 취직했다. 그러나 그는 신경병리학에 관한 연구 또한 게을리 하지 않았다. 그 당시 프로이트는 중독의 위험이 있다고 알려진 코카인이야말로 신경증의 획기적인 치료약이라고 주장하여 비엔나 의학회에서 위험인물로 꼽히기도 했다.

1885년 프로이트는 브뤼케 교수의 도움으로 장학금을 받고 파리 살페트리에르 병원장인 샤르코(J. M. Charcot) 밑에서 5개월간 함께 연구를 하였다. 샤르코는 당시 최면연구에 몰두해 있었으며, 최면에 의해 여러 히스테리 증상을 만들거나 소실시키는 실험을 하고 있었다. 다음 해, 서른 살의 프로이트는 비엔나로 돌아와 개업을 하면서 샤르코에게서 배운 최면암시나 친구 브로이어가 발견한 정화기법을 임상 현장에 사용했다. 여기서 정화기법이란 히스테리 증상을 보이는 환자에게 최면을 실시하여 힘든 것을 언어화하도록 돕는 것이었다. 환자들은 이를 통해 이전의 경험을 이야기하면 정신 상태가 상쾌해지며 불안 수위도 낮아진다는 것을 알게 됐다. 그러나 정화치료는 최면에 잘 걸리지 않거나 의사를 신뢰하지 않는 환자의 경우에는 효과가 없어서 환자와 의사의 개인적 감정관계에 좌우된다는 문제점이 있었다. 따라서 프로이트는 최면을 사용하지 않는 자유연상법이라는 방법을 고안했다. 이는 환자를 긴 의자에 눕히고 치료자는 환자가 보이지 않는 곳에 앉아서 "현재 머리에 떠오르는 것을 있는 그대로, 순서대로 말해 주세요."라고 지시하여 고민이나 질병과 관련된 것 또는 마음에 부담을 가지고 있는 것을 이야기하도록 하는 방법이다. 프로이트는 이런 자유연상을 시행함으로써 초기 정신분석의 개념을 확립했다. 그러나 1897년 프로이트가 브로이어와 함께 『히스테리 연구』를 출판할 때, 브로이어가 히스테리 발병의 배후에는 성적인 사건, 즉 유아기의 성적외상 경험이 있다는 프로이트의 견해에 동의하지 않으면서 이들의 오랜 우정관계는 끝났다.

브로이어와 결별한 프로이트는 베를린에 살고 있던 이비인후과 의사 플라이스와의 돈독한 우정관계에 의지하여 자기분석을 하면서 자신의 신경증을 극복할 수 있었다. 이러한 자기분석의 결과, 『꿈의 해석』(1900), 『일상생활의 정신병리』(1901), 『성욕론』(1905) 등을 저술하여 정신분석의 기초 이론을 완성시켰다. 중년의 프로이트가 친구에게 보인 극단적인 의존심은 마치 때늦은 청년기가 도래한 것처럼 보였다. 브로이어와 결별하고 외로웠던 프로이트는 플라이스를 통해 정신분석을 보다 깊이 있게 연구할 수 있었다고 알려져 있다. 프로이트는 친구와 편지를 주고받으면서 자신의 내면에서 강한 저항을 뚫고 드러난 아버지에 대한 자신의 숨겨진 적의(오이디푸스 콤플렉스)를 발견했다. 이 결과, 프로이트는 어느 정도 과거의 집착에서 자유롭게 되어 자신의 신경증에서 벗어날 수 있었다. 그리고 친구에 대한 의존 감정의 배후에도 아버지에게서 경험했던 것과 같은 적의가 존재한다는 것을 자각하였고 그 뒤에야 친구로부터 차츰 자립할 수 있었다.

프로이트가 친구로부터 독립할 무렵, 그의 논문은 높은 평가를 받았으며 그의 명성은 국내외로 알려졌다. 1908년에는 랭크(O. Rank) 등 정신분석학 역사상 중요한 인물들이 참여한 비엔나 정신분석협회를 창설하였고, 이 시기 융(C. G. Jung)을 만나 그를 후계자로 삼으면서 정신분석학을 순조롭게 확장시켰다.

그러나 시간이 지나면서 많은 정신의학자들로부터 비판을 받았고, 내부적으로도 랭크, 융 등이 이탈했으며, 그를 추종하던 사람들도 하나 둘씩 각자의 길을 걸었다. 애제자들이 등을 돌린 후, 그들의 선택을 인정하면서 프로이트는 자신의 학문체계를 정리하여 비엔나 대학에서의 강의내용을 중심으로 『정신분석입문』(1917)을 발간하였다.

그 후 제1차 세계대전이 끝난 1920년 딸 소피의 죽음에 충격을 받고 이를 계기로 죽음의 본능론, 반복강박이라는 새로운 개념을 제안하였다. 1923년 『자아와 이드』를 통해 이드, 자아, 초자아로 구성된 마음의 구조론을 주장하였다. 이는 지금까지 무언가 억압되어 있다는 억압 내용에 초점을 두었던 이론에서 벗어나 어떻게 억압되는지에 관심을 가진 전인격의 구조와 기능을 중시한 자아심리학으로 전환하는 계기가 되었다.

2. 정신분석의 기본적 이론

1) 무의식의 존재

무의식이라는 것은 의식할 수 있는 것이 아니다. 인간의 내부에 의식하고 있는 정신 이외에 무의식의 정신이 존재한다면 그것을 어떻게 알 수 있을까? 프로이트는 무의식의 정신작용이 존재한다는 증거로서 여러 가지 임상적 경험에서 얻은 시행착오, 꿈, 최면술, 신경증의 분석경험 등을 언급하였다. 그는 본인도 의식하지 못하는 이처럼 작고 무의미한 듯한 심리현상을 통해 어떤 의미를 찾을 수 있다고 보았다. 이것은 프로이트에 의해 발견된 최고의 성과로 정신분석의 기초다.

프로이트는 사람의 마음을 의식, 전의식, 무의식의 3가지 영역으로 구조화하여 생각하였다. 전의식은 평소에는 잊고 있는 의식하지 않는 부분으로 주의를 기울이면 쉽게 생각해 낼 수 있는 영역을 말한다. 이와는 달리 무의식은 최면이나 자유연상 또는 어떤 종류의 약물 등을 사용하지 않는 한 내용이 의식화되지 않고 깊숙이 억압되어 있는 영역을 가리킨다.

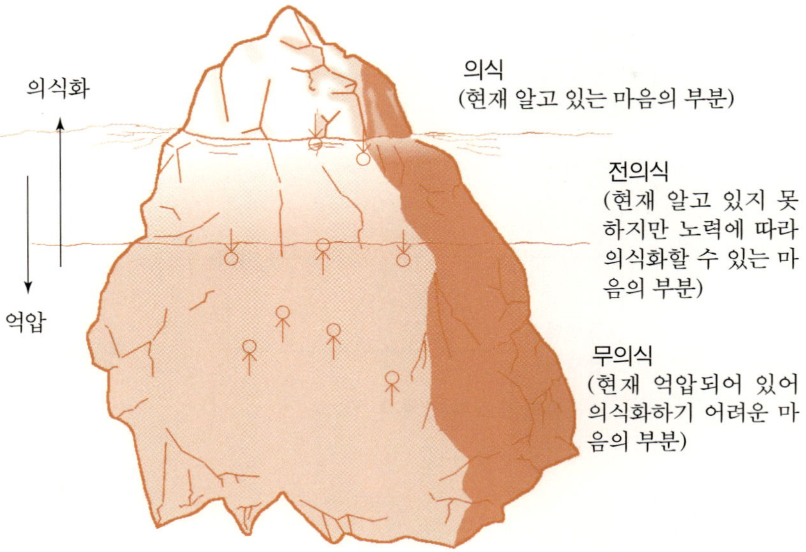

[그림 2-2] 의식, 전의식, 무의식

(1) 무의식을 이해하는 방법: 꿈분석

프로이트는 1909년의 강연에서 "꿈분석은 인간 마음속에 있는 무의식적인 것을 이해하기 위한 왕도"라고 언급하였다. 프로이트가 꿈분석의 학설을 주장한 것이 계기가 되어 정신분석은 순수한 임상의학의 영역을 넘어서 심층심리학으로 자리매김하게 되었다. 모든 꿈은 수면 중의 정신활동으로, 깨어 있을 때와 달리 수면과 각성 간의 중간상태에 있으며, 시각적으로 경험된다는 공통점이 있다. 이 시기에는 억압의 힘이 약화되어 무의식에 억압되어 있던 욕구의 힘이 강해져서 그것들이 가공되지 않은 채 의식수준으로 떠오른다. 그러나 이러한 무의식 과정은 항상 그대로 의식화되는 것이 아니라, 왜곡된 형태의 꿈으로 나타나는 경우도 많다. 따라서 프로이트는 "꿈은 단지 어떤 자극을 반영하는 것이 아니라, 그것을 가공하고 암시하여 어떤 것과 연관을 지으며, 때로는 어떤 것에 의해 치

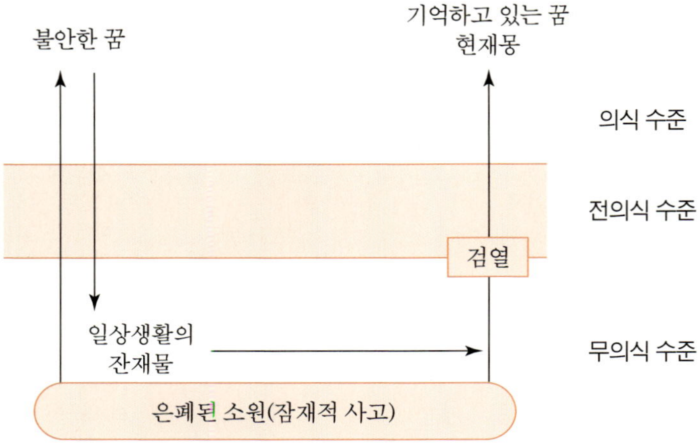

[그림 2-3] 꿈의 형성과정

환되는 것"이라 보았으며, 우리는 변형되어 의식 가능한 형태로 가공된 꿈을 기억한다고 보았다.

이러한 꿈의 가공을 검열이라고 하며 그 과정을 '꿈작업'이라고 부른다. 또한 가공되기 이전 상태의 꿈의 내용은 잠재된 사고로, 꿈으로서 우리가 인식하는 꿈의 내용은 현재몽이라고 부른다.

꿈은 원래 소원충족을 의미하고 있다. 그러나 꿈작업이 가공의 과정을 거치므로 그 의미가 불명확하기는 하지만 다음과 같은 해석방법을 염두에 둔다면 꿈의 무의식적인 의미를 이해할 수 있을 것이다.

첫째, 꿈은 현실생활과 연결되어 있다.

하루 동안의 생활경험이나 치료 상황과 연결된 잔여물이 꿈을 통해 드러날 수 있다. 따라서 꿈은 어떤 사람의 경험이나 상황을 추론할 수 있는 무의식적인 의미를 가진다. 특히 심리치료 초반에 꾸는 꿈은 특별한 의미를 가진 경우가 많다.

둘째, 꿈은 복잡하고 가공되어 있거나 강한 부정적 정서를 동반한다.

이와 같은 꿈은 일반적으로 잠재된 사고와 그것에 대한 검열과의 격렬한 갈등 때문에 과대하게 자기방어를 할 수도 있다. 본능적인 욕구를 심하게 드러내거나 파괴행동과 연결된 꿈을 지속적으로 꾸는 경우에는 자아장애를 예상할 수 있기 때문에 꿈분석의 제한이나 중지가 필요하다.

셋째, 꿈은 개별적이다.

꿈의 상징은 그 사람의 내적인 역사의 흐름 속에서 독자적인 의미를 가지고 있다. 그러므로 사람마다 자신이 꾸는 꿈의 구성요소는 그들의 개인적 경험이나 역사를 고려하여 이해하는 것이 중요하다.

(2) 시행착오의 무의식적 의미

프로이트가 꿈분석과 함께 주목한 것은 시행착오였다. 1901년에 출판한 『일상생활의 정신병리』라는 저서에서 그는 누구에게나 있을 수 있는 사소한 실수 속에는 무의식적인 동기가 숨어 있다는 것을 분명히 했다. 시행착오로는 말실수, 잘못 읽거나 쓰는 것, 건망증이나 분실 등을 들 수 있는데, 이것은 생각하고 목표한 계획이나 의도와는 다른 예상치 못한 행위나 행동을 의미한다. 회의 진행에 자신이 없는 의장이 개회를 선언하면서 "이제 폐회를 선언합니다."라고 말실수하는 것을 예로 들 수 있다. 그것은 개회를 선언하려고 했는데 회의를 하고 싶지 않다는 반대의 기분이 의도된 행위를 대신하여 나타난 것이다. 바꿔 말해 시행착오는 본래의 의도(개회 선언)와 그것을 방해하는 의도(본인은 의식하지 못한 회의를 싫어하는 감정)가 마음속에서 충돌하여 서로를 간섭하면서 생기는 것이라고 설명할 수 있다.

또한 일반적으로 '습관'이라고 불리는 것, 예를 들어 머리를 긁거나 코를 후비는 것처럼 의식하지 못한 채 계속 반복하는 행위를 '증상행동'이라고 한다. 프로이트는 이것을 제2의 숨겨진 의도가 본래의 행위와 충돌하거나 다른 무엇을 추가하면서 드러나는 것이라고 보았다. 시행착오를 본인의 의지에 반하여 드러난 욕망이라고 자각하는 경우는 별로 없다. 시행착오에 대해서는 다음의 세 가지를 예상할 수 있다. 첫째, 본인 스스로가 방해하는 의도를 알고 있는 경우다. 둘째, 방해하는 의도가 자신의 감정이라는 것은 인정하지만, 그것을 언급하기 전까지는 스스로 알아차리지 못하는 경우다. 셋째, 치료자가 방해하는 의도를 해석해 주어도 부정하는 경우다.

2) 성 이론

프로이트는 『꿈의 해석』, 『일상생활의 정신병리』에 이어 자신의 성에 관한 이론을 집대성한 『성욕론』(1905)을 저술하였다. 이 책에서 그는 프로이트 학문체계의 근간이 된 '인간이 기본적으로 추구하는 욕구는 성적 만족' 이라는 주장을 하였다. 이런 주장은 당시 사람들로부터 반감을 샀고 결국 브로이어와도 결별하는 계기가 되었다. 그러나 프로이트가 말하는 성욕이란 일반적인 성욕과는 본질적으로 다른데, 그는 '성'을 광범위한 의미로 인식하였다. 일반적으로 성적인 것은 성인의 성행위를 연상시키지만, 프로이트는 이것을 '성기적(genital)'이라고 부르며 '성적'인 것과 구별하여 성욕구를 발현시키는 힘으로 리비도를 언급하였다. 프로이트가 말하는 성의 본능인 리비도는 출생 시부터 인간의 정신에 존재하는 것으로 자기보존의 본능이나 타인과의 관계를 추구하는 감정과 밀접하게 연결되어 있다.

(1) 유아기의 성적 요소

프로이트는 신경증이 망각된 과거의 심리적 외상경험에 의해 초래된다고 생각하여 자유연상을 도입하였다. 환자의 내면적 외상경험을 이해하기 위해 연상작업을 하다 보면 유아기까지 거슬러 올라가게 된다. 그는 이를 통해 유아기야말로 신경증의 요인을 형성하는 그 무엇인가가 있다고 생각했다. 또한 프로이트는 환자들이 연상해 내는 수많은 기억이 과거의 성적 경험과 연관되어 있다는 것도 파악할 수 있었다.

프로이트 이전에는 유아에게 성욕이란 존재하지 않으며 그것은 사춘기에 접어들면서 2차 성징의 발달과 함께 출현된다고 이해하였다. 그런데 프로이트는 출생 직후부터 3, 4세까지의 유아도 성욕 활동을 한다고 주장하면서 이것을 '유아 성욕'이라고 불렀다. 그러나 유아 성욕은 성행위를 목적으로 하는 어른들의 성욕과는 다르다는 점을 명백히 하였다. 예를 들어, 유아가 공복을 느끼면 자기보존 욕구에 의해서 어머니의 젖을 빤다. 이렇게 하여 공복감이 충족되어도 젖을 계속 빨면서 만족감을 느낀다. 이것은 유아의 수유행위가 모유를 먹는 행위에 그치는 것이 아니라 빠는 동작 자체에서 성적인 쾌감을 느끼며 그것이 구순에 근거한 성충동을 만족시킨다고 보았다.

(2) 정신의 발달단계

유아의 성적 추동은 성기의 통합을 목적으로 성인의 성행위에 도달할 때까지 일정 순서에 따라 신체의 각 부분을 향하고 있다. 따라서 프로이트는 인간의 정신발달이 성적 추동에 관련하여 단계적으로 변화하면서 발달해 간다는 이론을 체계화하였다. 이것을 리비도의 발달단계라고 부른다. 즉, 정신의 발달단계를 구순기, 항문기, 남근기, 성기기의 네 개로 구분하면서 성욕구가 일시적으로 활발하게 활동하지 않는 잠복기의 존재도 명확히 하였다.

① 구순기

프로이트의 리비도 발달이론의 첫 단계에 해당하며 일반적으로는 출생에서 1세 반 정도까지의 시기를 말한다. 주로 수유나 음식 섭취를 함으로써 구순, 구순점막, 혀 등에서 성적 쾌감을 얻는다. 유아가 젖을 빠는 행동의 주된 목적은 영양공급이지만, 한편으로 젖을 빠는 행동에 의해 구순의 쾌감에 동반하는 성적 만족도 맛볼 수 있다. 이러한 만족의 경험이 어머니라는 대상에 대한 애착을 형성하고 '엄마와 하나가 되고 싶다.'라는 소망을 가지게 한다.

에이브러햄(K. Abraham)은 유아가 생후 6개월에서 1년 반 정도가 되면 유치가 생기고 이유를 시작하면 빠는 구순활동에서 깨무는 구순활동으로 변화한다고 하였다. 이 단계에서 유아는 자신이 원하는 대로 수유가 되지 않으면 깨무는 행동을 반복한다. 즉, 깨무는 행위는 대상을 파괴하고 싶다는 공격성의 출현인 동시에 그 자체에서 쾌감을 느끼는 양가적인 면을 지니고 있다. 이 시기를 '구순적 사디즘' 시기라고 불렀다. 적절한 욕구충족을 가지지 못한 채 구순기에 고착된 사람을 구순기적 성격이라고 부르는데 이들은 일반적으로 다른 사람으로부터 사랑을 받지 못하면 자존감이 저하되며 위축된다.

② 항문기

리비도 발달의 제2단계에 해당하는 2~4세는 항문이나 배뇨의 괄약근을 지배하는 신경이 완성되는 시기로 자신의 의지에 따라 대소변을 담아두거나 방출하는 것이 가능하다. 동시에 그것에 동반된 감각적인 자극을 즐긴다. 항문이나 배뇨의 괄약근 움직임은 주로 두가지 기능을 한다. 첫째는 대소변을 담아 두면서 외부에 흐르지 않도록 간직하고 있는 것이다. 둘째는 이렇게 담아 둔 것을 적절한 장소와 시기에 배출하는 것이다. 이것은 대부분 어머니에 의해 사회적 관습에 따라 일어나도록 훈육된다. 이와 같이 버릇 들이기를 할 때 어머니와 유아 사이에 상호 신뢰관계가 성립되어 있다면 유아는 어머니의 애정에 부응하기 위해 새롭게 익힌 쾌감을 통제하면서 대소변의 조절을 할 것이다. 이런 과정을 거치면서 청결, 섬세함, 자기통제 등 자아의 움직임에 대한 훈련이 이루어지며 궁극적으로 자신을 통제하는 방법을 배운다. 유아가 어머니의 훈련에 따라 대소변을 배출하는 것은 어머니에 대한 유아의 사랑을 나타내는 선물이다. 유아는 이러한 선물을 통해 어머니의 사랑을 획득하는 것이 가능하며, 때로는 반대로 어머니를 곤란하게도 만든다. 프로이트는 동일한 인물에게서 검

약과 착실함, 고집 셈이라는 성격특성이 공존한다는 점에 착안하여 이것을 항문기적 성격이라고 불렀다. 이것이 배변 훈련을 둘러싼 어머니와의 관계에서 생긴 것이라고 보았기 때문이다.

③ 남근기

유아 성욕 발달은 구순기와 항문기를 거쳐서 남근기에 이른다. 이 단계에서는 남녀 모두 남성 성기에 관심이 집중된다. 예를 들어, 3세 정도 되면 남자아이들은 자신의 고추를 만지면서 노는데, 여자아이는 성기가 없기 때문에 남녀의 차이를 경험한다. 이와 같은 남근기는 3, 4세에서 6, 7세까지 이어진다. 이 시기에 접어들면 유아는 성의 구별을 자각하여 이성의 부모에게 성적인 관심을 가진다. 한편, 동성의 부모에 대해서는 이성의 부모를 둘러싼 경쟁심의 대상이나 공격의 대상으로 인식한다. 특히 남자아이는 어머니에 대해 성적 욕망을 느끼면서 아버지를 질투하여 아버지의 부재나 죽음을 기원한다. 그러나 다른 한편으로는 남자아이들은 아버지에 대한 애정을 가지고 있기 때문에 자신의 이런 불순한 소원에 고통을 느끼거나 이런 생각 때문에 부모로부터 처벌을 받을지도 모른다는 불안에 휩싸인다. 이것을 '거세불안'이라고 한다. 이러한 이성 부모에 대한 애착, 동성의 부모에 대한 적의, 처벌될 것에 대한 두려움을 중심으로 발전한 개념을 '오이디푸스 콤플렉스(oedipus complex)'라고 한다. 오이디푸스라는 단어는 그리스 비극에 등장하는 오이디푸스 왕의 이름에서 유래한다. 또한 융은 남자아이의 오이디푸스 콤플렉스에 해당하는 여자아이의 어머니에 대한 적의나 아버지에 대한 애착을 '엘렉트라 콤플렉스(electra complex)'라고 불렀다. 남자아이의 경우는 의존대상인 어머니가 그대로 성적 원망의 대상이 된다. 반면, 여자아이의 경우 엘렉트라 콤플렉스는 의존대상이 된 어머니로부터 아버지에게 애정이 옮겨져서 어머니가 증오의 대상이 되며 남근소망을 거친다는 특징이 있다.

④ 잠복기

유아 성욕은 남근기를 마지막으로 잠복기에 들어간다. 7, 8세경부터 사춘기 초기(11, 12세)까지의 아동기가 여기에 속한다. 입에서 시작된 성충동은 항문, 남근의 일정한 신체적 부위를 거치면서 발달한다. 잠복기는 이와 같은 성적 에너지가 일시적으로 정체되는 시기다. 그러나 이 시기의 경우 성적 욕구의 분출은 완전히 정지되는 것이 아니라 지속된다. 단지 이런 에너지는 곧바로 사용되지 않고 축적되는데, 이렇게 축적된 에너지의 대부분은 성적 목적 이외에 사용된다. 따라서 성욕이 저하된 것이 아니라 아동기에 급격하게 확대되는 지적 · 사회적 관심 때문에 성적 관심이 상대적으로 저하되는 것이라고 이해하는 것이 바람직하다.

또한 이 시기의 또 다른 특징은 초자아의 급격한 발달이다. 즉, 아동은 남근기에서 시작된 오이디푸스 콤플렉스를 극복하는 과정에서 이성의 부모에 대해 근친적인 사랑을 단념한다. 이것은 동성 부모의 거세에 대한 위협이나 처벌의 두려움, 또는 애정상실에 대한 불안 때문이다. 이와 같이 불안을 기반으로 한 심리기제를 통해 동성의 부모는 성적 대상으로 금지된 자로 인식한다. 이것은 아동의 자아 속에 스며들고 더 나아가 초자아로 형성된다. 오이디푸스 콤플렉스의 포기나 초자아의 성립은 아동이 사회적 존재로 거듭나는 데 필요불가결한 요소다.

⑤ 성기기

잠복기가 끝날 때가 되면 신체적 성숙과 함께 성충동이 급격하게 높아져서 유아 성욕이 생식활동이라는 틀 속에 통합되어 가는 시기가 시작된다. 생물학적으로 보면 성기가 본래의 기능인 생식작용을 영위하므로 이 시기를 성기기라고 부른다. 이 시기는 일반적으로 사춘기, 청년기에 해당된다. 이와 구분해 지금까지의 구순기, 항문기, 남근기, 잠복기를 모두 합쳐서 '전 성기기'라고 부른다. 잠복기를 경계선으로 인간의 성생활은 성충동이 자애적인 아동의 것과 성적 대상이 존재하는 어른의 것으로 구별된다. 어른의 성생활은 사춘기에 시작되는데 성적 대상과의 애정관계와 성기의 통합을 통한 성적 욕구의 충족이라는 성적 목표가 통합하여 처음으로 정상적인 성생활의 만족을 얻을 수 있다. 그러나 이러한 만족을 얻기 위해서는 자신과 마찬가지로 하나의 독립된 개체인 상대와 정신적 · 신체적인 교류가 가능하다는 것이 전제되어야 한다. 이 시기에는 자신과 타인을 조화시키는 어려운 과제를 수행해야 한다.

3) 마음의 구조와 기능

프로이트는 인간의 마음을 의식, 전의식, 무의식의 세 층으로 나눴다. 그러나 연구를 진행하면서 이와 같은 구별이 부적절하다고 여겼고 1923년 『자아와 이드』를 저술하면서는 원초아, 자아, 초자아를 포함한 구조론을 주장하였다.

(1) 본능 욕구로서의 원초아

원초아는 인간의 마음속에 있는 무의식의 생리적 · 본능적인 에너지를 충족시키는 추동적인 마음의 부분을 일컫는다. 원초아는 계통 발생적으로 부여된 본능의 에너지 저장고다. 또한 쾌락원칙을 따르면서 언제나 만족을 추구하며 논리성이 결여되고 사회적 가치를 무시한다. 원초아의 에너지가 의식의 영역에 침입하면 이것은 가장 먼저 감지되어 소망이나 공상, 외부세계에 대한 흥미 등으로 에너지가 발산된다. 성적 소망이나 파괴적인 행동이 대표적 예다.

(2) 자아의 움직임

일반적으로 생후 얼마 지나지 않은 유아의 마음은 대부분 원초아로 점령되어 있다고 생각하지만 그렇지 않다. 유아도 끊임없는 외부세계와의 접촉을 통해 이들과의 관계를 유지, 조절하는 데 필요한 자아를 가진다.

초자아(superego)
- 도덕성, 양심(사회와 부모의 훈육에 의해 형성된 사회규범이나 가치관)
- 본능의 충동을 억압
- 자아의 기능을 현실적인 것에서 이상적·도덕적인 것으로 전환
- 쾌락이 아닌 완전을 추구

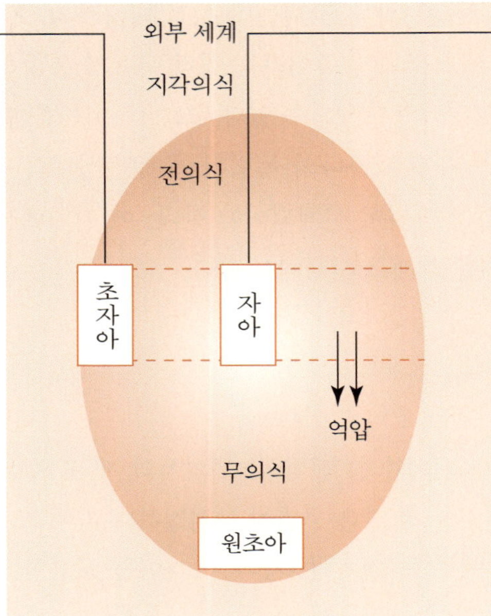

자아(ego)
- 인격 중 의식적·지적 가치
- 현실원리(적절한 현실적 대응)
- 이차과정(마음속의 대상과 외적 대상을 구별하는 과정)
- 인지과정(내적·외적 실현이 논리적으로 파악됨)
- 진행 기능(의사결정 시 행동으로 옮김)
- 통합 기능(판단이나 행동에 통일성을 가짐)
- 방어기제(통합성을 유지하기 위한 자기방어)

원초아(id)
- 인격 중 무의식적·원시적 가치
- 심적 에너지원, 행동의 원천
- 생득적인 본능적 충동
- 유아기에 억압된 여러 가지 관념
- 쾌락원리(쾌락 추구, 불쾌를 피함)
- 비논리적(행동을 통일하는 기능을 가지지 않음)
- 비도덕적(가치, 도덕적 판단이 발달하지 않음)
- 일차과정(긴장 제거를 위한 이미지 형성)

[그림 2-4] 프로이트의 성격구조론

이처럼 자아는 쾌감을 추구하여 충동을 만족시키려고 치솟는 원초아를 통제하면서 외부 현실과 조화를 이루어 나가는 인격의 중추적 역할을 한다. 즉, 자아는 원초아로부터의 에너지를 보다 생산적인 것으로 변화시키며, 일상적인 행동이 한 개인의 인격으로 통합되도록 한다. 프로이트는 "이드가 있는 곳에 자아가 나타난다."라고 말했다.

또한 자아는 원초아에 유래한 본능충동을 외부세계나 자신에게 해가 되지 않는 형태로 잘 가공하는 '방어기제'라는 움직임을 가지고 있다. 대부분의 방어기제는 유소년기의 미숙함으로 인해 약한 자아가 불만이나 불안을 처리하는 데 사용되어 온 것들이다. 그런데 이런 기제가 유소년기가 지난 후에도 종종 만성적으로 사용되기도 한다. 이 경우 자아가 그러한 기제와 통합되어 편향된 인격을 고정화시킬 수도 있다. 그러나 이 같은 방어기제가 항상 부정적인 것만은 아니며 방어기제가 잘 사용하면 적응에 도움이 되기도 한다. 따라서 이런 방어기제가 잘못 사용되어 부적응이 되지 않도록 노력해야 한다.

(3) 방어기제

프로이트가 언급한 방어기제는 〈표 2-1〉과 같다.

〈표 2-1〉 프로이트의 방어기제

구분	내용
억압	의식의 수준으로 올라오지 못하도록 하는 것(잊어버림)
억제	충동적인 감정을 표면에 드러내지 않으려고 의식적으로 노력하는 것(과거의 실패는 잊으려 함.)
반동형성	인정하지 않으려는 마음이 있을 때 반대의 감정을 갖는 것(좋아한다 → 싫어한다)
격리	경험 속에서 감정만 상실하는 것(가까운 사람의 죽음을 감정 없이 받아들임)
동일시	주위의 영향력 있는 사람의 태도나 행동을 닮아가는 것(영화의 주인공 특성을 내 것으로 여김)
퇴행	현재 발달연령보다 이전 단계로 돌아가는 것(곤란할 때 어린아이처럼 반응함)
부정	용납되지 않는 생각이나 요구 자체를 인정하지 않는 것(부모의 이혼 → 아버지가 여행 중)
투사	현실에서 자신이 받아들일 수 없는 욕구나 충동을 다른 대상의 것으로 간주하는 것(상대에 대한 불쾌감 → 상대가 나를 싫어함)
전치	자신의 감정을 덜 위험한 대상에게 옮기는 것(아버지 → 아버지의 애완견)

합리화	인식하지 못한 채 했던 행동을 나름대로의 논리로 설명하는 것(거짓말 → 상대방을 위한 배려)
함입	자기 안으로 움츠러들거나 자신의 감정에 빠져드는 것(은둔과 자책)
승화	충동적 에너지를 사회적으로 유용한 곳에 사용하는 것(노출신에 뛰어난 배우)

3. 심리치료로서의 정신분석

프로이트의 정신분석은 주로 히스테리 환자와의 면담을 통해 만들어졌다. 정신분석의 면담은 내담자와 치료자 간에 이루어진 일종의 계약에 근거하여 이루어진다. 면담에서는 내담자가 가지고 있는 문제를 해결하기 위한 자기통찰의 목적을 달성하기 위해 언어 교류를 기반으로 한 인간관계가 형성된다. 이러한 인간관계 속에서 전개된 여러 가지 역동적 현상의 실마리로 마음의 심층인 무의식에 빛을 비추면서 이해를 향한 지속적인 면담을 이어 간다. 이러한 면담을 유지하기 위해서는 일정한 틀을 필요로 하며, 내담자와 치료자는 이러한 틀 속에서 언어 교류를 발전시킨다. 이처럼 면담의 틀을 공유함으로써 둘의 관계가 목적을 가진 치료적 관계로 발전한다.

1) 치료목표

심리치료의 목표는 무의식적 갈등을 의식화하여 개인의 성격구조를 재구성하는 데 있다. 정신분석에서는 의식하지 못한 채 마음속 깊이 내재해 있는 갈등을 해소하지 못하면 심리적 긴장상태가 지속되며 그로 인해 여러 가지 어려움이 나타난다고 본다. 치료과정을 통해 무의식적 갈등과 불안을 의식화시키면 억압된 감정이 발산되면서 긴장이 완화된다. 성격구조의 재구성이란 무의식적 기능인 원초아의 힘을 약화시킴으로써 의식적 기능인 자아의 힘을 강화시키는 것이다. 즉, 적응적이고 문제해결적인 기능을 할 수 있도록 내담자의 자아를 강화시키는 데 그 목적이 있다.

2) 치료자의 역할

정신분석적 심리치료에서 치료자는 내담자로 하여금 자신의 감정과 경험을 자유롭게 표현하도록 격려하는 역할을 한다. 치료자는 처음에는 치료과정에 소극적인 자세를 보이다가 점차 적극적인 자세로 언어적 교류에 개입하며, 필요에 따라 적절히 해석해 준다. 치료자는 내담자가 솔직하게 자신을 표현하도록 격려해 주면서 내담자의 언어적 표현에 관심을 갖는다. 뿐만 아니라 내담자가 언급한 언어적 표현의 의미를 이해하고 해석해 주어 내담자가 자신의 문제에 대해 통찰하도록 돕는다.

정신분석을 지향하는 치료자의 역할을 살펴보면 다음과 같다(Corey, 2009).

- 치료자는 지나치게 동일시를 하지 않으면서 감정이입이 가능해야 한다.
- 치료자는 관찰력, 해석력, 통제력이 있어야 하며, 때에 따라서는 조절이 가능한 퇴행현상을 보일 수 있어야 한다.
- 치료자는 강렬한 감정을 견뎌 낼 수 있을 만큼 충분히 성숙한 평정심을 소유해야 한다. 분노를 다룰 수 있어야 하고, 필요할 때는 격려할 수 있어야 한다.
- 치료자는 자신의 어린 시절 갈등에 대한 통찰과 해결책을 갖고 있어야 한다. 이러한 자질은 치료자 자신의 정신분석 경험을 통해서 가능하다.
- 치료자는 사람에 대한 관심을 가지고 있어야 하며, 상담현장에서 비

정상적이고 비현실적인 판단을 하지 않아야 한다.

- 치료자는 내담자와 자신 모두에게 정직해야 한다.
- 치료자는 중립적인 관찰자가 되어 무의식 속에 잠재된 내담자의 과거 경험과 갈등이 표면 위로 떠오르도록 도와주어야 한다.

프로이트는 치료자가 내담자와의 교류과정에서 치료자로서의 직업적인 인간관계의 한계를 넘어서지 않아야 한다고 주장하였다. 치료자가 내담자를 걱정한 나머지 약속시간 이외에 친분을 맺는 것은 치료관계를 혼란스럽게 하거나 치료자의 입장을 위협할 위험성이 있다. 쿠비(L. Kubie)는 치료자가 내담자의 사적인 생각이나 사생활을 가능한 한 알리지 않도록 해야 하는 '분석의 은둔자'라는 주장을 하기도 했다(Korchin, 1976 재인용). 정신분석적 심리치료는 분석적 중립성을 강조하는 것이 특징이다. 이것은 가치의 중립성을 의미하는 것으로 치료자가 내담자에게 자신의 이상이나 종교적 · 도덕적 가치를 강요하지 않는다는 것이다. 더 나아가 내담자의 주체성에 맡기려는 태도를 유지해야 한다. 또한 '분석의 수동성'이라는 표현을 쓰기도 한다. 이것은 치료자가 먼저 내담자의 호소를 이해하려고 노력하면서 내담자의 인간성을 있는 그대로 공감하여 수용하려는 태도를 의미한다.

3) 치료과정

(1) 면담의 시작

정신분석의 면담은 전통적으로는 주 3~5회, 1회기 50분간 내담자가 긴 의자에 누워서 머리에 떠오르는 것을 뭐든지 말하는 자유연상법을 활용한다. 그러나 우리나라에서는 대부분 주 1~2회, 1회기 50분간 의자에 앉는 대면방법을 사용하여 치료가 이루어진다. 어떤 쪽이라도 치료기간은 1~3년 정도 지속된다. 정신분석은 이처럼 오랜 면담 기간을 필요로

할 뿐 아니라, 심리치료 과정에서도 감정의 동요 등 여러 가지 심리적 변화가 일어남으로써 내담자와 치료자 모두 심리적 부담을 가지는 심리치료다. 그 때문에 면담을 시작할 때 정신분석이 가장 적절한 심리치료 방법인가를 숙고하는 것이 중요하다.

초기면담을 할 때는 내담자의 정보를 모으고 정리하여 내담자가 정신분석적 심리치료에 적절한 내담자인지를 판단하는 것이 바람직하다. 이 과정에서 파악해야 할 내용을 〈표 2-2〉로 정리하였다(菊地, 1993).

〈표 2-2〉 정신분석 가능성을 탐색하기 위한 항목

① 대인관계
- 관계성
  - 일정기간에 걸쳐 특정 대상과 안정된 관계를 가질 수 있는가?
  - 어떤 대상에게 자기통제를 일시적으로 맡길 수 있는가?
  - 치료기간을 유지하고 발전시킬 수 있는가?
- 자기애
- 대상항상성(분리에 대한 내성)

② 자아기능: 현실검토 능력, 승화능력, 적응적 퇴행, 방어기제, 사고과정

③ 초자아

④ 정서조직: 불안, 욕구불만, 우울에 대한 내성, 충동통제(특히 자기파괴적 행동을 하지 않는 능력)

⑤ 지적 능력/언어화 능력

⑥ 심리적인 것에 관심을 가지는 능력
- 사고, 감정, 행동의 관계, 경험과 행동의 이유를 알고 싶다는 욕구 및 그것과 유사한 능력
- 공감능력: 일시적으로 상대의 입장에서 사고나 감정을 음미하여 인정할 수 있는 능력
- 자신의 인지를 음미하는 능력
- 외재화하지 않는 능력

⑦ 성격 경향

⑧ 기타: 증상의 정도나 질, 공존하는 신체질병, 환경의 위기, 과거 외상적 사건, 치료를 지속하기 위한 경제적 · 시간적 · 지리적 상황, 과거 치료경험과 그에 대한 평가

앞의 정보를 통해서 정신분석적 심리치료가 적절하다고 판단되면 치료자는 내담자의 문제에 대한 대략적인 이해, 심리치료의 진행방법, 심리치료 목표 등에 대해 설명한다. 그리고 심리치료를 행하는 면담 구조에 대해 합의한 후 계약을 한다.

(2) 치료의 구조화

치료구조란 치료자와 내담자의 교류를 규정하는 여러 가지 요인과 조건을 구조화하는 것이다. 구조화에는 다음과 같은 사항들이 포함된다.

- 면담의 시간이나 횟수, 장소 등과 같은 시간적 · 공간적 조건 및 내담자와 치료자 간의 교류를 행하는 면담에서의 규칙 등 기본적인 구조가 포함된다.
- 임상현장이 가진 특유한 물리적 · 제도적인 제약처럼 치료자의 의도와는 별개로 이미 부여된 사항도 구조화에 포함된다.
- 치료자의 복장이나 면담실의 환경과 같이 면담관계에 자연스럽게 영향을 주면서 형성된 구조적인 조건들도 구조화에 포함된다.

내담자는 치료자와 치료구조에 대해 서로 이야기를 나누면서 제안한 계약에 합의한 뒤 내담자의 문제에 힘을 합해서 도전한다. 이것은 무의식에 대한 자아의 지배를 확립하여 건강한 마음을 되돌리는 작업이기도 하다. 정신분석에서는 이러한 치료자와 내담자의 협력관계를 작업동맹이라고 부른다.

(3) 작업동맹

치료자는 내담자의 지적 능력과 연대하여 분석치료라는 공동작업을 수행한다. 이것의 궁극적인 목표는 무의식에 대한 자아의 지배를 확립하여 마음을 재구성하는 것이다. 그렇다면 왜 이러한 치료구조를 설정해야 하는 것일까? 면담의 틀을 설정하는 것은 내담자에게 어떤 '제한'이나 '제약'을 부여하는 것이며, 내담자의 감정 그대로의 행동이나 퇴행을 저지하는 것을 의미한다. 이를 통해 치료자는 자신의 안전감을 유지하며 위협이나 두려움을 느끼지 않으면서 치료를 지속할 수 있기 때문에 궁극적으로는 내담자에게 도움이 된다. 따라서 치료구조는 치료에 개입하는 방법을 정하는 것이 기본이므로 내담자의 발달과 수준을 고려하여 치료자가 가장 잘 기능할 수 있는 틀을 설정하는 것이 바람직하다. 기본 규칙은 쉽게 변경할 수 있는 것으로 인식되어서도 안 되지만, 반드시 지켜야 한다는 경직된 생각 역시 치료에 도움이 되지 않는다. 개개인의 실정에 따라 유연하게 수정하면서 적용하는 것이 필요하다.

4) 치료적 요소

(1) 저항

심리치료 과정에서 내담자는 "생각한 대로 자유롭게 말하라"라는 지시에 따라 대화를 시작하는데, 이런 과정을 통해 한 개인의 태도나 내용의 특징이 드러난다. 내담자는 의식적으로는 자기이해를 확장하겠다는 목적으로 치료자를 방문했음에도 면담 중에 침묵하거나 약속시간에 늦거나 연락 없이 오지 않는 경우가 있다. 이와 같은 면담에 대한 부정적이거나 반발적인 태도를 저항이라고 부르는데, 프로이트는 이것을 다음의 5가지로 분류하였다.

❖ 억압(방어)

잊어버린 과거를 기억해 내면 위험을 느끼기 때문에 "더 이상 말하고 싶지 않습니다." "쓸데없는 것이에요."라는 형태로 침묵하거나 화제를 바꾼다.

❖ 전이

내담자는 자기이해의 수준이 깊어지면 자신의 내면에 있는 여러 가지 욕구를 치료자에게서 충족하려고 한다. 그러나 대부분의 경우 그것은 충족되기 어렵기 때문에 치료자에게 실망하여 불만을 늘어놓거나 면담의욕이 저하된다.

❖ 질병이 지닌 이득으로 인한 저항

내담자의 입장에서 보면 현재 마음의 질병을 앓고 있으며 그것을 치료받고 있다는 점은 어떤 면에서는 이득이 될 수도 있다. 때로는 이 같은 이득을 포기하기 어려워서 치료에 저항하기도 한다.

❖ 반복강박장애

정신분석이 진행되면 내담자가 무의식의 갈등으로 통찰했다고 생각했던 유아적 욕구가 또다시 출현하여 곤란한 상황이 반복된다.

❖ 초자아 저항

초자아가 심한 징벌을 요구할 경우 내담자 자신이 치료과정을 통해 스스로가 편해지는 것을 용납하지 못하기 때문에 면담이 순조롭게 진행되지 않는다.

(2) 전이와 역전이

면담이 진행됨에 따라 내담자는 치료자에게 애정, 신뢰, 존경, 때로는 성적 욕구 등을 표현한다. 이러한 긍정적인 감정을 드러내는 것을 양성전이라고 하며, 미움, 비난, 반항, 적의 등 파괴적인 감정을 표현하는 것은 음성전이라고 한다. 치료자는 중립성의 원칙에서 그와 같은 욕구에 대응하지 않으면 안 된다. 이러한 상황은 내담자가 유아기에 부모와의 관계에서 반복됐던 갈등을 치료관계에서도 재현함으로써 내담자의 억압된 충동을 해방시키는 것이다. 그러나 이런 것들은 금지당하면 또다시 증상을 드러낸다. 이처럼 이전에 부모와의 사이에서 형성된 신경증을 치료자와의 사이에서 인위적으로 만들어 가는 것을 '전이신경증'이라고 한다. 전이야말로 내담자를 이해할 수 있는 실제적이며 관찰 가능한 중요한 정보다. 즉, 전이는 유아기의 갈등이 심리치료적 관계에 의해 처음 의식화되는 실마리가 되기도 한다. 내담자가 치료자에게 여러 가지 전이 감정을 느끼는 것과 마찬가지로 치료자도 내담자에 대해 여러 가지 감정을 느끼거나 환타지를 갖게 되는데 이것을 역전이라고 한다. 이러한 역전이를 통찰하거나 통제하는 것은 내담자의 저항이나 전이를 인식하고 조작할 때 불가피한 요소다. 따라서 정신분석 치료를 실시하려는 심리치료자는 교육분석을 통해 자기분석을 하는 것이 필요하다.

(3) 해석

면담이 진행됨에 따라 내담자가 지금까지 관심을 가졌던 여러 가지 환타지나 생각, 감정이 점차 모습을 드러낸다. 그리고 이렇게 표현된 것은 치료자에 의해 의미가 부여된다. 이때 치료자는 지금 일어나고 있는 여러 가지 환타지나 감정이 유아기에 억압된 내담자의 내면에 감추어진 것에서 출현되었다는 것을 이해한다. 치료자는 내담자에게 자신의 숨겨진 깊은 곳의 의미를 들춰 낼 수 있도록 언어화하거나 설명을 부여한다. 이것이 해석이다. 그 결과 내담자는 유아기에 억압된 갈등의 숨겨진 의미를 이해하여 무의식적인 마음의 움직임에 대한 통찰을 가질 수 있다.

이러한 방법에는 내담자가 무의식적이고 맹목적 · 기계적으로 반복하여 드러내는 것을 지적하여 깨닫게 하는 것부터 지금 여기에서 드러내는 현상의 무의식적 동기와 그 인과관계를 설명하는 것까지가 포함된다. 어느 방법이라도 해석에서는 언제 어떤 역동에서 무엇을 어느 정도 깊이 행하는가를 고려하여 내담자에게 안도감을 부여하는 동시에 이해가 깊어지도록 통찰시키는 것이 중요하다. 이런 과정을 통해 '아, 이렇게 되었구나' 라는 경험을 하는 것이야말로 내담자가 저항을 극복하고 자신의 모습을 직시하는 계기가 된다. 해석과 통찰은 나선형으로 깊이를 더해 가는 것이므로 면담과정에서 얻은 통찰은 내담자의 출발점이 되어 자기이해가 확대되며 변화로 이어진다.

5) 종결

일반적으로 병이 나았다는 것은 증상이 없어지는 것을 의미한다. 즉, 병의 원인이 사라져서 생활하면서 느끼는 긴장이 충분히 제 역할을 하는 것이다. 그렇다면 프로이트는 분석치료의 종결에 대해 어떻게 생각했을까? 그는 1937년「종결이 있는 분석과 종결이 없는 분석」이라는 논문에서 종결의 조건을 다음과 같이 언급하였다(Korchin, 1976 재인용).

첫째, 내담자가 자신이 호소하던 증상으로 더 이상 고통을 받지 않게 되거나 불안이나 장애를 극복했다고 말할 때다.

둘째, 치료자가 내담자에게 문제가 되었던 병적 현상이 앞으로 반복되어 일어날 가능성이 없다고 느낄 만큼 억압된 것이 의식화되어 이해할 수 없었던 것을 깨닫게 되고 내적 저항도 제거되었다고 판단할 때다.

이 같은 종결의 기준은 애매하여 좀처럼 판단하기가 어렵다. 이상적으로 말하면 자기이해가 충분히 깊어져서 치료자와 내담자 모두가 더 이상 분석의 시간을 가질 필요가 없다고 논의한 후 치료를 종료하는 것이 바람직하다. 그러나 실제로는 그처럼 간단하지 않다. 치료를 종결한다는 것은 내담자가 홀로 서는 것을 의미한다. 종결의 시기가 다가오면 "아직 낫지 않았다." "혼자 해 나갈 자신이 없다."라고 말하거나 사라졌던 증상이 다시 나타나는 경우가 있다. 이 같은 저항이 나타나더라도 어떤 시기에는 종결하는 것이 중요하다. 내담자에게 종결은 커다란 시련이기도 하지만 내담자가 치료자에게 의존하는 경향을 단절하고 두렵더라도 현실에 대처해 가는 것은 자아의 재통합을 촉진하여 자아 성장을 시도하는 출발점이기도 하다. 따라서 치료자는 면담 횟수를 서서히 줄이거나 일정 기간 중단하거나 여행을 권유하는 등 내담자가 혼자서 생각하며 그것을 처리할 수 있도록 촉진할 필요가 있다. 한편, 종결이 없는 분석이란 어떤 것일까? 정신분석에서는 신경증의 증상을 보이지 않고 건강한 보통의 생활을 해간다고 해서 그 상태를 정상이라고 여기지 않는다. 정상이란 자아가 원초아나 초자아로부터 자율성을 획득하여 마음이 자유롭다는 것을 전제한다. 즉, 원초아에 지배받지 않는 자아로 지속되어야 한다. 정신분석에서는 이처럼 완전한 자아를 목표로 하는 분석에는 끝이 없으며, 따라서 정신이 절대적으로 정상이라는 것은 존재하지 않는다고 본다.

| 제3장 |

분석심리

1. 분석심리의 태동

1900년에 출간된 『꿈의 해석』을 통해 프로이트를 알게 된 칼 구스타프 융(C. G. Jung)은 1906년 자신의 논문인 「진단학적 연상」을 프로이트에게 보내면서 프로이트와의 교류가 시작되었다. 1912년 융이 자신의 저서 『리비도의 변천과 상징』에서 프로이트를 비판하여 1913년 프로이트로부터 절연장을 받기 전까지 그들은 돈독한 관계를 유지해 갔다. 융은 정신의학에서의 경력, 지적인 영민함, 그리고 유대인이 아니라는 장점 때문에 프로이트 학파의 선두주자가 되었고 정신분석협회 초대 회장으로도 선출되었다. 프로이트는 융을 공공연히 양자라고 할 정도로 총애하면서 후계자로 생각했고 융도 프로이트를 아버지처럼 사모했다. 이런 두 사람의 관계를 갈라놓은 이론적 견해차는 다음과 같다. 첫째, 프로이트는 리비도를 성적인 것에 한정한 데 비해, 융은 넓은 의미에서의 심적 에너지로 보았다. 둘째, 프로이트는 무의식을 개인적인 것으로 보았으나 융은 무의식을 개인적 무의식과 보편적(집단적) 무의식으로 나눌 수 있다고 주장하였다. 이와 같은 이론을 이해하기 위해서는 융의 일생을 이해하는 것이 도움이 된다.

융

80세가 넘은 나이에 자기 인생을 돌이켜 본 융은 '내 일생은 무의식의 자기실현의 역사'라고 회고했다. 그는 1875년 7월 26일, 스위스 북부에 있는 작은 호숫가 마을에서 태어났다. 아버지와 8명의 삼촌, 그리고 외할아버지가 모두 목사이거나 신학자인 종교적 가풍을 지닌 집안에서 태어났기 때문에 어린 융은 교회와 묘지를 놀이터로 삼으면서 자랐다. 그는 아버지에 대해서는 직업적인 삶과 신앙 사이에서 고민하는 모습을 보면서 실망했지만 어머니는 따뜻한 마음을 가지고 사람들의 말을 잘 들어 주는 활기찬 분으로 기억했다. 어릴 적부터 다른 사람이 이해하기 힘든 특별한 경험과 내면의 비밀을 가졌던 융은 두 차례의 우울한 시기를 겪었다. 첫 번째 시기는 11세 때 김나지움에 입학하여 기숙사 생활을 하던 중 골목에서 폭행을 당한 후 졸도했을 때였다. 이를 계기로 휴학을 하고 고향에 돌아와 약 1년 동안 자연 속에서 자유로운 생활을 했다. 혼자서 외롭게 지내던 융은 연필을 깎아서 작은 마네킹을 만들고 돌에 색칠을 하여 마네킹의 친구로 만들어 주는 놀이를 했다. 그는 후에 자신이 어려울 때나 잘못을 하거나 상처받았을 때마다 코트를 입고 누워 있는 마네킹과 색돌을 떠올렸다고 회고할 정도로 마네킹과의 놀이는 자신의 내적인 힘을 키우는 데 도움이 되었다. 그리고 이 같은 어린 시절의 추억은 후에 분석심리를 창시할 때 큰 자산이 되었다. 1919년 프로이트와 결별을 한 후 두 번째의 우울 시기를 맞았을 때도 호숫가에서 주워 모은 바위와 돌을 가지고 모형 마을을 만들거나 모래에 그림을 그림으로써 스스로를 치유해 나

갔다. 오랜 시간이 흐른 후 융은 오스트레일리아 원주민들이 비슷한 마네킹과 색깔을 칠한 돌을 치유에 사용한다는 사실을 알게 된 뒤 자신이 어린 시절 놀았던 놀이를 떠올렸다. 훗날 케냐를 방문했을 때에도 그곳 아이들이 색돌을 가지고 노는 것을 보면서 자신의 이론의 기초가 되는 '집단 무의식'에 대한 통찰을 얻었다. 이처럼 융은 적극적인 명상을 통해 내적이고 시각적인 이미지를 인식해 갔다.

청년 융이 의사라는 직업을 선택하여 전문의 과정을 밟던 중, 집에서 통판으로 만든 나무 식탁의 한가운데가 갈라지는 등의 이해하기 어려운 경험을 하면서 그는 인격이 자신에게 말하는 내면의 목소리에 귀를 기울이기 시작했다. 특히 정신의학에 심리학이 포함되기 이전 시대에 살던 융은 리하르트 폰 크라프-에빙(R. Von Kraff-Ebing)의 책에서 정신병을 '인격의 병'이라고 표현한 것을 보고 정신의학이야말로 오랫동안 자신이 헤매던 자연과 정신의 두 흐름을 통합하여 하나의 방향으로 흘러가게 할 것이라는 자각을 하면서 미래가 보장된 내과 의사를 포기하고 정신의학에 몰두하기 시작했다.

융은 '정신질환자의 내면에서는 무엇이 일어나고 있는가?'에 대한 의문을 풀기 위해 애쓰던 중 환자의 꿈에 나타난 무의식의 심리현상에 관심을 갖게 되었다. 그는 한때 최초의 실험심리학 실험실을 설립한 분트(W. M. Wundt)의 단어연상검사 연구에 동참했는데, 단어연상의 해석을 통해 이 문제를 풀어 보려고 애썼다. 단어연상검사는 피험자에게 100개의 연상어를 제시한 후 떠오르는 단어를 가능한 한 빨리 두 번씩 반복하여 대답하도록 한 후 반응시간을 측정하는 것이다. 피험자는 감정적으로 무관심한 자극어에 대해서는 반응어를 빨리 떠올린다. 그러나 자극어가 피험자에게 감정적으로 의미를 가진 단어라면 어떤 식으로든 동요하여 혼자 중얼거리거나 대답을 주저하면서 반응 시간이 길어진다. 이와 같은 피험자의 반응을 지표로 그들이 인식하지 못하는 무의식, 즉 피험자도 알아차리지 못하는 어떤 감정적인 뒤엉킴이 있다는 점을 통해 정신질환자의 내면을 이해하려고 노력하였다.

그 후 융은 독자적인 이론을 발전시켰으며 이를 프로이트의 정신분석(psychoanalysis)과 구별하기 위해 '분석심리학(analytical psychology)' 이라고 이름 붙였다.

2. 분석심리의 기본적 이론

융의 분석심리학은 성격에 대한 사람들의 견해를 개인적인 것을 넘어선 집단적 현실로까지 확장시켰다. 그는 인간정신의 구조가 의식적 요소와, 초개인적인 원형적 층과 개인적 층으로 이루어진 무의식적 요소를 포함한다고 주장하였다. 이 같은 융의 이론을 정리해 보면 다음과 같다.

1) 유형론과 보상이론

대부분의 치료자들이 신경증을 열등한 것으로 이해한 것과는 달리, 융은 신경증의 긍정적인 면을 부각시키면서 이를 통해 인격의 완성을 추구할 수 있다고 보았다. 특히 융은 신경증이 왜 지금 여기서 발병했는가에 관심을 가지면서, 유형론과 마음의 보상이론이라는 두 가지의 독창적인 이론을 제안했다. 유형론은 신경증이라는 증상에 대해 왜 프로이트와 아들러(A. Adler)는 성적 에너지와 권력에 대한 의지라는 서로 다른 관점으로 설명했는가라는 의문에서부터 탄생하였다. 이 같은 의문에 대한 해답을 인간의 기본적인 태도에 차이가 있다는 점에서 찾았다. 즉, 사람 중에는 관심이나 흥미가 외부 세계의 사물이나 사람에게 향하면서 그것과 관심을 맺기 쉬운 사람과, 이와는 달리 관심이 자신의 내부 세계로 향하기 쉬운 사람이 있다는 것에 주목하였다. 이것을 유형론이라고 언급하면서 이런 관점에서 본다면 프로이트와 아들러의 견해는 다를 수밖에 없다고 보았다. 프로이트가 주위와의 관계, 특히 유아기의 부모와의 관계에 초점을 맞춘 것은 그가 외향적인 사람이었기 때문이며, 아들러가 자신의 마음속에 잠재된 권력에의 의지와 그 이면에 있는 열등감에 관심을 가진것은 그가 내향적인 사람이기 때문이라고 생각했다.

이처럼 자아가 외부로 지향하는 방향이 수동적인가 능동적인가에 따라 성격 태도가 결정된다. 능동적 태도인 외향성은 의식을 외부 세계 및 타인에게 향하는 성격 태도를 보이며, 내향성은 의식을 자신의 내적인 주관적 세계로 향하는 성격 태도를 보인다. 인간은 이 두 가지 성격 태도를 모두 갖고 있으며 둘 중 어느 것이 지배적이냐에 따라 태도가 결정된다. 또한 개인에게는 사고, 감정, 감각, 직관이라는 4개의 심리 기능이 있다. 예를 들어, 그림을 감상하면서 어떤 파의 그림인지, 누구의 영향을 받았는지를 생각하는 것은 사고형이다. 감정형의 사람은 좋은지 싫은지 또는 유쾌한지 불쾌한지에 대해 말하며, 감각형의 사람은 그림의 색이나 형태에 대해 정확하게 파악한다. 직관형의 사람은 그림을 보면서 무언가 다른 것을 생각해 내는 경향이 있다.

[그림 3-1]에서 표현하는 것처럼 '사고-감정'과 '직관-감각'은 대립적

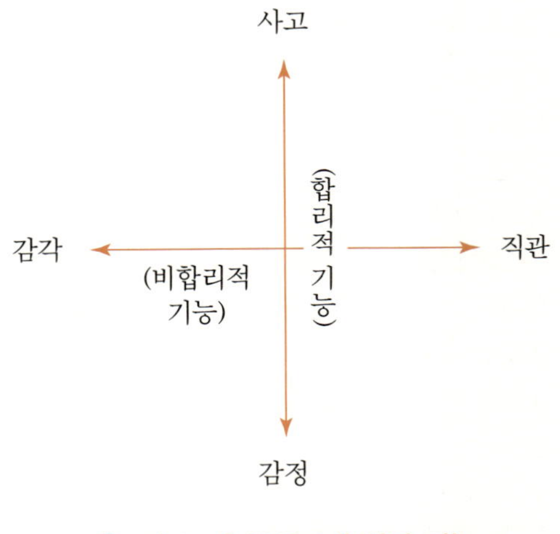

[그림 3-1] 융의 4개 심리 기능

인 관계에 있다. 따라서 사고 기능이 발달한 사람은 반대편에 있는 감정 기능이 발달하기 어려우며, 감정 기능이 발달한 사람은 사고 기능이 미발달하기 쉽다. 감각과 직관도 마찬가지 관계다. 이처럼 사람들이 익숙하고 잘하는 심리 기능을 주 기능, 그 반대의 것을 열등 기능이라고 부른다. 그런데 열등 기능은 약한 것이 아니라 미분화된 것을 의미한다. 융은 2개의 일반적인 태도와 4개의 심리 기능을 종합하여 어떤 것을 우선적으로 사용하는가에 따라 다음과 같은 8가지 유형을 가정했다.

융은 프로이트와 아들러의 상반된 견해차에 대해 양쪽의 주장은 상대의

〈표 3-1〉 융의 성격 유형

구분	내용
외향적 사고형	감정을 억누르고 기분보다는 객관적인 사실을 중시함으로써 사물을 판단한다. 창조적인 생각보다는 상식적인 판단에 의존하는 경향이 있다.
내향적 사고형	지식을 습득하는 것보다 새로운 견해를 발견하는 것을 선호한다. 그런데 이러한 독창적 작업은 다른 사람과 공유하기보다는 혼자 즐기는 경향이 있다.
외향적 감정형	자신의 기분에 따라 행동하지만 주위와 조화를 이룰 줄 아는 사교적인 사람이다. 그러나 이것이 지나치면 자아정체감이나 개성을 잃어버릴 위험이 있다.
내향적 감정형	조용하지만 생각이 깊다는 표현이 어울리는 사람이며 겉으로는 겸손하며 감정을 잘 드러내지 않지만 깊은 동정심과 섬세한 감정을 가지고 있다.
외향적 감각형	현실주의자로 편하게 그 순간의 즐거움을 향유한다.
내향적 감각형	비사교적으로 적응에 곤란을 느끼기 쉽다. 외부의 자극보다는 그것에 의해 동반되는 주관적 감정에 영향을 받는다.
외향적 직관형	현실의 가치보다는 가능성을 추구하면서 행동한다. 발상은 좋지만 지속력이 결여되어 있기 때문에 용두사미가 되기 쉽다.
내향적 직관형	내향적 감각형과 마찬가지로 외부 세계에 적응하는 것에 관심이 없다. 외부 사건에 무관심하며 마음에 그리고 있는 가능성을 추구하기 때문에 주위에서 보면 이해하기 어렵다.

생각을 배제한 것으로 모든 이론은 제각기 일리가 있다고 판단하였다.

의식과 무의식은 서로 영향을 미치면서 평형을 유지하는 보상관계에 있다. 따라서 각각 의식과 무의식에 대응하는 것처럼 내향-외향의 기본적인 태도와 주 기능-열등 기능은 서로 보완적인 역할을 한다는 마음의 보상이론을 제창한 것이다. 또한 자아(ego)는 개인의식의 중심에 있으며 무의식과 보상적 관계를 가진다. 그리고 의식(자아)과 무의식을 포함한 전체로서 마음의 중심을 자기(self)라고 불렀다. 일반적으로 사람들은 자아의 뛰어난 분야나 기능을 발달시키면서 성장한다. 그런데 그와 같은 성장은 다른 기능과의 보상관계에서 발달하는 것이 중요하다. 어떤 사람의 주 기능 발달이 방해를 받아 제대로 작동하지 못하면 제2나 제3의 기능이 억지로 주 기능의 역할을 하는데, 이것이 신경증을 유발한다. 또한 일방적으로 억압된 측면이 커다란 감정을 동반하면서 콤플렉스를 형성하며, 이것이 의식을 위협하면서 자아의 자리를 대신 차지하면 그것도 신경증이 된다. 그때 치료자의 도움을 받으면서 그와 같은 것들에 직면한다면 신경증을 극복할 수 있으며 이때 인격적 성장도 동반된다. 즉, 지금까지 한 부분으로 살아왔던 것에서 전체성을 지향하는 인간으로 전환하는 것이다. 이처럼 융은 신경증을 극복하기 위해 인격적 성장이 일어나고 그것이 자아실현으로 이어진다면 그것은 신경증이 가진 긍정적인 측면이라고 보았다.

2) 보편적 무의식과 원형

융은 무의식 연구를 계속해 가면서 콤플렉스의 배후에는 더욱 깊은 층이 있다는 것을 알게 되었다. 무의식은 두 개의 층으로 나눠서 개인적 무의식과 보편적 무의식으로 구별된다. 프로이트가 무의식을 원시적이며 충동적인 혼돈된 영역이라고 생각했던 것과는 달리, 융은 무의식에는 자연적이며 일정한 질서가 있으며 목적 지향적이고 창조적이라고 보았다.

개인적 무의식은 개인의 생육사와 관련된 것이며, 보편적 무의식은 인류가 연속적으로 이어 온 심리적 내용을 담고 있다. 즉, 인류가 종으로서 생득적으로 가지고 있는 인식의 경향이나 행동의 패턴이 축적된 것이다. 치료자들은 꿈분석이나 심리치료를 할 때 종종 신화의 모티브가 드러나기도 하며 이야기의 구조나 인간관계의 패턴 등에서 시대나 민족을 초월한 일정의 형태를 발견하기도 한다. 보편적 무의식 속에 존재하며 이러한 생득적인 패턴을 발현시키는 경향을 원형(archetypes)이라고 부른다. 융이 원형으로서 중요하게 다룬 것은 페르소나, 그림자, 아니마와 아니무스, 자기 등이다. 원형은 이미지 속에서 간접적으로 표현되기 때문에 직접 지각할 수는 없다.

융은 무의식을 프로이트가 주장한 것과 같이 억압된 소망의 축적이 아니라, 한 개인의 경험을 넘어선 인류 보편적 무의식이라고 보았다. 따라서 치료과정에서는 프로이트의 자유연상처럼 숨겨진 의미를 찾는 것이 아니라, 이미지에서 드러내고 있는 의미를 보다 명확하게 이해하는 것을 중요하게 여겼다. 이처럼 이미지에서 원형을 끌어내기 위한 방법의 하나로 확충법을 사용하기도 하였다. 예를 들어, 치료자는 꿈을 꾼 사람의 연상을 들으면서 신화나 옛이야기 등의 지식을 적용하여 내담자 꿈의 주제를 보편적인 것과 연결하여 탐색한다. 분석심리학에서는 [그림 3-2]와 같이 자

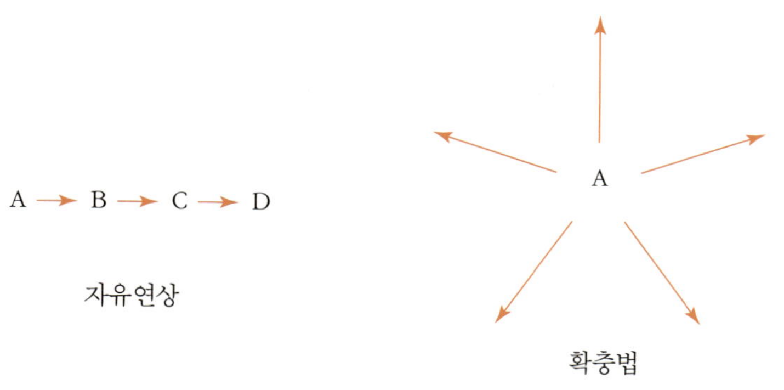

[그림 3-2] 연상의 2가지 방법

유연상처럼 직선적으로 도달하는 것이 아니라 A라는 주제를 둘러싸고 일어나는 이미지를 다각적으로 깊이 있게 탐색하는 확충법을 선호한다.

3) 정신 구조

인간은 전체적인 성격을 갖고 태어났으며 일생을 통해 타고난 전체성을 분화하고 통합해 간다.

〈표 3-2〉 융의 정신구조

정신	의식	자아가 지배하는 영역(태도와 기능)	
	무의식	개인무의식	독특성을 기반으로 하는 개인적 역사
		집단무의식	인류 공통적으로 흐르는 기반, 상징체계, 원형

융은 인간의 정신세계가 의식과 무의식으로 구성되어 있다는 프로이트의 학설에 깊이 공감했다. 의식에는 자아가 있으며, 무의식에는 전체의 중심 또는 조정자 역할을 하는 자기가 있다. 즉, 우리가 직접 알고 있는 정신의 부분에 해당하는 의식은 자아의 지배를 받는다. 자아는 내적 요구와 외부 세계 사이를 중개하는 데 결정적으로 중요한 역할을 하며, 사람들은 이것을 통해 자신을 외부에 표현하고 외부 현실을 인식한다.

개인적 무의식은 의식에 인접해 있는 부분으로 필요에 따라 의식화될 수 있는 망각된 경험이나 감각경험으로 구성된다. 이는 개인적 경험에 근거한 것으로, 내용이 중요하지 않거나 고통스러워 기억 밖으로 밀어냈거나 억압된 자료들의 저장소다. 너무 미미하기 때문에 의식까지 도달할 수 없거나 또는 의식에 머물 수 없는 경험은 모두 개인무의식에 저장된다. 이와는 달리 집단적 무의식은 개인적 경험이 아니라 사람들이 역사와 문화를 통해 공유해 온 모든 정신적 자료의 저장소다. 융은 이것이 선천적으로 존재하고 시공을 초월하여 모든 인간에게 함께하는 보편적인 성격을 가지고 있기 때문에 집단적 무의식이라고 불렀다. 집단무의식은 인류 역사를 통해 선조로부터 물려받은 우리의 행동에 영향을 주는 정신적 소인인 다양한 원형으로 구성되어 있다. 원형이란 집단무의식 속에 존재하는, 인류가 공유하는 보편적인 경험과 개념이다. 이것은 개인의 주관적인 경험에 영향을 받지 않으며 신생아 때부터 가지고 태어난 구조화되고 조직화된 실체다. 주요한 원형은 다음과 같다.

❖ 페르소나

페르소나(persona)의 어원은 그리스어로 '가면'이다. 사람들은 각자가 소속된 집단 안에서 어떠한 역할을 수행하면서 집단의 구성원으로서 존재한다. 이때 사람들은 외부 세계가 요구하는 모습을 보여 주려고 노력하는데, 이를 페르소나라고 한다. 개인적 특징이 전적으로 배제되는 것은 아니지만, 집단정신의 요구를 받아들이며 살아가는 타협적인 모습을 의미한다. 사람들은 집단과 관계를 유지하는 동안 자신도 모르게 집단정신에 동화되어 집단의 역할이나 지위가 자신의 것인 양 착각하는 경우도 있다.

인간은 혼자 살 수 없고 집단 속에서 생존하기 때문에 페르소나는 모든 사람에게 필요한 부분이다. 그러나 페르소나는 사회생활을 해 나갈 때 필요한 수단이라는 점을 간과해서는 안 된다. 페르소나는 제거되거나 동화될 대상은 아니다. 다만 자아와 구별하면서 이를 통해 균형 잡힌 외부 세계를 유지해 가는 것이 바람직하다.

❖ 아니마와 아니무스

아니마(anima)와 아니무스(animus)란 무의식에 잠재된 내적 인격의 특성을 말하며, 남성의 무의식 속에 잠재된 여성적 요소를 아니마, 여성의 무의식 속에 잠재된 남성적 요소를 아니무스라고 부른다. 이처럼 아니마는 남성 마음속의 모든 여성적인 심리 경향을 인격화한 것으로 대개 어머니에 의해 형성된다. 아니무스는 여성 마음속의 남성성으로서 여성에게 있는 무의식이 인격화한 것이다. 이들은 모두 긍정적인 부분과 부정적인 부분을 가지고 있다. 아니마의 긍정적인 부분은 남성의 마음을 참된 내면의 가치와 조화시키면서 보다 깊은 내적인 곳으로 이끌어 간다는 점이다. 아니무스의 긍정적인 부분으로는 기획성, 용기, 진실성 그리고 정신적인 깊이를 인격화할 수 있다는 점을 들 수 있다. 원초적 여성성은 남성의 페르소나 때문에 소홀히 하기 쉬운 감성과 예감능력으로 표현되고 원초적 남성성은 힘과 지혜의 특성을 가진다. 따라서 아니마와 아니무스의 의식화를 통해 양성이 조화를 이루면서 표현될 때 인격적으로 건강하다고 할 수 있다.

❖ 그림자

자아의 어두운 면, 자아로부터 배척되어 무의식에 억압된 성격 측면이다. 융은 의식을 빛이라고 볼 때 의식의 바로 뒷면에 있는 자아가 아직 의식화하지 못한 부분을 그림자(shadow)라고 칭했다. 이런 의미에서 보면 그림자는 인간과 분리하거나 부정할 수 없는 부분이다. 그리고 반드시 부정적인 것만도 아니며, 예술이나 창조의 원천이 되기도 한다. 다만 그림자는 아직 자아가 의식할 수 없는 위치에 자리하고 있기 때문에 자아가 통제할 수 없는 어려움이 있다. 이처럼 무의식적인 측면에 자리 잡고 있으면서 때로 억압을 뚫고 동물적인 면을 드러낼 수도 있기 때문에 일반적으로 그림자는 부정적인 요소로 인식된다. 그러나 그림자는 자아가 규명한 열등한 인격으로 본래부터 악하고 부정적인 것은 아니다. 단지, 그늘에 가려 있어서 자아가 볼 수 없기 때문에 의식화할 수 있는 기회를 상실하여 미분화된 채로 남아 있는 원시적인 심리적 특징으로 이해하는 것이 좋을 것이다. 따라서 그림자를 의식화하여 그 내용을 창조적이며 긍정적인 역할로 바꾸는 것이 필요하다.

❖ 콤플렉스

융은 단어연상기법을 적용하면서 사람들마다 다른 단어에 비해 느리거나 다른 반응을 나타내는 단어가 있다는 사실에 주목했다. 이것은 이러한 단어와 연관되어 있는 억압된 감정이 있기 때문이라고 추론하고 그것을 콤플렉스(complex)라고 불렀다. 이는 무의식 층에 있는 심상, 기억, 사고의 조직망을 궤도 안으로 이끄는 자석 같은 작용을 한다. 또한 이것은 정서가 실린 사고와 감정의 연합이며, 대개는 고통스럽고 통제할 수 없는 감정으로 이루어진 관념 덩어리다.

융은 콤플렉스가 어떠한 경우에 제한되고 혼란되고 다른 방해되는 결과를 가져올 수도 있지만, 이것 또한 긍정적인 면이 있어서 중요한 자료를 의식으로 가져오도록 이끈다고 보았다. 콤플렉스가 의식을 자극할 때 불쾌한 반응을 일으키는 것은 그림자와 유사한 이유에서다.

콤플렉스는 열등감뿐 아니라 희노애락의 모든 감정 작용을 일으킨다. 융은 콤플렉스란 감정적으로 강조된 심리적 내용으로 어떤 일정한 군집이며 누구도 자신의 콤플렉스를 외면할 수 없다고 보았다. 오히려 콤플렉스는 정신현상을 서로 연결 짓고 갈등을 일으켜서 정신의 활동을 활발하게 한다. 그러므로 콤플렉스를 지나치게 경계하기보다는 의식화하려고 노력하는 것이 바람직하다.

❖ 자기

자기(self)는 성격의 핵심으로 개인의 무의식과 의식의 모든 요소를 포함한다. 자아가 의식의 중심이라면 자기는 이 전체의 모든 원형과 관계를 가지면서 질서와 전체성을 가져오려고 노력하는 중심에 있다. 자기는 조화와 통합을 위해 노력한다. 또한 우리가 정신적으로 혼돈에 빠져 있을 때 방향을 가르쳐 주며 질서를 형성한다. 자아와 자기의 관계는 [그림 3-3]과 같이 정리될 수 있다.

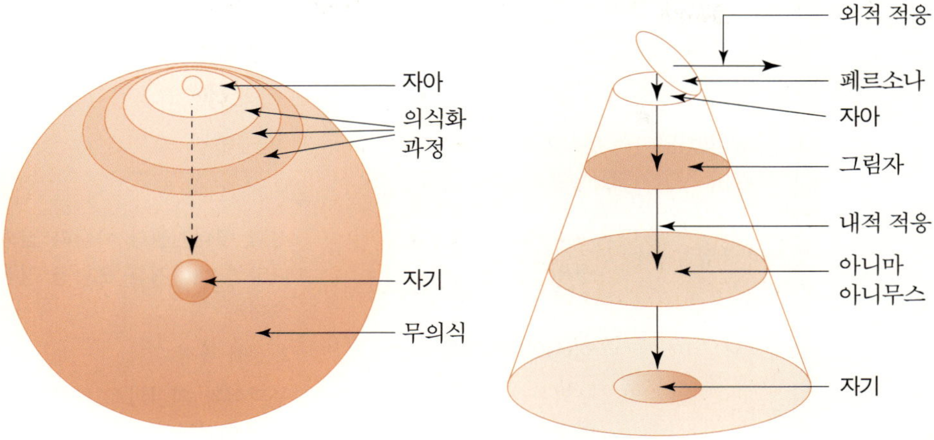

[그림 3-3] 융의 개성화 과정

출처: 이부영(2011).

4) 개성화 과정

생의 초반부의 발달과업은 자아를 강화시켜 다른 사람들과 원만한 관계를 맺으면서 세상 속에서 자신의 위치를 차지하며 사회에 대한 자신의 의무를 다하는 것이다. 그러나 생의 후반부의 발달과업은 자기 자신의 미발달된 부분을 파악하고 이러한 측면들을 보다 완전하게 채워 가는 것이다. 분석심리에서는 이를 개성화 과정이라고 불렀다. 개성화 과정은 [그림 3-3]처럼 자아가 자기를 만나는 과정이다. 개성화 과정은 자아가 그림자를 의식화하면서 아니무스와 아니마를 통해 자기를 만나는 과정이다. 따라서 개성화 과정은 곧 자기실현을 의미한다. 한 개인이 자기 자신이 되어 가는 개성화 과정은 자아의식을 받아들여 실천에 옮기는 능동적인 행위다. 개성화 과정은 개성과 전체성을 의미하며 자신의 성격에서 부정적인 면을 수용하는 시련과 고통이 따르는 작업이다. 〈표 3-3〉에서 알 수 있듯이 한 개인은 일생을 거치면서 성장하고 변형된다. 특히 융은 후반부의 과업으로 개성화를 강조함으로써 프로이트와는 다른 성격이론의 위치를 구축해 갔다.

〈표 3-3〉 정신분석과 분석심리의 비교

	프로이트	융
인간의 중심적 충동(리비도)	성욕	성적 에너지뿐만 아니라 삶의 다양한 에너지를 포함한 정신에너지
심리과제	오이디푸스 콤플렉스 해결	개성화 과정
치료목표	무의식의 의식화를 통한 갈등 해소	무의식과 의식의 조화를 통한 개인의 전체성 성장
전이/역전이	치료자의 역전이는 치료의 방해물	치료자의 역전이는 치료를 진전시키는 기폭제

3. 심리치료로서의 분석심리학

융은 아동을 직접 치료하지 않았지만 프로이트와의 결별 후 혼란을 극복해 가는 자신의 경험을 토대로 자기치유의 잠재성, 인간행동을 조직하는 원형의 역할, 놀이와 그림과 같은 창조적 과정 등의 이론을 통해 놀이치료와 예술치료에 많은 영향을 주었다. 특히 정서적 상처를 치유하고 내적 발달과 내적 삶을 재구성하는 데 있어 상징, 꿈, 창조적인 예술의 역할을 강조하였다. 융은 시각적인 상징물 또는 이미지의 형상화를 통해 무의식의 치유를 시도했다. 또한 치료실이라는 보호된 공간에서 이루어지는 꿈에 대한 기록, 놀이, 만들기, 환상 재연하기 등과 같은 활동을 안전하게 표현될 수 있는 자료로 인식하였다. 여기서는 전통적 분석심리의 치료과정보다는 분석심리학적 놀이치료를 소개하고자 한다.

1) 분석심리학적 놀이치료의 특징

분석심리학적 치료자는 내담자가 내부 세계와 외부 세계를 어떻게 연결하고 있으며 이 둘 간의 균형을 어떻게 유지하고 있는지에 관심을 가진다. 아동의 경우에도 행동 방향과 성장은 자기원형과 관련이 있다고 가정한다. 따라서 놀이를 통한 상징 표현으로 숨겨졌던 자기치유력(self-healing)이 발휘되므로 아동은 놀이치료가 진행됨에 따라 건설적이거나 보상적인 치유가 일어난다고 여긴다. 이러한 변화의 전제조건은 놀이치료실에 들어갈 때 상징적인 세계(무의식의 세계)에 들어가는 것과 같은 감정을 가져야 한다는 것이다. 즉, 놀이치료실에서 보호받고 있으며, 놀이치료실을 개인적인 공간, 안정된 공간이라고 느낄 수 있어야 한다. 따라서 치료자들은 치료 장면을 테메노스(temenos)로 이끌려고 노력한다. 테메노스는 원래 그리스의 사원과 기타 종교적인 건축물에서 사용하는 용어로 신성한 장소의 시작을 나타내는 경계다. 심리치료에서 내담자를 세속적인 공간과 신성한 공간의 경계를 가진 테메노스로 이끌어 갈 때의 이점으로는 다음과 같다.

첫째, 원하지 않는 방해물과 에너지가 치료적인 범위로 들어가는 것을 막는다.

둘째, 치료과정 동안 생산되는 심리적인 에너지를 내담자가 보유하도록 돕는다.

이처럼 보호된 환경 속에서 내담자는 부정적으로 내사된 것을 표출할 수 있으며, 이를 통해 긍정적인 감정과 행동을 경험할 수 있다(Peery, 2003).

2) 치료목표

개성화 과정을 활성화시키면 내담자는 자신과 외부 세계와의 관계 속에 보다 잘 적응할 수 있다. 즉, 개성화 과정은 내담자로 하여금 가족, 학교, 사회에서의 일반적인 요구를 수용하고 적응할 수 있도록 도우며, 동시에 자신의 독특한 정체성을 발달시키고 손실이나 외상을 극복하도록 원조한다. 이처럼 창조성과 상상력을 자극하고 발달시켜 자기치유력을 활성화하는 것을 치료목표로 한다. 이것은 결국 자아와 자기의 축을 강화시키는 역할을 하며, 이를 통해 내담자는 스스로 자신의 상처를 치유하면서 내면적 삶을 성장시킬 수 있다. 이와 같은 경험은 더 나아가 미래의 문제에 대처하는 기술을 발달시키는 계기가 되어 내담자는 앞으로 다가올 삶의 복잡성에 대한 이해와 변화를 쉽게 수용할 수 있다.

3) 치료자의 역할

놀이치료 과정에서는 내담자가 원초적이거나, 위협적이거나 불편한 소재를 드러낼 수 있도록 수용적인 환경을 만드는 것이 중요하다. 따라서 치료자는 내담자에게 치료실이 원하는 것을 할 수 있는 안전하고 보호받는 장소라는 것을 이해시키면서 안정감을 느끼도록 도와야 한다. 이런 치료적 분위기에서 내담자는 자신이 경험한 외상에 기인해 활성화된 원형의 소재를 드러내도록 격려받는다. 내담자가 원형을 수반하는 이전의 깊은 정서적 반응을 다시 직면하려면 자신의 안전이 또다시 위협받지 않을 것이라는 확신이 필요하다. 이런 작업은 언어로 전해지는 것이 아니라 치료자의 존재에 의한 확신적인 태도를 통해 내담자에게 전해져야 한다.

모래놀이치료를 창시한 칼프(D. Kalff)는 치료자와 내담자와의 관계를 중시하면서 이것을 모자 일체성(mother-child unity)이라고 불렀다. 이 같이 보호되고 수용받는 관계가 성립하면 내담자는 스스로 자기치유의 능력을 발휘하면서 '전체성의 상징'을 표현하기 시작한다고 주장하였다. 이것은 융이 언급한 것처럼 자기의 상징이 나타나는 것을 의미한다.

프로이트 학파처럼 직접적이고 직면적이지는 않지만 분석심리학적 놀이치료에도 해석을 위한 공간이 있다. 그러나 이들의 해석은 내담자의 자아강도 수준이나 탈통합 수준에 맞춰서 이루어진다. 이를 위해 치료자는 내담자가 보여 주는 놀이 소재와 주제에 대해 면밀한 주의를 기울이면서 이 주제의 패턴이 어떻게 나타나고 있는지를 인식할 수 있어야 한다. 치료자는 원형적 · 신화적인 소재의 의미를 해석하기 위해 그와 관련된 책과 자료들을 연구해야 한다. 그러나 치료자는 자신이 세운 내담자의 원형적인 주제와 정서, 행동, 인지에 대한 가설이 틀릴 수 있다는 가능성을 염두에 두고 유연한 가설을 세울 필요가 있다. 이와 동시에 치료자는 놀이의 원형적이고 상징적인 구조에 대한 자신의 이해가 진전됨에 따라 전이를 다루게 된다. 이것은 의식적인 경험이 아니라 내적 참여의 과정으로 내담자에게 긍정적으로 영향을 미친다. 놀이치료실에서 자유롭게 활동하는 내담자의 행동이나 말에 치료자가 피드백하거나 그들이 자신의 놀이과정 동안 치료자에게 일정의 역할을 부여함으로써 치료관계는 시작된다.

분석심리학적 놀이치료에서는 전이-역전이의 흐름을 일차적으로 중요하게 다루기 때문에, 분석심리학적 놀이치료자가 되기 위해서는 오랜 기간의 자기분석이 필요하다. 이를 통해 자신의 내면세계에서 일어나는 움직임을 정확히 들으면서 필요에 따라서는 정신 내적 갈등까지도 이해할 수 있어야 한다.

4) 부모의 역할

융은 아동기의 역기능을 발달시키는 데 있어 부모의 무의식이 중요하다고 보았다. 아동이 신경증적 경향을 가지는 것은 지나치게 신경을 쓰는 부모들에 의해 잘못 다뤄진 결과라고 가정하면서 그들의 부모가 가진 콤플렉스와 신경증적인 경향을 고려했다. 융은 부모가 자녀를 이용하여 자신들의 만족을 추구해서는 안 된다는 점을 강조하였다. 이것은 아동 역시 전체적인 인격체로 독특한 창조물이기 때문이다. 아동의 의식적 · 무의식적 성격은 부모의 영향을 받기 때문에 치료가 시작되면 아동의 의식과 부모의 무의식 간에 변화가 일어난다. 그러므로 치료자는 아동 치료를 하면서 간접적으로 부모들도 치료해야 하는 경우도 있다. 치료자가 아동을 내담자로서 받아들이는 데 동의하는 순간부터 치료자는 아동의 삶에 관여된 부모와의 치료적인 관계에도 주의를 기울여야 한다. 그런데 부모는 아동을 치료하기 위해 도움을 요청하러 오지만 직접적으로 자신들을 위한 치료는 요청하지 않을 수도 있다. 이때 치료자는 부모들의 도움과 공감적인 지지 없이는 아동이 치료에 완전히 참여할 수 없기 때문에 딜레마에 직면할 수 있다. 따라서 부모로부터 치료자에게로 전해지는 긍정적인 전이가 아동치료에서는 필수적이다. 또한 치료자가 성공적인 치료를 위해서 반드시 부모와 아동 각각과의 작업동맹을 맺어야 한다. 이를 위해 치료자는 몇 회기마다 한 번씩 치료과정을 부모와 함께 검토하는 것이 이상적이다. 이와 같은 회기를 통해 치료자가 피드백을 주거나 부모가 질문을 할 수 있는 기회를 제공함으로써 부모를 또 하나의 자원으로 활용해야 한다. 또한 아동의 행동과 태도의 변화가 부모-자녀 관계에서 야기할 수 있는 혼란에 대해서도 부모 상담을 통해 논의할 수 있다.

5) 놀이치료실

상징적인 세계에 들어가는 것과 놀이치료실에 들어가는 것은 동일하게 취급되어야 한다. 놀이치료실은 외부 세계의 요구로부터 보호받는 테메노스의 일차적 구성요소 중 하나다. 놀이치료실은 퇴행이 가능하고, 내담자가 고통스러운 정서를 표현하고 이해하고 변형할 수 있으며, 새롭게 건강한 자기를 탄생시킬 수 있는 장소다. 내담자는 놀이치료실을 보호받고 있으며 개인적이고 안전한 공간이라고 느낄 수 있어야 한다. 놀이치료실은 자유롭게 움직이면서 무엇이든 표현할 수 있는, 내담자의 성장을 촉진시키는 심리적인 집인 셈이다.

분석심리학적 놀이치료의 경우 치료실에는 원형의 에너지를 불러일으키도록 고안된 소재들이 필요하다. 내담자가 치료실에 들어갔을 때 금방 알아볼 수 있는 친숙한 소재들이 바람직하다.

무의식에서 원형으로의 심리적인 이동을 촉진하기 위해서는 친숙한 놀잇감에서부터 새롭고 원형적인 장난감까지 다양하게 준비해야 한다. 놀이치료실의 문을 통해 이동하는 것은 테메노스의 문턱을 건너는 것이다. 내담자는 이를 통해 심리적으로 친숙하고 의식적인 것에서 보다 상징적인 것으로 나아갈 수 있으며, 개인무의식과 집단무의식의 에너지를 가질 수 있다.

6) 놀이치료 과정

치료과정에서는 들어오고 나가는 국면에 대해 특히 관심을 기울여야 한다. 치료는 내담자가 세속적인 시간에서 신성한 시간으로 이동하고 다시 세속적인 시간으로 되돌아가는 의식적인 경험과도 같다. 치료자가 내담자에게 어떤 활동을 권하여 내담자가 무언가를 하려고 할 때 그것은 무의식 세계의 문을 살짝 연 것이다. 예를 들어, 모래놀이치료의 모래상자는 무의식의 세계로 연결되는 통로다. 통로란 자기가 속해 있는 현실과 환상적인 세계와의 연장으로 분리 감정보다 연속감을 맛보게 한다. 깊은 세계에서의 체험은 일상적인 세계와 연결되는 것이 바람직하다. 모래놀이치료를 하기 위해 내담자가 일상 세계 속에서 치료실로 들어와 모래상자에 접할 때 그 자체가 통로가 되며, 그것을 통한 왕복운동이 내담자의 자기실현 과정이다. 이것은 일상생활과의 연결에서 달성되는 것이 이상적이다.

(1) 들어가는 단계

먼저, 내담자에게 놀이심리치료의 개념을 소개하면서 시간이나 공간에 대한 치료의 틀을 형성한다. 그리고 이곳에서는 놀이하면서 이야기하거나 질문함으로써 현재 가지고 있는 문제를 이해할 것이라는 치료의 목적에 대해서도 언급한다. 그리고 이곳에서 언급된 것은 내담자가 원하지 않으면 누구에게도 알리지 않는다는 치료의 조건도 전달한다. 이 시기에는 친밀감을 형성하고 작업동맹을 구축하는 것이 중요하다.

(2) 작업 단계

들어가는 단계와 나가는 단계 사이에는 작업 단계가 있으며 내담자는 놀이심리치료 활동에 깊이 몰두하게 된다. 알렌(J. Allan)은 작업 단계가 종종 혼란, 투쟁 그리고 보상과 해결이라는 3개의 뚜렷한 과정을 통해 진행된다고 보았다. 그러나 실제 흐름의 시간은 내담자마다 다르다.

내담자는 치료자와의 신뢰가 형성되면 상징적인 놀이로 구체적인 외상을 드러낸다. 치료자는 내담자의 놀이를 지켜보거나 때로는 활동에 참여하기도 한다. 이때 치료자는 고통스러운 감정으로부터 내담자를 떼어 내려고 하기보다는 오히려 그것을 더 깊게 느끼도록 돕는다. 안전하고 보호받는 공간에서 내담자가 경험하는 감정을 모두 표현하도록 하면 내담자는 그러한 감정이 변화할 것이라고 믿는다. 치료에서의 진전은 순환적이어서 퇴행은 진전을 이끌고 진전의 뒤에 더 깊은 퇴행이 일어나기도 한다.

(3) 나가는 단계

놀이과정(무의식)에서 현실(의식)로 돌아오는 단계다. 치료자는 내담자에게 각 회기마다 놀이시간이 얼마나 남았는지 또는 치료과정이 어느 정도 남았는지 알려 줌으로써 내담자 스스로가 일상 세계로 되돌아 갈 수 있도록 돕는다.

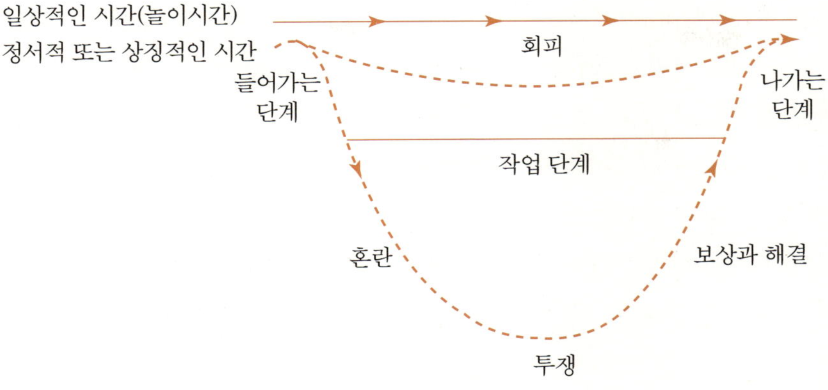

[그림 3-4] 놀이치료 과정

출처: Allan(1997).

7) 임상적 적용

분석심리학적 놀이치료는 어떤 치료상황에서도 사용할 수 있으며, 또한 어떤 내담자 또는 집단에도 적용할 수 있다. 알렌은 학교와 임상 장면에서 주로 18개월~8세의 아동에게 이 치료방법을 자주 사용하였다. 그는 아동들은 성인만큼 인지능력이 뛰어나지 않는 반면, 무의식의 지배는 더 받기 때문에 이들과의 작업에 초점을 두었다. 또한 내담자가 치료자와 언어적으로 관여하는 것이 어렵고 서툴거나 긴장되는 상황이라면 융의 분석심리학적 놀이치료가 효과적일 수 있다.

발달장애가 있는 내담자들이 수치심이나 수행 불안을 느끼고 있다면 이때 놀이치료는 유용할 것이다. 그리고 그들의 참여 의미는 분석적인 접근을 취함으로써 촉진될 수 있다. 집단무의식에서 드러나는 원형은 보편적이므로 이를 활용한 분석심리적 놀이치료는 정신적 · 신체적 장애가 있는 개인에게도 사용하기 쉽다. 따라서 이들과 치료를 할 때는 의미 있는 의사소통을 촉진하는 방식으로 원형적인 형태나 상징적으로 관여하는 것이 바람직하다.

분석심리학적 놀이치료는 잘 갖춰진 놀이치료실이 없어도 적용될 수 있다. 종이, 연필, 크레용과 같은 간단한 재료만으로도 내담자는 내적 과정을 표현할 수 있다. 천으로 만든 손인형, 미니어처 인형, 세면대 물, 점토와 같이 운반이 편리하고 이동 가능한 놀이 재료는 은유적이고 상징적인 의사소통을 불러일으키는 데 유용하다. 풍부한 은유적 놀이 재료는 내담자가 자신의 정서적인 투쟁에 참여하도록 격려하거나 치유적인 드라마와 원형을 드러내기 때문에 치료자가 내담자와 치료관계를 맺는 데 도움이 된다.

특히 융은 프로이트와의 결별 후 자기분석을 하는 동안 흙더미에서 돌로 마을을 만들면서 정서적 혼란을 치유한 경험에서 영감을 얻어 모래치료의 기법에 관심을 가졌다. 이후 칼프는 융의 아이디어와 로웬펠트(M. Lowenfeld)의 세계 기법(world technique)을 결합시켜 모래놀이치료(sandplay therapy)로 발전시켰다. 칼프는 30×20×3인치의 사각형 상자에 모래를 채웠는데, 이 상자는 어린이나 어른이 모양을 만들고 형성하는 작은 세상이 되며, 치료하는 동안 내담자는 치료자가 제공하는 수백 개의 작은 소품들(figures)을 배열한다. 치료에서 모래상자는 하나의 세계가 되

며, 이 세계를 통하여 콤플렉스, 고통, 심리적 외상, 기분, 정서가 표현된다. 다른 형태의 적극적 심상 작업처럼 모래상자의 사용은 무의식으로 가는 교량 역할을 한다. 그 과정을 통해 사람들은 자신의 성격 중에 발달되지 않은 요소를 발견할 수 있다. 모래놀이치료에 대한 연구들은 이 절차의 효과를 증명했다. 치료과정에서 만들어지는 작품은 원초적이고 혼란스러운 상태로부터 식물, 동물, 그림자 및 인간을 대표하는 심상을 통해 더욱 정돈되고 평화롭고 통합되는 쪽으로 점진적 변화를 보인다. 아동의 모래상자치료는 아동의 자아발달을 촉진시키고 숨겨진 감정을 드러내는 자유놀이를 구조화하며 치유하는 형태로 유용하다. 성인의 경우 성격의 잃어버린 부분을 다시 회복할 수 있으며, '아이와 같은 마음'을 회복시켜 자기치유에 기여할 수 있는 어린 시절의 놀이 세계로 되돌아가도록 돕는다.

| 제4장 |

내담자 중심치료

1. 내담자 중심치료의 태동

로저스

내담자 중심치료는 1930년대 후반에 탄생한 이래 그 체계가 지속적으로 발전해 왔다. 그 대부분은 창시자인 로저스(C. R. Rogers)의 노력에 의해 이루어졌다. 로저스는 1902년 시카고 교외에서 6명의 형제 중 넷째로 태어났다. 로저스의 부모는 고학력의 기독교 신자로 금욕적인 생활을 강조했기 때문에 그는 밖에서 노는 것보다는 책읽기를 좋아하는 소극적이며 비사교적인 소년이었다. 로저스의 부모는 로저스가 고등학교에 진학할 무렵 자녀들이 도시의 나쁜 것에 물들 것을 염려한 나머지 시카고에서 농촌으로 이주했다. 농촌 생활의 영향으로 과학적 농업에 흥미를 가진 로저스는 위스콘신 대학의 농학부에 진학했다. 그러나 YMCA 활동과 억압된 가족 분위기 때문에 가족과 갈등하면서 신체화 증상을 경험한 후 목사가 되기로 결심하고 뉴욕의 유니온 신학교에 입학했다. 이때 이웃 학교인 컬럼비아 대학에서 임상심리학을 이수한 것을 계기로 심리학에 흥미를 가지게 되었다.

그는 1926년 유니온 신학교를 중퇴하고 컬럼비아 대학 교육학부로 옮겨서 임상심리학과 교육심리학을 전공했다. 졸업 후 1928년 로체스터 아동학대 방지협회에 취직하여 비행청소년을 돌보는 아동임상에 관여했으며, 1931년 「9세부터 13세까지 아동의 인격적응 측정」이라는 논문으로 박사를 취득했다. 그 시절 그의 주된 업무는 여러 기관에서 보낸 비행청소년이나 혜택 받지 못한 아동을 면담하여 진단한 후 그들에게 필요한 처우를 결정하는 것이었다. 이 과정에서 만난 아동을 통해 '아동의 내면에는 성장하고 성숙하려는 동기와 욕구가 있으며, 이들에게 성장을 촉진할 수 있는 환경을 제공하면 아동의 건강은 회복된다'라는 것을 알 수 있었다. 이런 생각은 후에 로저스 사상의 싹이 되었다.

그는 이와 같은 경험을 통해 처음에는 자신의 접근을 '비지시적인 상담(non-directive counseling)'이라고 부르면서, 치료의 속도나 목표를 어떻게 할 것인가를 결정하는 것은 치료자가 아닌 내담자 자신이라고 주장했다. 이와 같은 주장은 1951년에 '내담자 중심치료'로 명칭이 바뀌면서 보다 폭넓게 개념 정리되었다. 로저스는 1960년경까지 시카고 대학 상담센터를 중심으로 활동하면서 자신의 기법을 비교적 자아통합이 잘 형성된 대학생을 중심으로 발전시켜 나갔다. 따라서 당시 사람들은 이 방법이 병리적인 사람들보다는 건강한 사람들에게 적용될 수 있는 기법이라고 생각하였다. 이러한 사람들의 견해를 안 로저스는 정신의학 센터로 자리를 옮겨 이 기법을 정신분열증 환자의 치료에 적용하였다. 로저스의 주요 관심은 심리치료와 인격변용의 과정에 있었는데, 그는 인격의 개념이나 인간의 여러 욕구에 대한 자신의 견해를 다수의 논문으로 남겼다.

말년에는 관심을 개인치료에서 집단치료로 옮겨 인간 잠재력 운동의 지도적 인물이 되기도 했다.

내담자 중심치료는 이름 그대로 내담자 자신의 자주성과 자율성을 존중하는 심리치료로, 심리치료가 의사에 의해 독점되는 것을 거부하는 사람들에 의해 1940~1950년대에 급속하게 확장되었다. 정신분석을 비롯하여 그 이전까지의 심리치료의 이론에서도 내담자의 주체성을 도외시하지는 않았지만, 기본적으로 치료자가 주도적인 관여를 했음은 부정할 수 없었다. 로저스는 의사에 의해 이루어지는 기존 심리치료에서 원조를 받는 사람을 환자로 보는 관점에 반기를 들고 '의뢰인(내담자)'이라는 표현을 하였다. 적절한 치료관계는 의사와 환자 간의 권위주의적 관계가 아닌, 허용적이거나 비지시적 것에 기반을 둔 평등한 관계라고 보았다. 그는 진단에 대해서도 부정적이었다. 내담자를 병적이고 불완전한 인간으로 간주하여 그들이 어떤 잘못을 했고 또 무엇을 해야 하는가를 발견하여 그들에게 전달하는 기존 전문가의 역할을 거부했다. 진단은 내담자에게 의존성을 불러일으킬 뿐 아니라 치료에게도 내담자를 한 개인으로 보기보다는 진단적 범주 속에서 보려는 태도를 가지게 하기 때문에 바람직하지 않다고 보았다.

2. 로저스 이론의 전개

1) 제1단계: 비지시적 접근(1940년대 이론)

로저스는 로체스터에서의 자신의 경험을 토대로 최초의 저서인 『문제아의 치료』라는 책을 출간했는데, 이것이 인정을 받아서 1940년대 오하이오 주립대학으로 자리를 옮겼다. 당시 임상현장의 주류는 윌리엄슨(E. G. Williamson)을 주축으로 하는 임상적 상담접근이었다. 이는 의학적 모델로 표방된 검사를 통해 진단을 한 후 조언을 주는 전통적인 지시적 모델이었다. 그런데 로저스는 1940년 12월 11일 윌리엄슨의 주 활동무대인 미네소타 대학에서 '심리치료의 새로운 개념' 이라는 제목의 강연을 함으로써 지금까지의 임상적 상담접근을 정면으로 비판하였다. 그것의 후유증은 강렬하여 이후 지시적-비지시적 논쟁을 뜨겁게 달궜다. 로저스가 훗날 "내담자 중심치료가 탄생한 날"이라고 회고했을 정도로 그날은 로저스의 생각을 대중에게 공표한 기념할 만한 날이었다. 그는 자신의 생각을 널리 알리기 위해 이 강연내용을 포함한 『상담과 심리치료』라는 책을 출판하였다. 이 책에서 그는 상담을 내담자의 문제를 발견하여 진단하고 치료한다고 보는 견해는 낡은 것이라고 주장하였다. 그는 '상담자는 최고의 지성인' 이라는 기존의 전제 및 상담자가 선택한 목표에 내담자가 도달하도록 지시적(directive)인 가설을 추구하는 기존의 상담기법을 비판하였다.

한편, 비지시적 접근에 대해 '새로운 치료의 목적은 특정 문제를 해결하는 것이 아니라 개인의 성장을 원조하는 것' 이며 여기에는 다음의 4가지 특징이 있다고 밝혔다.

- 인간의 성장이나 적응을 향하는 충동의 힘을 해방시켜 앞으로 나갈 수 있도록 돕는다.
- 지적인 측면보다 정서적인 측면을 중시한다.
- 사람들의 과거보다 현재를 중시한다.
- 치료관계 그 자체가 내담자 자신의 성장경험이 된다.

이 저서를 통해 '비지시적 치료(non-directive therapy)' 라는 명칭이 일반에게 알려지게 되었다. 그러나 '비지시적' 이라는 단어에서 수동적이고 소극적인 치료자의 태도가 연상되기 때문에 많은 오해와 비판을 받았다.

2) 제2단계: 내담자 중심치료(1950년대 이론)

로저스는 1945년에 시카고 대학으로 자리를 옮겨 그곳에 상담센터를 개설했다. 로저스에게는 시카고 대학에서 재직한 12년이 가장 생산적이었던 시기로 이때 그는 중요한 저서나 논문을 지속적으로 발표했다. 1951년에는 『내담자 중심치료』라는 저서를 통해 지금까지의 '비지시' 라는 기법을 수정하여 기법의 배후에 있는 상담자의 태도를 강조한 '내담자 중심치료(client-centered therapy)'라고 명명했다.

1957년에는 그의 상담이론의 결정체라고 말할 수 있는 「치료적 인격변화에 필요한 충분조건」이라는 논문을 발표했다. 거기에는 이후 로저스가 언급한 상담자가 갖추어야 할 태도에 대해 명확히 언급되어 있었다. 1959년 내담자 중심치료를 체계화한 「내담자 중심치료의 입장에서 출발한 치료, 인격 및 대인관계이론」을 발표함으로써 로저스의 내담자 중심치료의 윤곽은 거의 완성되었다.

3) 제3단계: 내담자 중심치료의 심화(1957년부터 1960년대까지)

로저스는 1957년 심리학과 정신의학의 겸임교수로 모교인 위스콘신 대학으로 자리를 옮겼다. 이 시기 연구는 크게 3가지로 정리될 수 있다.

첫째, 지금까지 내담자 중심치료의 치료대상은 주로 부적응이나 신경증의 증상을 보인 내담자였는데, 정신분열증 환자처럼 심각한 질병을 가진 내담자에게도 이와 같은 접근을 적용할 수 있는가에 대한 검증이었다. 그러나 정신분열증 환자에 대한 접근은 여러 가지 장애물에 의해 안타깝게도 별 효과를 거두지 못했다.

둘째, 상담 중에 내담자에게 어떤 변화가 일어나고 있는가라는 점에 초점을 맞춘 경험과정에 관한 연구였다. 이것은 후에 경험과정 치료로 발전했다.

셋째, 내담자 중심치료의 견해를 일상적인 원조로 교육이나 집단에 적용할 수 있는가라는 연구였다. 이 부분은 후에 엔카운터 집단(encounter group)의 활동으로 결실을 맺었다.

〈표 4-1〉 로저스의 인격변용 과정

7가지 요소	과정의 단계		
	저(I-II)	중(III-V)	고(VI-VIII)
감정과 개인적 의미 (feelings and personal meanings)	• 인정하지 않음 • 드러내지 않음	• 자신의 것이라는 감정이 증가됨 • 표출이 증가됨	• 흐름 속에서 생활함 • 충분히 경험함
경험과정 (experiencing)	• 경험과정에서 멀리 떨어져 있음 • 의식하지 못함	• 격리감이 감소됨 • 의식이 증가됨	• 경험하는 과정에서 생활함 • 중요한 초점으로 사용됨
불일치 (incongruence)	• 인정하지 않음	• 의식이 증가됨 • 직접적 경험과정이 증가됨	• 단순하게 일시적임
자기의 전달 (communication self)	• 결핍됨	• 자기의 전달이 증가됨	• 풍부한 자기의식이 필요할 때 전달됨
경험의 해석 (construing of experience)	• 구성개념이 경직됨 • 구성개념이 사실로서 보여짐	• 경직됨이 감소됨 • 자기 자신이 만든 것이라는 인식이 증가됨	• 일시적인 구성개념 • 의미부여가 유연해지며, 경험과정에 비추어 검토됨
문제에 대한 관계 (relationship to problems)	• 인정하지 않음 • 변하려고 하는 욕구가 없음	• 책임을 지는 것이 증대됨 • 변화하는 것을 두려워함	• 문제를 외부 대상물로서 보지 않음 • 문제가 있는 측면에서 생활함
관계의 방법 (manner of relation)	• 친밀한 관계는 위험한 것으로 회피함	• 위험하다는 느낌이 감소됨	• 자신의 경험과정에 근거하여 개방적으로 자유롭게 관계를 가짐

출처: Walker, Rablen, & Rogers(1960).

로저스는 상담이 효과적으로 진행될 경우 내담자의 인격변용이 일어난다는 것을 분명히 했다. 그는 상담에서 내담자에게 일어나는 인격변용의 과정을 하나의 연속체로 생각하여 내담자의 7가지 요소가 상담의 전개와 함께 변화해 가는 과정이라고 보았다.

인격이 연속적으로 변화해 가는 과정이란 '자신이 충분히 수용되고 있다'는 것을 경험하는 속에서 고정성이라는 축에서 유동성이라는 또 다른 축으로 변화하는 것을 말한다. 이것은 개인적 감정의 풍요로운 경험과정에 만족하는 수준에 도달하는 방향으로의 변화다. 그러기 위해서는 〈표 4-1〉에서 언급한 것처럼 각각의 측면마다 낮은 단계에서 높은 단계까지 8개의 단계가 있다. 불일치된 여러 요소들(strands: 원래는 밧줄의 가닥이라는 의미로, 부적응 상태에 제각각인 내담자의 여러 측면이 상담의 진행과 더불어 통합되어 가는 상태를 표현하고 있다)이 낮은 단계에서는 경험과 의식 간의 모순을 깨닫지 못하지만, 인격변용이 진행되는 높은 단계에 이르면 인식하여 자기 불일치를 줄이거나 일시적인 것이 된다.

4) 제4단계: 인간중심 접근(1960년대 후반부터)

1964년에 위스콘신 대학을 사임한 로저스는 캘리포니아 주 서부 행동과학연구소 연구원으로 활동하다가, 1968년에는 인간연구센터를 창설했다. 그는 정신분열증 환자에게 열중했던 시기부터 개인치료에서 '엔카운터 집단'이라는 일상생활에서의 원조관계에 초점을 둔 활동으로 관심을 옮겼다. 1968년에는 로저스 자신이 촉진자(facilitator)로서 진행한 집단의 기록영화 〈자기로의 여행(Journey into Self)〉을 제작하기도 했다. 이 영화는 일상생활에서 벗어나 새로운 환경에 모인 사람들이 서서히 마음을 열고 각자의 이야기를 해 가면서 인격변용이 일어나는 과정을 담고 있어서 사람들에게 감동을 주었다. 이러한 활동을 『엔카운터 집단』이라는 책으로 정리하여 출간했으며, 이를 계기로 엔카운터 집단은 활성화되었다.

1960년 후반 미국에서는 대학개혁을 비롯한 체제비판이 활발해 지면서 인간성 회복운동이 전개되었다. 이러한 사회적 움직임에 힘입어 로저스를 비롯하여 인간성을 강조한 심리학이 주목을 받게 되었다. 그는 엔카운터 집단을 더욱 발전시켜서 '인간중심 접근(person-centered approach)'의 워크숍을 시작하였다. 그는 인간중심의 이론적 근거에 대해 "인간에게는 완벽한 발달을 향하는 자연적인 경향이 있다. 이것을 가장 잘 표현한 단어가 실현경향으로, 이것은 생명이 있는 모든 유기체에 존재한다. 이것이 인간중심 접근의 근거가 되는 기반"(Rogers, 1995)이라고 주장하였다. 인간을 포함한 유기체가 가진 잠재적 가능성의 실현경향이라는 생각은 1950년대에 이미 제창한 내담자 중심치료의 이론적 근거이기도 했다. 따라서 로저스는 개인치료에서 추구한 이론적 근거를 인간중심 접근에 그대로 접목시켰다. 그는 이러한 활동을 미국에만 국한시키지 않고 세계 각국까지 넓히면서 자신의 이론을 널리 알린 후 1987년에 85세로 생애를 마쳤다.

3. 내담자 중심치료의 기본개념

1) 성격이론

로저스는 『성격과 행동에 관한 이론』(1951)에서 전체적 성격이 자기구조와 경험으로 구성된다는 것을 [그림 4-1]과 같이 도식으로 설명하였다(Rogers, 1989 재인용).

① 전체적 성격: [그림 4-1]의(a)나 (b) 모두 도형 전체가 성격구조를 나타낸다. 그러나 (a)는 심리적 긴장이 높은 성격구조이며, (b)는 잠재적인 긴장이나 불안이 감소된 성격구조다.

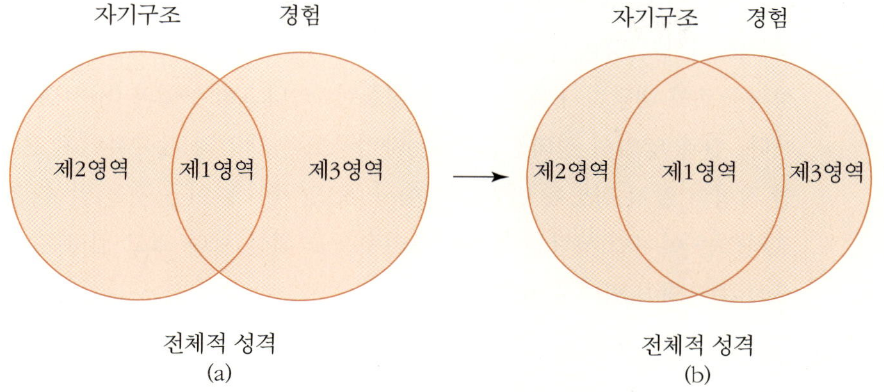

[그림 4-1] 로저스의 성격구조

② 경험: 오른쪽의 원은 모든 감각양식을 통해 개인이 경험한 모든 것을 나타내며, 이는 유동적이고 변화한다.

③ 자기구조: 왼쪽의 원은 자기구조(자기개념)로 정의된다.

- 제1영역: 이 부분은 자기개념이 감각적이고 본능적인 경험(sensory and visceral experience)과 조화를 이루며 일치하는 영역을 의미한다. 이 영역이 넓은 (b)가 (a)보다 자기의 경험을 충분히 의식화하는 적응적인 사람이라고 말할 수 있다.
- 제2영역: 사회적 또는 그 밖의 다른 경험이 상징화되거나 의식화된 부분이다. 이 영역은 실제 경험된 것이 아니라 경험했던 것처럼 느끼거나 그렇게 해야 한다고 생각한 나머지 개인 경험의 일부로 지각된 부분이다.
- 제3영역: 자기구조와 모순되거나 대립되기 때문에 실제 경험을 있는 그대로 받아들이지 못하거나 의식화하는 것을 부인하는 감각적이고 본능적인 경험을 의미한다.

[그림 4-1]의 (a)는 심리적 긴장이 있는 감각적이고 본능적인 경험과 자기구조 간에 상당한 부조화를 가진 내담자의 성격구조다. 만약 이와 같은 성격구조의 내담자가 심리치료에 성공한다면 [그림 4-1]의 (b)처럼 될 것이다. 원과 영역의 정의는 같지만 자기구조와 개인의 감각적이고 본능적인 경험의 일치 정도에 변화가 있어서 제1영역이 넓어진 것을 알 수 있다. 로저스는 이처럼 사람들에게는 자기수용을 위한 보다 크고 넓고 깊은 기반이 준비되어 있다고 보았다.

2) 치료적 인격변용에 필요한 조건

로저스의 치료이론은 기술보다 그 배후에 있는 상담자 태도의 중요성이 강조되었다. 이러한 내용은 1957년에 발표한 「치료적 인격변화에 필요한 충분조건」이나 앞에서 언급한 1959년의 논문에 자세히 언급되어 있다. 이들 논문에 의하면 내담자의 건설적인 성격변화를 초래하기 위해서는 다음과 같은 조건이 오랜 기간 지속되어야 한다.

첫째, 두 사람이 심리적으로 접촉을 한다.

둘째, 첫 번째 사람(이 사람을 내담자라고 부른다)은 불일치(incongruence)의 상태이며, 상처받기 쉽고 불안한 상태다.

셋째, 두 번째 사람(이 사람을 치료자라고 부른다)은 이 관계 속에서 일치(congruence)의 상태이며 통합되어 있다.

넷째, 치료자는 내담자에 대해 무조건적인 긍정적 관심(unconditional positive regard)를 경험하고 있다.

다섯째, 치료자는 내담자의 내적 틀에 공감적 이해(empathic understanding)를 경험하고 있으며, 그 경험을 내담자에게 전달하려고 노력하고 있다.

여섯째, 치료자의 공감적 이해와 무조건적인 긍정적 관심을 내담자에게 전달해야 한다.

로저스는 이 같은 6가지 조건을 언급했는데, 치료자의 태도 조건은 셋째, 넷째, 다섯째에 해당하므로 현재 임상현장에서는 이 3가지를 치료자의 조건으로 언급하고 있다.

3) 효과적 치료에 필요한 치료자의 조건

로저스는 말년의 논문에서 치료적 변화에 필요한 충분조건을 치료자의 태도라고 보았다. 이와 같은 치료자의 기본적 특성에 비하면, 치료자가 사용하는 특정 기법이나 훈련, 기술적인 지식은 부수적인 것이라고 보았다. 치료의 성패는 치료자가 다음의 3가지 조건을 내담자에게 어떻게 전하고, 그들이 그것을 지각하는지의 여부에 달려 있다고 강조하였다.

(1) 치료자 자신의 자기일치

자기일치와 진실성은 치료자에게 요구되는 제일의 기본 조건이다. 왜냐하면 스스로 자신의 경험을 열어 보이지 않거나 자기기만에서 자유롭지 못한 사람에게서는 다른 사람에 대한 존중이나 공감적 이해를 기대할 수 없기 때문이다. 치료자는 자신의 경험이나 감정에 신경을 쓰며 그것을 내담자에게 정직하게 전달하지 않으면 안 된다. 이는 치료자가 자신의 개인적 감정 모두를 내담자에게 표현한다는 의미가 아니다. 치료자가 자신의 감정을 잘 알고 있으면서 필요하다고 판단되면 그 감정을 내담자에게 전달할 수 있어야 한다는 의미다. 치료의 성공 여부는 내담자가 마음 깊은 곳에 있는 감정을 드러내는지의 여부에 달려 있다. 그것은 상황에 따라서는 어려운 일이지만, 그렇기 때문에 치료자는 관계 속에서 더욱 진실하며 거짓이 없는 자세를 보여야 한다.

(2) 무조건적인 긍정적 관심

로저스는 "치료자가 내담자의 경험 그대로를 내담자 각각의 입장에서 수용하고 있다는 것을 경험할 때 내담자는 무조건적인 긍정적 관심을 경험하게 된다."라고 언급하였다. 치료자는 내담자의 잠재력을 믿고 한 명의 인간으로서 그에게 진실된 관심을 가지고 있다는 점을 전하지 않으면 안 된다. 즉, 무조건적인 긍정적 관심이란 내담자의 태도가 부정적인지 긍정적인지를 판단하는 것이 아니라, 그 순간의 상대를 있는 그대로 받아들이는 것을 의미한다. 치료자는 수용과 따뜻함에 어떤 조건도 달지 않은 채 내담자의 긍정적인 또는 부정적인 감정을 동등하게 받아들여야 한다. 로저스는 "무조건적인 긍정적 관심은 한 사람의 독립된 개인으로서의 내담자에 대한 비소유적인 관심이며 내담자는 그것에 의해 자유롭게 자신의 감정이나 경험을 들추는 것이 가능하다." (Rogers, 1989)라고 언급하였다. 로저스는 정신질환자에 관한 자신의 후기 연구를 통해 미성숙하고 퇴행한 내담자에게는 치료과정에서 보다 조건화된 관심이 필요하다는 것을 인정했다. 예를 들어, "당신이 보다 성숙한 방법으로 행동한다면 나는 당신을 좀 더 좋아할 수 있다고 생각하는데요."라는 식으로 다가가는 것이 필요하다는 것이다. 그러나 대부분의 내담자에게는 무조건적인 긍정적 관심이 필요 불가결의 조건이다.

(3) 공감적 이해

치료자는 치료적 만남을 이어가는 동안 내담자의 감정이나 경험, 예민함을 정확하게 지각하고 그것이 내담자에게 가지는 의미를 이해해야 한다. 이때 정확한 공감적 이해가 필요하다. 로저스는 공감적 이해를 "내담자의 분노, 공포, 혼란을 마치 자신의 것처럼 느끼며, 동시에 자신의 분노나 공포, 혼란이 그 속에 휘말리지 않도록 하는 것" 으로 정의하였다. 공감적 이해를 정확히 한다면 치료자는 내담자의 내적 세계를 자신의 것처럼 느끼는 것이 가능하다. 치료자가 자신이 경험한 것을 내담자에게 의미 있는 언어와 개념으로 전하려고 노력한다면 내담자는 자신의 경험에 대한 지각을 확대할 수 있을 것이다. 이러한 과정을 통해 내담자는 자신의 경험 가운데 어떤 부분이 자기개념과 일치하지 못한다는 것을 인식할 수 있으며, 지금까지 부인해 왔던 감정과 자기개념을 일치시키도록 노력할 것이다.

치료의 성공은 치료자의 이와 같은 태도가 내담자에게 전달되는지, 그리고 그것을 내담자가 지각할 수 있는지의 여부에 달려 있다. 대부분의 내담자 성장은 내담자가 이러한 치료자의 태도를 자신의 것으로 받아들이고 그러한 태도를 자신에게 적용하는 것을 포함한다. 따라서 치료가 진행됨에 따라 내담자는 보다 자기일치적이 되며 타인에 대해 무조건적인 긍정적 관심을 가지면서 다른 사람뿐만 아니라 자기 자신에 대해서도 정확하게 공감할 수 있게 된다.

이와 같은 3가지 조건은 내담자 중심치료의 핵심이 되며, 로저스의 성격이론이나 사회철학의 특징이 되었다. 로저스와 그의 동료들은 치료적 진전의 조건으로서 이 3가지 조건의 중요성을 입증하기 위한 몇몇 연구(Truax & Mitchel, 1971)를 실시하였다.

4) 충분히 기능하는 사람에 대한 이론

로저스는 유기체로서의 인간이 자기실현된 상태를 '충분히 기능하는 사람(fully functioning person)'이라고 부르며, 이것을 치료목표라고 보았다. 앞에서 언급한 것처럼 상담과정에서 내담자에게 생기는 변화를 하나의 유기체로 생각하여 내담자에게 인격변용이 일어나거나 심리적으로 성숙한 상태로 진행하는 것이 가능하다면 충분히 기능하는 사람이 된다는 것이다. 로저스는 충분히 기능하는 사람의 특징을 다음의 3가지로 집약하였다.

첫째, 이들은 자기경험에 열려 있다.

둘째, 이들은 실존적 방법으로 살아가고 있다.

셋째, 이들은 자기라는 유기체를 각각의 실존적인 상황에서 만족스러운 행동에 도달하기 위한 신뢰할 수 있는 수단으로서 간주하는 것이 가능하다.

4. 심리치료로서의 내담자 중심치료

치료자에게 전문적인 지식이 없어도 상담자로서의 충분조건만 갖추면 상담이 가능하다는 로저스의 이론은 많은 사람을 매료시켰다. 그러나 안타깝게도 로저스가 말하는 참된 의미에서의 수용이라는 것은 어떤 태도를 의미하는 것인지, 내담자를 존중하는 것은 어떤 행동에 의해 실현할 수 있는지 등의 문제에 대해서는 명확하게 제시되어 있지 않다. 로저스가 추구한 이론은 이상적이지만 제시된 기법은 다소 모호한 부분이 있다.

1) 정신분열증 환자를 대상으로 한 내담자 중심치료

내담자 중심치료에서 치료자와 내담자의 상호작용을 이해하기 위하여 로저스의 저서에 제시된 예를 살펴보고자 한다. 다음의 내용은 입원 중인 남성 정신분열증 환자 Mr. Vac의 면담내용을 발췌한 것이다. 앞에서도 언급한 것처럼 자아통합이 이루어진 내담자라면 치료자와 내담자 간의 동등한 상호작용이 가능하지만, 이 사례처럼 과묵한 내담자의 경우에는 치료자가 의사소통의 중심이 되어 상담을 이어 갈 수밖에 없다. 이 사례는 내담자가 자신을 표현하지 않는 극단적 조건하에서 치료자가 의미 있는 관계를 만들어 가기 위해 자신의 경험과정을 어떻게 사용해야 하는지 보여 주고 있다.

치료자: 당신은 계속 침묵하고 있는데, 그러면 제가 그렇게 하면 안 된다거나 지금 당장은 나갈 수 없다고 말할 것이라고 생각하고 있을지

모르지만 그래도 좋아요. 나는 당신을 방해하고 싶지 않아요. 다만 내가 여기 있다는 것도 알아줬으면 좋겠어요.

(17분의 침묵)

치료자: 이제 몇 분 뒤에 우리의 면담을 끝내야 하겠군요.

(짧은 침묵)

치료자: 당신이 어떤 것을 느꼈는지 난 잘 알 수 없지만, 난 아마 당신이 이럴 거라고 생각하는 게 있어요. 그래도 그게 정말 당신의 생각인지는 잘 모르겠고, 당신이 어떤 느낌일지 사실 난 잘 몰라요. 그렇지만 침묵하는 잠시 동안은 긴장하지 않고 편해 보였어요. 그렇지만 아까도 말한 것처럼 전 당신이 어떻게 느꼈는지 잘 몰라요. 그저 내게 그렇게 보였을 뿐이에요. 요즘 상태가 많이 나쁜가요?

(짧은 침묵)

치료자: 당신은 오늘 아침 내게 말하지 않았으면 좋겠다고 생각하는군요. 나도 그렇게 해야 하는데—나도 잘 모르겠지만, 난 지금 어떤 방법으로라도 당신과 접촉하고 싶다는 기분이 들어요.

(2분의 침묵, Mr. Vac은 하품을 한다.)

치료자: 힘이 없고 피곤한 것 같군요.

(40초의 침묵)

내담자: 아니요. 단지 싫을 뿐이에요.

치료자: 뭐가 싫은가요? 싫은 느낌이 드세요?

(40초의 침묵)

치료자: 언제나처럼 금요일 12시에 다시 올까요?

내담자: [연속적으로 하품을 하면서 듣지 않는다.]

(48초의 침묵)

치료자: 이런 싫은 감정 속에 가라앉은 것 같은 느낌인가요? 어떤 것이죠?

내담자: 아니요.

치료자: 다른 느낌인가요?

(20초의 침묵)

내담자: 아니, 난 누구에게도 도움이 되지 않아요. 지금까지 누구에게도 도움이 되지 않았고 앞으로도 그럴 거예요.

치료자: 지금 그런 걸 느끼고 있군요. 당신에 대해 좋은 게 없고 누구에게도 좋을 게 없다고 느끼는군요. 누구에게도 잘하고 싶지 않군요. 자신을 전혀 쓸모없다고 생각하나요? 그런 느낌이 싫은 거군요. 자신은 아무리 봐도 좋은 사람이 아닌가요?

내담자: 그래요. 그전에 시내에 같이 간 사람이 그렇게 말했어요.

치료자: 시내에 같이 간 사람이 "너는 쓸데없는 인간이야." 이렇게 말했다고요? 그 사람이 당신에게 그렇게 말했나요? 그게 옳은가요?

내담자: 네, 네.

치료자: 이런 의미인가요? 여기 누군가 있고 그 사람이 당신에게 뭔가 말했어요. 그는 당신이 쓸데없는 인간이라고 생각하고 그렇게 말했어요. 그 일은 지금까지 당신을 지탱하던 모든 것을 날려 버렸어요. [Vac은 조용히 눈물을 흘린다.] 단지 울고 싶어질 뿐이지요.

(20초의 침묵)

내담자: 그렇지만 신경 쓰지 않아요.

치료자: 당신은 전혀 신경을 쓰지 않는다고 스스로에게 말하고 있지만 당신의 일부는 신경을 쓰고 있는 것처럼 느껴져요. 그건 당신의 어느 일부가 울고 있기 때문이에요.

내담자 중심치료에서는 '감정반영'이라는 기법을 사용하는데, 이것은 내담자가 언어나 동작(비언어적 표현)으로 표현한 감정을 치료자가 그대로 받아들이고 언어로 전달하는 것이다. 또 하나는 '감정의 명료화'로, 내담자가 언어로는 분명히 표현하지 않지만 그래도 전달하고 있는 어떤 감정을 치료자가 느끼면서 언어로 전달하는 것이다.

2) 치료기법

감정반영이나 감정의 명료화를 위해 다음의 연습을 해 보도록 하자.

연습 1. 두 명이 한 조가 되어 한 명은 말하는 사람, 또 한 명은 듣는 사람이 되어 최근 경험하고 있는 가벼운 문제에 대해 이야기한다. 그때 듣는 역할을 하는 사람은 아무 말도 하지 않거나 방해하지 않는 수준의 질문을 하면서 듣는다. 이 같은 경험을 교대로 하면서 서로의 경험을 나눈다. 이어서 말하는 사람의 이야기를 듣는 상대가 "그렇군요. 그런데(yes, but)"와 "그렇군요. 그리고(yes, and)"라는 각각의 다른 피드백을 하고 난 후 그것에 따른 경험도 나눈다.

연습 2. 다음의 사례에 대해 자신이 치료자가 되어 다음의 질문에 대한 답을 써 보자.

〈한 대학생의 사례〉
왠지 멍해지고 수업에도 집중하지 못하고 며칠 후 있을 중간고사 준비도 할 수 없다. 학기 초부터 과제도 잊어버리고 친구들과의 약속도 기억하지 못했다. 친구관계도 과제도 잘하고 싶다고 생각하면서도 제대로 집중할 수 없거나 나도 모르게 어느샌가 눈물이 나고 집에 돌아가고 싶거나 쉬고 싶을 뿐이라는 생각이 든다. 모든 것을 집어던지고 그만두고 싶지만 부모님이 내게 기대하고 있기 때문에 그럴 수도 없다.

감정반영으로서의 피드백

–

감정의 명료화로서의 피드백

–

(1) 감정반영

감정의 수용 또는 간단한 수용이라고 불리는 피드백의 하나다. 어떻게 보면 아무것도 아니지만 그저 끄덕거리면서 이야기를 듣는 것만으로도 이야기하는 사람은 상대가 자신의 이야기에 주목하고 있다고 실감하게 된다. 이런 피드백에 의해 말하는 사람(내담자)은 심리적으로 안정될 수 있으며, 자신의 문제에 대한 직관력도 높일 수 있다. 때로는 듣는 사람이 간단한 몸짓이나 끄떡거림과 같은 자연스러운 응답을 하는 것도 바람직하다. 이것은 '열심히 진지하게 듣고 있어요.'라는 자세가 상대에게 전해지도록 하는 것이다.

감정반영에 대한 피드백의 예로 다음과 같은 것을 들 수 있다.

- 힘든 상황이군요.
- 참 안타깝군요.
- 실패한 것들이 생각나서 힘들겠군요.

여기서는 언어로서의 피드백만 언급하고 있지만, 실제로는 언어 이외의 비언어적인 반응을 포함한 감정반영이 중요하다.

(2) 감정의 명료화

내담자가 지금 여기에서 느끼는 것을 그대로 받아들여서 피드백한다. 그러나 단순하게 반복하는 것이 아니라, 치료자의 이해가 정확한지를 확인해 가면서 피드백하는 것이 바람직하다.

감정의 명료화로는 다음의 것을 생각할 수 있다.

- 이런저런 것을 표현하고 싶어도 노력할 수 없다는 마음인가요?
- 좀 더 제대로 하지 않으면 안 된다고 생각하지만 이 이상 해낼 수 없다고 느끼는군요.

• 왠지 빈 껍데기가 되어 자기가 형편없다고 느끼는군요.

내담자는 보통 논리 정연하게 자신의 기분이나 감정을 표현할 수 없다. 막히거나 앞뒤가 맞지 않거나 더듬더듬 이야기한다. 이럴 때 치료자가 경청하고 느낀 것을 명료화하여 전달하는 것으로 내담자는 자신의 이야기가 따뜻하게 받아들여졌다는 느낌을 경험할 수 있다.

이 밖에 내담자 중심치료에서는 정서적 지지나 강화를 하고 내담자가 언급한 것에 대해 요약하기도 하며 내담자의 행동에 대해 치료자의 느낌을 전달하기도 한다. 때로는 치료자 자신의 감정이나 생각을 내담자에게 적절하게 전달하거나 어떤 문제에 대해 보다 구체적인 설명을 요구함으로써 비지시적으로 이끌어 가기도 한다.

3) 인간중심 활동으로의 응용: 엔카운터 집단

로저스는 1946년경부터 상담자를 양성하기 위해서는 집중적인 워크숍이 유용하다고 판단한 후, 지속적인 집단연수를 실시하였다. 1960년대에 접어들면서는 인간성 회복운동에 몰입하면서 인간의 심리적 성장과 대인관계에서의 의사소통 개선이라는 점에 초점을 맞춘 집단상담을 진행하였다. 로저스는 이것을 '기초 엔카운터 집단'이라고 불렀다. 따라서 기초 엔카운터 집단은 로저스의 이론과 실천에 근거한 집중적 집단경험을 의미하지만, 우리나라에서는 엄밀하게 구별하지 않는다.

엔카운터 집단은 일반적으로 10~15명 정도의 참가자와 1, 2명의 촉진자로 구성된다. 원칙적으로 희망하는 사람은 누구나 참가할 수 있다. 참가자의 집단경험 유무, 아는 사람들인지 여부, 연령 등을 고려하여 가능하면 이질적인 집단원으로 구성하는 것을 원칙으로 한다. 집중적으로 상담할 수 있도록 한 회기를 2~3시간 길이로 설정하며, 2~5일 정도의 합숙 형태로 진행되는 것이 일반적이다.

엔카운터 집단에 의하면 촉진자가 어떤 이론적 기반을 가지고 집단에 참여하는가가 중요하다. 로저스는 인간은 자기이해, 기본적 태도, 자기개념을 변화시켜 자주적으로 행동하도록 돕는 자원을 내부에 가지고 있다고 보았다. 그것은 이미 언급한 치료자의 3가지 조건과 동일하다. 따라서 촉진자는 3가지 조건을 갖춘 인간관계 속에서 자신을 편하게 드러낸다는 가설을 기반으로 집단을 이끌어야 한다. 로저스는 촉진자의 역할을 다음과 같이 구체적으로 언급하고 있다.

- 경청함으로써 심리적으로 안정된 집단 풍토를 만든다.
- 집단을 무리해서 깊이 있게 다루려고 하지 않고 있는 그대로의 집단을 수용한다.
- 참가자가 집단에 적극적으로 참가하지 않아도 있는 그대로의 개개인을 수용한다.
- 개인이 전하려고 하는 정확한 의미에 대해 공감적 이해를 한다.
- 자기 내부에서 일어나는 감정에 따라서 움직인다.
- 자신의 감정을 드러내는 것에 대한 갈등과 피드백을 행한다.
- 자신의 문제를 집단 내에서 표명하는 것을 꺼리지 않는다.
- 자발성이 중요하며, 이것은 결여되어서는 안 될 요소라고 생각한다.
- 개인 및 집단과정에 대한 해석을 피한다.
- 집단원이 병적 행동을 드러내는 경우 집단의 치료적 잠재력을 신뢰한다.
- 자신의 감정에 따라 자발적으로 신체적 자기표현을 한다.

엔카운터 집단과정을 연구한 무라야마(村山, 1977)는 집단과정의 발달단계를 다음과 같이 제시하였다.

〈표 4-2〉 집단과정의 발달단계

단계	내용
1단계	당혹, 탐색
2단계	집단의 목적이나 동일성을 모색
3단계	부정적 감정의 표현
4단계	상호 신뢰의 발전
5단계	친밀감 확립단계
6단계	깊은 상호관계와 자기직면
종결단계	

1, 2, 3단계는 집단발달의 도입기에 해당하며 마음이 불편하거나 당혹감을 느끼면서 여러 가지 시행착오를 하는 시기다. 이 시기에는 침묵이 이어지거나, 촉진자의 지시를 기대하거나, 어색함을 메꾸기 위해 계속 다른 화제를 이어 나가거나, 도출된 의견이나 자신의 생각 등을 피력하면서 불만을 드러나거나, 참여할 마음이 없는 참가자가 나오기도 한다. 도입기를 지나 4, 5, 6단계의 전개기에 들어선다. 이 시기에는 집단 안에서 정리가 가능하여 신뢰감이나 친밀감으로 다른 사람에 대한 관심이나 배려를 드러내며, 각자에게 초점이 맞춰지면서 솔직한 자기표현이나 서로의 관여가 왕성하게 일어난다. 집단활동이 끝나갈 시간이 되면서 종결기를 맞이한다. 6단계 이상으로 발달한 집단에서는 만족감을 느끼면서 편한 분위기에서 종결을 맞이한다. 그러나 이 단계까지 이르지 못한 집단에서는 불만족감을 강하게 표현하지만, 나름대로 치유를 위해 노력한다.

엔카운터 집단경험이 개인에게 어떤 효과를 주는지에 대한 연구도 있다. 로저스는 많은 집단경험을 통해 참가자들에게 자기개념의 변화, 자기가능성의 실현화, 새로운 삶의 방법을 선택하는 등의 변화가 일어났으며 그 결과 참가자 가족, 직장 등의 인간관계 개선에도 영향을 주었다고 밝혔다.

| 제5장 |

행동치료와 인지행동치료

1. 행동치료

1) 행동치료의 태동

정신분석에는 프로이트, 내담자 중심치료에는 로저스가 있는 것처럼, 많은 심리치료의 이론은 그 시대나 문화를 배경으로 뛰어난 통찰력을 가진 임상가들이 자신의 경험을 통해 구축한 인간관을 기반으로 하고 있었다. 따라서 이러한 이론들의 과학으로서의 기반은 취약했다. 그런데 1950년대에 들어서면서는 학습심리학의 실험이나 관찰에서 얻은 지식을 임상에 도입하여 새로운 치료이론과 치료기법을 전개하였다. 이것이 행동치료다. 행동치료는 사람의 내적 상태에 초점을 맞추는 것이 아니라, 관찰 가능한 행동을 대상으로 하는 것이 특징이다. 여기서는 학습이론에 기초를 두고 객관성이나 실증성을 중시한 행동치료와 인지행동치료에 대해 언급하고자 한다.

달라드와 밀러(Dallard & Miller, 1950)는 "만약 신경증적인 행동이 습득된 것이라고 한다면 습득될 때 사용된 것과 같은 원리를 적용하면 학습된 신경증은 해제될 수 있을 것"이라고 언급하였다. 이것은 바람직한 행동을 칭찬하면 그 행동을 몸에 익혀서 성장하는 것과 마찬가지로, 공포증이나 틱처럼 부적절한 행동도 학습되는 것이라고 본 것이다. 따라서 학습심리학의 여러 이론이나 방법을 사용하여 부적절한 행동의 소멸이나 감소, 적절한 행동의 재학습이 가능하다고 보았다. 울피(J. Wolpe)가 행동치료를 "부적응행동을 변용할 목적으로 실험적으로 확인된 학습의 여러 원리를 적용하여 부적응행동을 약화, 제거하는 동시에 적응행동을 촉발, 강화하는 방법"이라고 정의한 것처럼 행동치료는 학습이론에 근거한 인간행동의 변용을 시도하는 치료기법이다(Raymond, Wedding, & Wedding, 2000 재인용).

행동치료는 학습이론을 임상에 도입한 기법이기 때문에 그 역사는 학습이론의 역사를 포함하고 있다. 행동치료의 시작은 1900년대의 초반 러시아 파블로프(I. P. Pavlov)에 의해 행해진 조건반사 연구로까지 거슬러 올라간다. 파블로프는 동물을 대상으로 한 조건반사에 관한 연구과정에서 해결하기 곤란한 과제에 직면한 개가 흥분상태에 빠진다는 것을 발견하여 그것을 '실험신경증'이라고 명명했다. 이것은 동물의 조건반사이론으로 인간의 신경증을 이해하는 데 획기적인 계기가 되었다. 1920년대에 파블로프에게 큰 영향을 받은 왓슨(J. B. Watson)은 인간의 행동이상이 조건반사에 의해 학습된 것이라고 보았다. 따라서 치료과정도 학습과정에 따르지 않으면 안 된다고 생각하여 아동의 동물공포증 치료에 조건반사의 방법을 적용하였다. 그 후 모러(O. H. Mowrer)는 고전적 조건반사 기제를 사용한 야뇨증 치료의 연구를 통해 이론적 가설과 치료의 실천을 연결하려는 노력을 했다. 그리고 1950년대 후반에는 학습이론이 구체적인 행동이상의 치료에 사용되면서 행동치료가 비약적으로 발전했다.

1953년 미국에서 정신질환자의 행동변용을 목적으로 한 스키너(B. F. Skinner)에 의해 처음으로 행동치료라는 용어가 사용되었다. 그 후 1958년 획기적인 논문이 발표되었는데, 바로 예츠(A. J. Yates)의 틱 치료법이었다. 그는 틱이 일종의 학습된 반응이기 때문에 치료에 소거방법을 적용하는 것이 좋다고 판단하였다. 따라서 틱을 강화하지 않고 반복적으로 바람직하지 않은 반응을 사용하는 '부적 연습' 이라는 기법을 활용하였다. 같은 해, 남아프리카에서는 라자루스(A. A. Lazarus)와 울피가 신경증의 주 증상인 불안반응을 소거하기 위한 기법으로 불안과 결합된 새로운 반응을 학습하는 '역제지법'을 발표했다. 이것은 현재도 행동치료를 대표하는 핵심 기법으로 여겨지고 있다. 1959년에는 영국에서도 아이젱크가 논문에서 행동치료라는 용어를 사용했다. 이처럼 같은 시기에 여러 지역에서 새로운 연구자들에 의해 행동치료라는 용어가 사용되기 시작하였다. 그러나 행동치료가 넓게 알려지고 주목받게 된 것은 아이젱크의 『행동치료와 신경증』(1960)이 출판되면서부터다.

스키너

2) 기본적 이론

학습이나 행동 원리를 체계적으로 확립한 것이 학습이론인데 행동치료

행동이론 : 고전적 조건화(자극과 반응이 결합한 학습)
조작적 조건화(강화에 의한 학습)

학습이론: 사회적 학습이론(관찰모방학습, 모델링)

에서는 학습이론을 다음과 같이 활용하였다.

(1) 고전적 조건화

고전적 조건화로 유명한 것은 파블로프의 개 실험이다. 개의 입에 먹이를 주면 타액이 분비된다는 자연스런 생리적인 변화에 중성적인 자극인 메트로놈의 소리를 함께 제시하여 메트로놈의 소리에도 타액이 분비되도록 행동을 변용시키는 것이다. 같은 맥락에서 자전거에서 떨어져서 공포를 느낀 아이는 그 이후 바퀴가 달린 탈것에 공포를 가지게 될지도 모른다. 이것이 공포증의 형성과정이다. 고전적 조건화란 생체가 의도적 · 적극적으로 움직여서 반응하는 것이 아니라 자극에 따라 수동적으로 반응하는 것을 의미한다. 따라서 고전적 조건화에서 사용하는 방법은 불안, 분노, 공포 등과 같은 감정의 습득과 내분비, 내장 등의 불수의적 반응을 학습시키는 것이다. 이것은 불안과 공포, 위축된 사고나 그와 관련된 신경증이나 심신증 등의 치료에 효과가 있다. 이것에 기초한 대표적인 기법으로는 역제지법, 체계적 탈감법, 홍수기법 등이 있다.

(2) 조작적 조건화

조작적 조건화는 개체가 자신의 환경에 자발적으로 관여하는 것이다. 스키너의 문제상자에 들어간 굶주린 쥐가 우연히 지렛대를 눌러서 먹이를 획득한 후 먹이를 획득하기 위해 계속 지렛대를 눌렀다는 유명한 실험이 있다. 어떤 아동이 못살게 구는 친구 때문에 아침마다 복통을 호소해 학교에 갈 수 없었다. 이 사례에서 보면 [그림 5-1]과 같이 아동은 학교를 가지 못함으로써 괴롭히는 친구를 회피할 수 있다. 그것은 아동에게는 위험회피라는 이득이 되며 이와 같은 이득이 그후의 등교거부를 강화한다고 이해할 수 있다. 조작적 조건반사는 걷고 말하고 먹는 등 본인 의사에 의해 행동을 습득하고 증대시키거나 감소 또는 소거시키는 것과 관련된 학습이다. 이것에 근거한 대표적인 기법으로는 행동형성법, 정적 또는 부

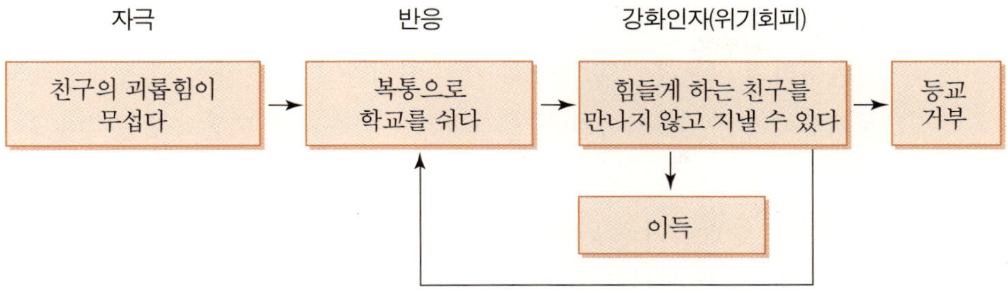

[그림 5-1] 등교거부행동의 조작적 학습과정

적 강화, 자극통제법, 토큰강화기법 등이 있다.

(3) 사회적 학습이론

반두라(A. Bandura)는 사람은 직접 경험을 하지 않아도 다른 사람의 행동이나 결과를 관찰함으로써 새로운 행동양식을 획득하거나 반응패턴을

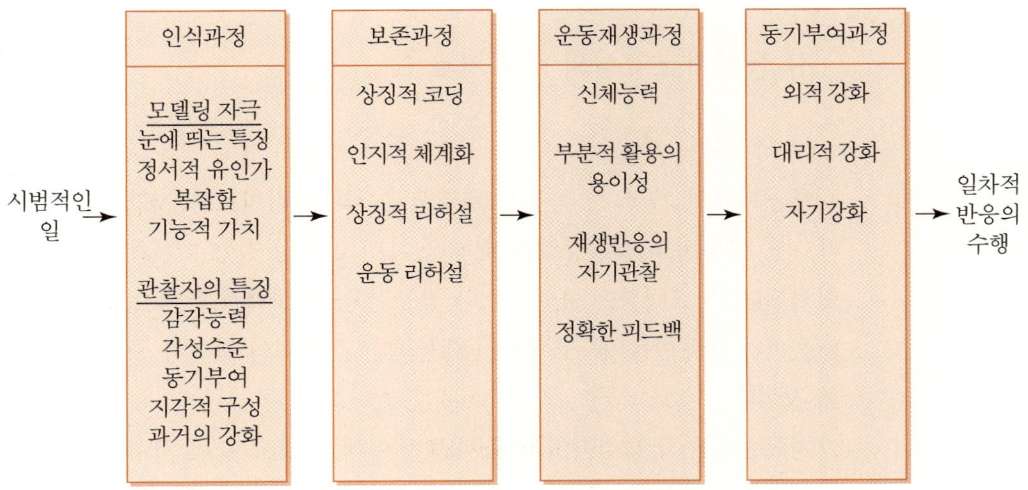

[그림 5-2] 관찰학습의 성립과정에 관한 사회적 학습이론(Bandura, 1977)

변용시키는 것이 가능하다는 관찰학습의 성립과정을 이론화했다.

반두라의 이론은 [그림 5-2]와 같이 인식과정, 보존과정, 운동재생과정, 동기부여과정으로 이어진다. 인식과정은 학습자가 모델의 행동이나 결과에 주의를 기울이는 것이다. 관찰학습은 학습자가 모델의 행동에 주목하는 것에서 출발하기 때문에 이 과정은 중요하며, 여기에는 모델의 요인과 학습자의 요인이 관여되어 있다. 보존과정은 관찰한 것을 기억하고 정리하여 실행할 수 있도록 준비하는 것이며, 운동재생과정은 인지적으로 기억된 모델의 행동내용을 실행에 옮기는 것이다. 동기부여과정이란 강화과정으로 관찰에 의해 습득한 것을 실행하도록 동기를 부여하는 것이다. 관찰학습은 텔레비전에서 주인공의 공격적인 행동을 본 아동이 주인공과 같은 공격적인 태도를 취하거나 어머니가 뱀을 무서워하는 것을 본 아동이 뱀을 싫어하는 것처럼 우리의 일상생활에서 흔히 볼 수 있다. 이것에 기반이 되는 기법으로는 모델링 등이 있다. 이 방법은 여러 가지 부적응 행동의 치료뿐 아니라 스포츠 기술의 습득이나 훈육 등 일상생활에서 폭넓게 사용되고 있다.

3) 심리치료로서의 행동치료

(1) 치료목표

행동치료의 가장 큰 특징은 과학으로서의 심리치료를 지향하는 것이다. 즉, 행동치료는 실증적인 배경을 가진 일관성 있는 이론에 근거하여 실시된다. 치료대상은 불안감이나 공포감 등의 심리적 상태가 아닌 불안반응이나 공포반응 등 구체적인 행동에서 객관적인 관찰과 측정이 가능한 것이다.

치료방법은 구체적이며 객관적인 용어에 의해 기술된 것이므로 언제 어떻게 치료가 이루어져도 동일한 결과를 얻을 수 있다. 이처럼 행동치료에서는 치료목표가 명확하기 때문에 내담자와 치료자 모두 확실하게 이해하는 객관적인 목표를 사용한다. 따라서 치료의 진전 상황이나 효과를 정확히 판정할 수 있으며 합의된 증상 소실에 의해 치료를 종결할 수 있다. 그러므로 치료를 단기간에 진행하는 등 단순하며 경제적인 이점을 가지고 있다.

(2) 치료기법

① 체계적 탈감법

체계적 탈감법은 울피의 공포증적 반응을 치료하기 위해 개발된 것으로, 역제지와 탈감각의 원리를 합쳐서 만든 것이다. 역제지란 어떤 반응이 별도의 반응에 의해 억제되는 과정을 말한다. 예를 들어, 수영이나 육상경기에서는 선수가 출발하기 전에 심호흡을 하거나 손과 다리를 터는 행위를 자주 볼 수 있다. 이것은 사람들이 불안과 이완을 동시에 경험하는 것이 불가능하기 때문에 심호흡 등을 통해 경기라는 자극으로 생긴 불안과 긴장반응에 저항하는 이완반응을 하는 것이다. 이를 통해 경기에 대한 불안이나 긴장을 억제하려는 것이다.

탈감각이란 민감해지지 않는 것을 말한다. 내담자가 깊은 이완상태에 있는 경우 불안 유발 자극을 서서히 높여 가면 이완반응이 불안반응에 전이되며 이때 자극 장면에 대한 불안이나 공포반응이 소거된다. 이 방법은 지금까지 여러 가지 신경증이나 심신증, 그 밖에 부적응행동에 넓게 적응되고 있는 행동치료의 대표적인 기법이다.

체계적 탈감법의 기본적인 절차는 다음과 같다.

내담자의 공포나 불안의 내용을 분명히 하여 불안을 불러일으키는 자극 장면을 각각의 카드에 기입한다. 그다음에 가장 심한 불안을 느끼는 카드를 100으로 하여 순서대로 각 카드의 수치를 결정한다. 이 수치는 자각적 장애단위(subjective unit of disturbance: SUD)로 불리며 상대적 불안도를 수치로 나타낸 것이다. 불안이 약한 것부터 강한 것 순으로 단계적으로 배열하여 불안계층표를 작성한다. 이런 과정과 함께 불안반응과 대조적인 기능을 가지고 있으며 불안을 효과적으로 제지할 수 있는 불안제지반응을 습득한다. 불안제지반응에는 이완반응, 자율훈련법을 통해 습득한 수동적 주의집중, 주장반응, 운동반응, 호흡반응, 해제반응 등이 있다. 체계적 탈감법에서는 주로 이완반응과 수동적 주의집중을 사용한다. 마지막으로, 불안계층표의 각 장면 중에 불안이 약한 것부터 강한 것 순으로 이미지를 떠올리면서 탈감각을 시도하여 이미지에 의해 표출된 불안반응을 이완반응이나 그 밖의 방법을 통해 제지한다.

② 홍수기법

홍수기법은 홍수(flooding)라는 단어에서 나타나듯이 처음부터 내담자를 불안이나 공포가 강한 장면에 가능한 한 오랫동안 머물게 하는 것이다. 이렇게 하여 본인의 선호와는 관계없이 불안이나 공포와 대결하도록 하는 것으로 체계적 탈감법과는 대조적인 기법이다. 홍수기법의 이론적 배경은 고전적 조건화의 소거 이론이다. 즉, 불안반응을 불러일으키는 무조건자극이 없는 상태에서 조건자극만을 반복하여 제시한다면 조건자극에 대한 조건반응으로서의 불안이나 공포반응을 소거하는 것이 가능하다고 보았다. 공포증은 불안이나 공포를 불러일으키는 대상이나 상황(조건자극)에 공포반응이 조건화되기 때문에 그 대상이나 상황에 내담자를 반복적으로 노출시킴으로써 그것을 소멸시키는 것이 가능하다. 이것에 홍수기법을 적용하면, 이미지로 공포에 노출시키는 방법과 실제로 공포 장면을 직면하도록 하는 두 가지 방법이 있다. 예를 들어, 비행기 공포증을 가진 내담자에게 공포를 실제로 직면시켜 치료하고자 한다면 치료자는 내담자와 함께 비행기를 탄다. 당연한 일이지만 내담자는 초기에는 공포에 떨지만 이런 상황을 여러 번 반복하면 비행기에 익숙해져서 병적 공포를 소실한다. 이때 치료자는 신체적인 접촉 등을 통해 안전을 확인시키거나 괜찮다는 것을 보증하는 것이 중요하다. 이 방법은 강박신경증의 치료에도 효과가 있다고 알려져 있다.

③ 조작적 조건화

이것은 스키너의 조작적 조건화의 원리를 이용한 치료방법으로 장기입원 중인 정신질환자, 자폐아동, 정신지체, 비행청소년 등 적용 범위가 넓어서 행동치료의 발전에 상당한 기여를 했다. 스키너를 추종하는 치료자들은 행동치료라는 단어보다는 행동변용이라는 용어를 선호한다. 이 방법은 특정 기법이라기보다 강화나 자극통제와 같은 기본기술 중 어떤 부분을 강조하는가에 따라서 여러 가지 기법 군으로 분류한다.

첫째, 바람직하지 않은 행동을 감소시키는 방법으로 제외학습(벌)이나 타임아웃 등을 들 수 있다. 제외학습이란 부적응행동을 유지하고 있는 정적 강화요인(주목, 칭찬, 음식, 돈 등)을 박탈함으로써 그 행동을 소실시키는 학습이다. 예를 들어, 교실에서 기괴한 소리를 내는 학생에게 교사가 주의를 주는 것은 주목이라는 정적 강화요인을 제공하는 것이 되기 때문에 모르는 척 무시함으로써 정적 강화요인을 제외시킨다. 이를 통해 기괴한 소리를 소실시키는 것이 가능하다. 타임아웃도 마찬가지로 일정시간 동안 문제행동 장면에서 벗어나 있게 함으로써 그 장면에 있는 강화요인을 제거하여 문제행동의 소실을 시도하는 방법이다.

둘째, 바람직한 행동을 증가시키는 대표적인 방법으로는 정적 강화나 토큰강화법 등이 있다. 정적 강화는 바람직한 행동이 보일 때 정적 강화요인을 부여하는 방법이다. 이때 보상을 주는 것이 아니라 대용통화인 토큰(실이나 포인트 등을 포함)을 제공하여 그것에 의해 행동을 강화해 가는 방법을 토큰강화법이라고 한다.

셋째, 새로운 적응행동을 형성하는 방법으로는 행동형성이 있다. 이것은 갑자기 목표행동을 연습시키는 것이 아니라 그것에 이르기까지의 행동을 여러 단계로 나누어 낮은 단계부터 높은 단계까지 순차적으로 학습시킴으로써 최종적으로 목표가 되는 행동 형태를 만들어 가는 방법이다.

예를 들어, 등교거부를 하는 학생에게는 먼저 친구들이 없는 휴일에 학교에 가도록 한다. 이것이 가능해지면 그다음 단계로 평일에 학교에 가서 보건실에 있도록 한 후, 그다음에는 특정 수업시간에 교실에 들어가도록 한다. 이러한 단계를 거쳐서 마지막으로 완전한 등교가 가능하도록 치료과정을 이끌어 가는 것이 행동형성이다.

④ 토큰강화법

조작적 조건화의 접근에 적용한 것으로서 최근 장기입원 중인 정신질환자의 행동을 변용하기 위해 사용되는 방법으로 토큰강화법(token-economy program)이 있다. 다른 행동치료와 마찬가지로 치료자가 문제행동을 일으킬 가능성을 감소시키고 원하는 행동의 빈도를 증가시키기 위해서는 환자의 행동에 대한 환경적인 강화를 어디까지 통제할 수 있는가가 중요하다.

토큰강화법은 주로 어린 연령의 아동이나 정신질환자에게 적용되는데, 환자에게 이 기법을 사용하여 수반적 강화법을 전개하려면 먼저 고려해야 하는 것이 있다.

첫째, 시설의 임상가는 환자가 보이는 여러 행동 중에 바람직하여 강화할 필요가 있다고 판단되는 행동을 선정해야 한다.

둘째, 교환의 매개물, 즉 다른 무엇인가와 교환할 수 있는 토큰을 결정해야 한다. 토큰으로는 포커칩이나 작은 카드, 모조 금화, 경품교환권 등이 자주 사용된다. 또한 여러 개의 토큰이나 교환물로 획득할 수 있는 특별한 특권과 쾌락이 있어야 하는데, 이것으로는 주말의 외출 허가나 영화감상, 텔레비전 시청시간, 특별식, 개인실 등이 자주 사용된다. 이것에 각각 가치를 결정하여 욕구도가 큰 것에는 많은 토큰이, 욕구가 작은 것은 적은 토큰이 필요하도록 한다. 환자가 보다 큰 보수를 원하는 경우도 있지만 작은 보수를 희망하는 경우에는 토큰을 모아서 큰 보수를 얻지 못한 채, 적은 토큰으로 작은 보수를 받는 경우도 있다.

토큰을 사용하고자 하는 목적은 바람직한 행동을 만들어 내는 것과 최종적인 강화 사이에 지연이라는 다리를 놓은 것이라고 볼 수 있다. 예를 들어, 환자는 잠자리를 정리하거나 책상 정리를 하는 등 어떤 일에 책임을 부여하면 필요한 토큰을 즉시 받을 수 있다. 어떤 프로그램에서는 토큰을 줄 때 반드시 사회적 강화도 함께 부여한다. 훌륭한 일을 하면 칭찬을 하는 것이다. 또한 그의 행동과 그것에 대한 강화 사이에 일어나는 수반성에 관해서 명확한 설명을 한다. "당신이 시간에 맞추어 밥을 먹으러 왔기 때문에 토큰을 하나 줄게요."라든가 "오늘 훌륭한 일을 했다고 스스로 말하니까 3개의 토큰을 줄게요."라고 말한다. 이러한 방법은 즉시성의 효과에 대한 많은 실험적 연구에서 명확히 입증되었다. 토큰을 받는 순간 강화된 행동은 토큰을 주지 않으면 소멸된다. 토큰강화법은 광범위한 여러 가지 목적으로 상용될 수 있다.

⑤ 모델링

이것은 반두라의 관찰학습 이론에 근거한 치료방법으로, 시행착오를 거치지 않고 모델의 행동을 관찰하는 것만으로도 모델과 같은 행동을 획득한다는 것이다. 모델링이 행동에 미치는 효과로는 다음 3가지를 들 수 있다.

첫째, 새로운 기법과 행동을 학습하는 기초가 된다. 은둔형 외톨이에게 다른 아이들이 서로 잘 어울리고 있는 영화를 보여줌으로써 보다 성숙한 사회적 행동이 출현하는 등의 예를 들 수 있다.

둘째, 모델의 행동은 관찰자의 제지반응을 약하게 또는 강하게 하는 효과를 가진다. 예를 들어, 개에 대한 공포를 가진 아이에게 다른 아이가 개와 즐겁게 놀고 있는 장면을 보이면 개에 대한 공포가 경감한다.

셋째, 모델을 관찰하는 것에 의해 관찰자의 반응이 촉진된다. 다른 학생이 선생님에게 인사하는 것을 봄으로써 그 학생의 인사성이 촉진된다.

2. 인지행동치료

1) 인지행동치료의 태동

행동치료의 이론적 기반이 된 학습이론에서는 사람의 행동을 자극-반응이라는 틀만으로 설명하려고 했다. 그러나 인간의 복잡한 행동은 이처럼 단순한 이론만으로 충분히 설명할 수 없다. 같은 자극에 대해서도 다른 반응이 생기는 경우도 있고, 제각기 다른 자극을 줬는데도 같은 반응이 일어나는 경우도 있으며, 자극과 반응 어느 쪽도 관찰하기 어려운 경우도 있다. 이러한 복잡한 현상을 설명하기 위해서 자극과 반응 사이에 있는 사람의 인지(지각, 인식, 이해, 판단, 추론, 사고) 등 겉으로 나타나기 어려운 내적 과정을 고려할 필요가 생겼고, 이로 인해 인지적 요인을 포함한 치료기법이 전개되었다. 이러한 이론을 배경으로 부적응행동의 이해와 치료에 인지적 요인을 포함한 새로운 치료기법인 인지행동치료가 발전했다. 인지행동치료는 부적절한 행동과 생리-정서반응의 원인을 인지(내담자의 습관적 사고)라는 틀에서 생각하여 내담자가 가지고 있는 비관적이며 부적절한 인지를 적절한 인지로 변용해 갈 수 있도록 개입하는 것이다.

1970년대에 들어서면서 당시까지 관찰 가능한 행동 연구가 주류였던 기초심리학의 분야에 인지나 스키마라는 내적 과정을 중시하는 인지심리학이 대두되었다. 이와 같은 시대적 변화와 더불어 행동치료에 인지적 조작을 도입하려는 움직임이 나타나 인지행동치료로 발전했다.

인지행동치료에 지대한 영향을 끼친 것은 랭(P. Lang)의 시스템 모델과 반두라의 사회적 학습이론이다. 랭은 자극과 반응을 매개로 한 체계가 단일한 것이 아니라 인지적·행동적·생리적 체계로 되어 있으며 증상은 이 3개의 체계에 기능장애가 생긴 상태라고 생각했다. 불안을 예로 들면,

증상은 3개의 체계에 걸쳐 있지만 어떤 요인이 강한지에 따라 나타나는 증상이 다르다. 예기불안은 인지적 불안, 강박행위는 행동적 불안, 공황발작은 생리적 불안이 강하다. 때로는 일반적으로 협동하는 각각의 체계가 뒤틀려 버린 경우도 있다. 예를 들어, 인지적으로는 좁은 엘리베이터 안에 있어도 해가 되지 않는다는 것을 알고 있지만 행동 면에서는 엘리베이터에 타지 못하는 경우가 생긴다. 이것은 인지 체계와 행동 체계의 균열 때문에 나타나는 현상이다. 이렇게 본다면 인지치료는 인지 체계에, 행동치료는 행동 체계에, 약물치료는 생리 체계에만 적용해 온 종래의 치료법에서 벗어나 내담자의 장애에 따라 치료법을 혼용하여 사용하는 것이 효과적이라고 생각하게 되었다.

반두라는 사회적 학습이론을 제창하고 그 이론에서 나온 모델링의 기법을 행동치료에 적용함으로써 자극-반응이론과 인지이론의 가교 역할을 하였다. 또한 자기효능감 이론도 인지행동 접근의 원동력이 되었다. 자기효능감이란 자기가 어느 정도의 확률로 그 행동을 할 수 있는지와 같은 행동달성의 예상 확률을 의미하는 것으로, 이것은 난이도(과제의 난이도 예측), 강도(과제를 달성할 수 있는지의 자신감), 일반성(어떤 과제의 달성을 다른 과제의 달성에 일반화할 수 있는지 여부)의 3가지 요소로 되어 있다. 반두라는 자기효능감이 낮으면 여러 가지 정신병리를 불러일으키기 쉽기 때문에 자기효능감을 높이는 것이 치료상 중요하다고 보았다. 또한 반두라는 환경결정주의에도 공헌하였다. 환경결정주의란 개인은 환경에 의해 영향을 받는 한편으로 행동함으로써 환경을 만들어 간다는 것을 의미한다. 즉, 환경과 개인과 행동의 3자가 서로에게 영향을 주고받는다는 것이다. 환경결정주의에서는 부적응적인 인지에서 부적응행동이 일어나고, 이것이 환경을 악화시키고, 악화시킨 환경이 인지를 더욱 왜곡시키는 악순환이 반복된다고 본다. 이 경우 치료는 악순환의 연쇄고리를 파악하고 왜곡된 인지, 부적응행동, 악화된 환경중에 어떤 것을 변화시키는 것이다. 이러한 변화과정을 거치면서 수동적이던 내담자는 스스로 환경을 만들어 가는 능동적인 존재가 된다.

2) 기본적 이론

(1) 엘리스의 합리적 정서적 행동치료

엘리스

엘리스(A. Ellis)는 '사고가 변하면 감정이 변하고, 감정이 변하면 행동이 변하며, 행동과 감정이 변하면 사고도 변한다'라는 생각을 근거로 합리적 정서적 행동치료를 제창하였다. 고민을 초래하는 사건이 있으면 그 사건 때문에 여러 가지 증상이 생겨난다. 그런데 엘리스는 그러한 증상이 사건과 직접 관련된 것이 아니라 사건을 개인이 어떻게 받아들이는가에 따라 달라진다고 생각했다.

① ABCDE 이론

엘리스의 이론을 'ABCDE 이론'이라고 부르며 [그림 5-3]처럼 설명한다.

시험에 떨어져 불면과 식욕부진에 시달리는 경우를 예로 들면, 문제나 고민 C(consequence; 불면과 식욕부진)는 A(activating event; 시험 실패)에 의해 생기는 것이 아니라 B(belief; 시험은 반드시 붙어야만 한다. 시험에 떨어진 인간은 살 가치가 없다)라는 비합리적 사고의 영향으로 일어나는 것이다. 여기에서 B의 생각을 D(dispute; 시험은 떨어지는 사람도 합격하는 사람도 있다. 시험에 합격하지 않으면 안 된다는 근거는 어디에서 왔는가? 시험에 떨어진 사람은 살 가치가 없다고 누가 결정했는가?)로 논박을 하면 E(effective new philosophy; 시험에 붙으면 좋지만 이번에 안 되면 다음 기회가 있다. 다음에 붙으면 좋겠다. 만약 계속 떨어진다면 내 능력을 발휘할 수 있는 또 다른 분야가 있을 것이다)와 같이 효과적인 인생철학을 얻을 수 있다.

엘리스는 우리가 사물을 받아들이는 방법이나 신념에는 사실이나 정확

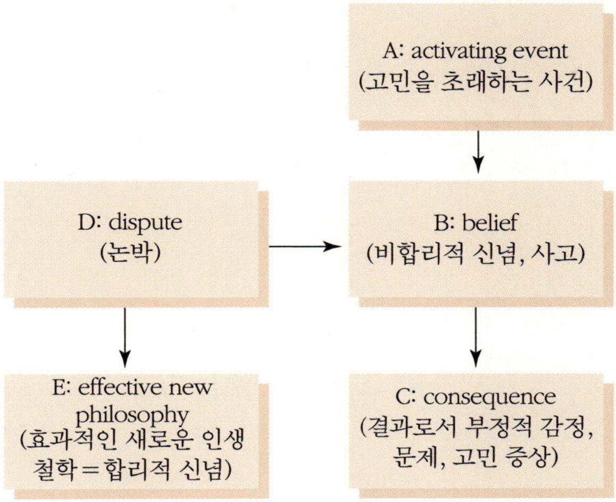

[그림 5-3] 엘리스의 ABCDE 이론

출처: Ellis & Dryden(1997).

한 논리, 인간성에 근거한 합리적인 것과, 본인은 합리적인 것이라고 생각하지만 실제로는 비합리적인 것의 두 종류가 있다고 보았다. 비합리적 신념(irrational belief)은 사실에 근거하지 않고 논리적 필연성이 결여되어 있으며 '~하지 않으면 안 된다(must)' '~해야 한다(should)'라는 요구, 명령, 절대적인 사고방법을 하는 것으로 그 이외의 선택의 여지를 가지고 있지 않다. 한편, 합리적 신념(rational belief)은 '가능하다면 ~하는 것보다 좋은 것은 없다'라는 사고이며 현실적 · 논리적으로 선택의 여지를 남겨 둔 것이다.

② 비합리적 사고의 순환

엘리스는 비합리적 사고는 순환체계를 가지고 있다고 보았다. 비합리적 사고는 자기혐오를 낳고, 이는 자멸적인 행동을 초래해 결국은 타인들을 미워하게 만들며, 이것은 다시 타인들로 하여금 자신에 대해 비합리적으로 행동하게 하는 순환이 반복된다는 것이다. 따라서 치료자는 내담자

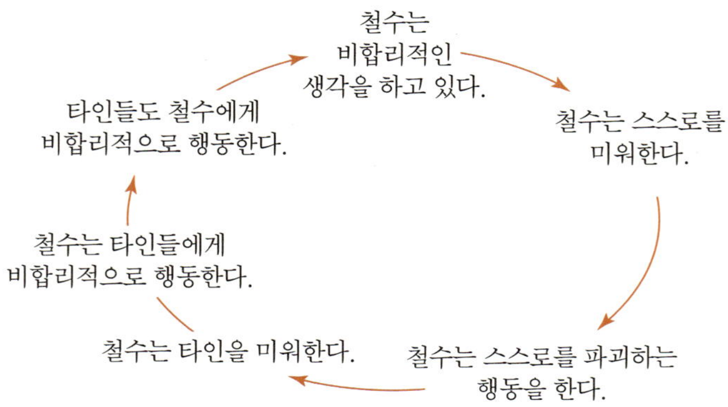

[그림 5-4] 비합리적 사고의 순환관계

에게 그들의 비합리적 신념을 논박하거나 무너뜨려서 합리적인 사고로 대치하는 방법을 직접적으로 지적하고 가르쳐야 한다.

③ 치료기법

합리적 정서적 행동치료는 치료회기와 일상생활에서 논박하는 과정을 강조하며 'ABCDE' 접근방식으로 불린다. 'ABC'는 문제가 어떻게 전개되는지를 보여 주며 'DE'는 치료단계다. ABC 후에 D(논박)를 한다. D는 치료자의 역할로, 이를 통해 내담자들은 자신의 비합리적 신념을 반박할 수 있는 논리적 원리를 배우면서 비현실적이고 증명할 수 없는 가설을 파괴한다. 합리적 정서적 행동치료는 치료회기와 일상생활에서 논박하는 과정을 강조한다. 결국 내담자는 실제적인 측면을 가지고 효과적인 철학 E에 도달한다. 이렇게 되면 내담자는 부정적인 감정을 반복적으로 경험하는 악순환에서 벗어날 수 있다. 이런 과정에 성공하면 새로운 감정 F를 창출하게 된다. 이렇게 되면 어떤 상황에 대해 심한 불안이나 우울을 느끼지 않고 적절한 감정을 가질 수 있다. 아동 역시 역기능적인 감정으로 더 이상 무력해지지 않게 되면 문제가 없거나 적어도 그것으로 인한 실망감을 줄일 수 있는 행동을 자유롭게 선택하게 된다.

합리적 정서적 행동치료의 구체적인 치료에서 제1단계는 내담자의 문제를 ABC 도식에 의해 파악하는 것이다. 2단계는 논박의 시기로, 이 시기는 사고를 움직여 그들의 생각을 역세뇌시키는 것이다. 이것을 논박과정이라고 부르며 이 과정에서 치료자는 내담자와 토론하면서 비합리적인 신념에 대해 반론을 제시하면서 지적 통찰을 촉진한다. 이러한 논박과정에는 탐지, 반박, 변별의 3단계가 있다. 첫째, 내담자는 자신들의 비합리적인 신념, 특히 '하지 않으면 안 된다' '해야 한다'라는 식의 절대적인 관념과 '비참한 자기비하'에 대해 탐지하는 방법을 배운다. 이때 내담자는 '어떤 근거로 그렇게 생각하는가?' '그 생각은 자신에게 어떤 의미를 가지는가?' 등과 같은 질문을 받게 된다. 엘리스는 탐지하는 이 과정을 철저한 조작기이자 지적 수준에서의 변화를 정착시키는 시기라 했는데, 이 단계에서는 이미지에 의한 자극 장면의 제시, 이미지에 의한 성공 장면 상상하기, 모델링, 합리적인 자기진술의 수행, 과제의 실시 등을 조합한 훈련을 실시한다. 위축된 사고를 하는 내담자에게 '하루에 30명에게 말을 건다.' 등과 같은 과제를 내는 경우도 있다. 이렇게 하여 내담자는 새롭고 합리적인 신념체계를 획득하여 효과적인 인생철학을 얻는 것이 가능하며 증상 개선을 시도할 수 있다. 둘째, 치료자는 논리적이고 경험적으로 질문하거나 강력한 논쟁을 함으로써 내담자가 그것을 행하지 않는 방법을 배울 수 있도록 그들의 역기능적 신념을 반박한다. 마지막으로 내담자는 합리적인 신념과 비합리적 신념을 변별하는 방법을 배운다.

합리적 정서적 행동치료는 우리가 사건을 어떻게 생각하는가의 신념체계가 우리의 감정이나 행동에 영향을 미친다는 점을 강조한다. 이 치료의 기본 가정은 사람들이 사건이나 상황을 해석하는 방식이 특정 증상뿐만 아니라 그들 자신의 심리적 문제도 만든다는 것이다. 따라서 〈표 5-1〉과 같은 치료적 접근이 도움이 된다. 이와 같은 치료기법을 통해 내담자가 비합리적인 사고방식을 효율적이고 합리적인 사고방식으로 대치하는 방

〈표 5-1〉 합리적 정서적 행동치료기법

인지적 기법	• 비합리적 신념을 논박하기 • 인지적 과제 • 내담자의 언어를 변화시킴 • 유머의 사용
정서적 기법	• 합리-정서 상상 • 역할 연기 • 수치심-공격 연습
행동적 기법	• 조작적 조건 형성 • 자기관리 원칙 • 체계적 둔감법 • 이완기법 • 모델링 등

법을 배울 수 있게 하고 그 결과 상황에 대한 정서적 반응도 보다 합리적으로 변하도록 돕는다.

④ 치료목표

합리적 정서적 행동치료에서는 우리는 인간으로서 선택권을 가진 존재라는 점을 강조한다. 우리는 우리의 생각, 태도, 감정, 행동을 통제하며 우리 자신의 지시에 따라 삶을 배열한다.

합리적 정서적 행동치료 이론에 따르면, 합리적인 신념체계를 가지고 타인에게 반응할 때는 선과 악의 가치판단을 하지 않는다. 그러나 개인이 비합리적인 신념을 가지고 반응하면 다른 사람이 자신이나 타인에 대한 자신의 (비합리적인) 기대에 못 미칠 때마다 다른 사람을 사악하고 두려운 존재로 바라보게 된다. 엘리스(Ellis, 1997)는 인간이란 천성적으로 비합리적이고 실패를 자초하는 존재이므로 다른 상태가 되게끔 가르침을 받아야 한다고 보았다. 그러나 사람들이 비합리적으로 사고하지 않을 경우에는 천성적으로 유익하고 사랑스런 존재가 될 수 있다는 견해를 덧붙였다.

(2) 벡의 인지치료

이전에는 우울의 기본 증상은 감정장애이며, 인지, 동기, 행동의 장애나 생물학적 증상은 이차적으로 파생된 것으로 생각되어 왔다. 그러나 1967년 벡(A. T. Beck)은 인지왜곡이론을 발표하면서 우울에 대한 당시까지의 개념을 변화시켰다. 벡은 우울의 본질이 인지장애이며, 감정장애는 거기서부터 이차적으로 발생하는 것이라고 보면서 인지치료를 발전시켰다. 또한 벡은 우울과 불안의 차이에 대해 우울은 상실을 주제로 하고 불안은 위험을 주제로 한다는 인지내용의 차이를 강조하였다.

벡의 이론 틀은 다음과 같다.

① ABC 도식

벡은 우울 감정(C: consequence)을 만들어 내는 것은 사건(A: activation event) 그 자체가 아니라 그 사건의 인지(B: belief)라고 생각한다. 예를 들

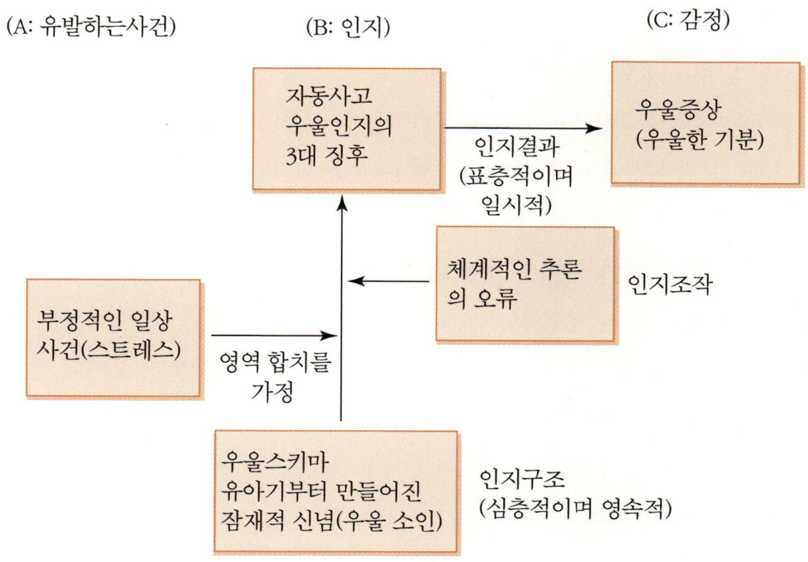

[그림 5-5] 벡의 인지왜곡이론

출처: 窪內節子, 吉武光世(2003) 재인용.

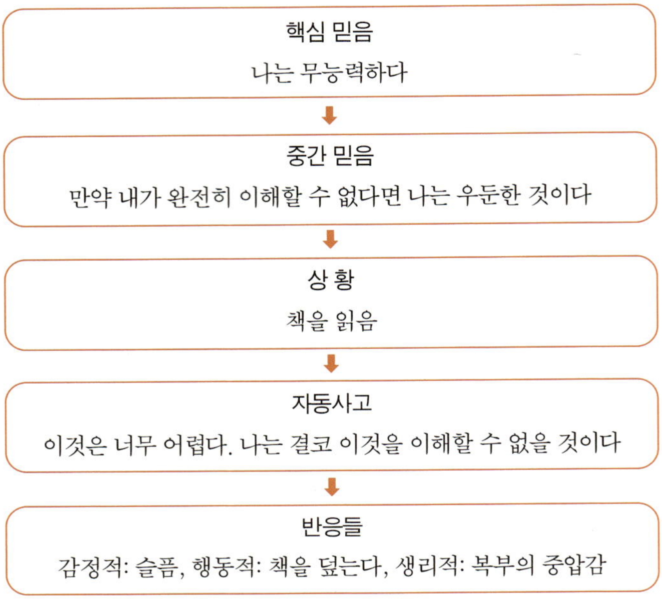

[그림 5-6] 자동적 사고와 행동 간의 관계

어, 질병이나 시험의 실패 등 불쾌한 부정적 사건이 스트레스가 되어 우울을 촉발한다. 그런데 같은 불행한 경험을 하더라도 우울 상태에 있는 사람과 그렇지 않은 사람이 있다. 벡은 우울이 되기 쉬운 소인을 가진 것을 우울 스키마의 취약성과 관련이 있다고 주장하였다. 스키마는 외부 세계를 인지하기 위한 틀이나 구조로 심층에 있는 신념이나 태도와 같은 인지구조를 가리킨다. 우울한 사람의 스키마는 부정적이고 비관적인데, 이것은 유아기의 경험에서 비롯되어 마음속에 잠재되어 있는 것이다. 불행한 경험을 하면 우울스키마가 활성화 되면서 결과적으로 부정적인 자동사고를 하게 된다. [그림 5-6]은 자동사고가 어떻게 핵심 믿음으로 이어지는지를 드러낸 것이다.

• 핵심 믿음(core belief): 아주 근원적이고 깊은 수준의 믿음으로 본인

도 인식하지 못한다.

- 자동사고(automatic thought): 특정한 상황과 관련하여 마음속을 스치는 실제적인 단어나 영상 등이며 인지의 가장 표면적인 수준으로 간주된다.

② 우울스키마 가설

벡에 의하면 우울을 초래하는 인지는 3가지 특성을 갖고 있다.

첫째, 부정적인 자동사고의 수준이다. 자동사고란 마음의 표층에 있으며 자신의 의지와는 관계없이 갑자기 의식에 떠오르는 것을 말한다. 부정적인 자동사고라는 것은 우울할 때 자동적으로 떠오르는 부정적인 사고를 말한다. 예를 들어, 우울한 상태의 회사원이 일을 열심히 하고 있는 동료를 보면 '나는 무능한 인간이다.' '회사에 있을 가치가 없다.' 등으로 생각해 버린다. 이러한 자기 자신, 자신을 둘러싼 환경, 자신의 미래에 대해 부정적으로 받아들이는 것을 우울인지의 3대 징후라 한다. 또한 이것은 감정장애의 기저가 된다.

둘째, 우울한 사람은 다음과 같은 체계적인 추론의 오류를 범한다.

- 임의적 추론: 근거 없이 부정적인 결론을 이끌어 내는 것으로 친구가 이메일을 보내지 않았다는 것에서 '친구가 나를 싫어하게 되었다.' 라고 추론하는 것이다.
- 과잉 일반화: 작은 사건을 과도하게 일반화하여 생각하거나 모든 것을 하나의 차원으로 생각하거나 하나의 사건에 근거하여 일반적인 규칙을 생각해 낸다. 예를 들어, 영어시험에 실패한 학생이 '다른 과목의 시험도 절대 잘 보지 못할 것'이라고 생각하는 것이다.
- 과대평가와 과소평가: 작은 사건을 크게 취급하거나 중요한 사건을 작은 사건인 것처럼 판단한다. 예를 들어, 초등학생 때 형편없던 국어시험 점수를 떠올리면서 '내 성적은 모두 최악이었다.'라고 자신

의 성적을 과소평가해 버리는 것이다.

- 자기관련성: 자신과 관계없는 불행한 사건을 자신과 연관시켜서 생각한다. 예를 들어, '만약 내가 운전면허를 따라고 조언하지 않았다면 그는 교통사고로 죽지 않았을 것이다.' 라고 자책하는 것이다.
- 이분법적 사고: '옳은가, 그른가?' '완전한가, 불완전한가?' 와 같은 이자 선택적 사고다. 예를 들어, '완벽한 다이어트를 할 수 없다면 전혀 할 수 없는 것과 마찬가지' 라고 생각하는 것이다.

셋째, 부정적인 스키마가 추론의 오류를 만들어 낸다.

벡의 치료법은 행동적 기법과 인지적 기법으로 성립된다. 첫 번째 단계에서는 자기 모니터링이나 활동계획표 작성 등의 행동적 기법을 사용한다. 내담자는 치료를 시작하기 전 일주일간 자신의 행동과 그때의 기분이나 성취감, 만족감을 한 시간 단위로 상세하게 기록한다. 그 결과에 근거하여 생활의 행동계획을 1시간 단위로 세우고 나중에 성취감과 만족감을 조사하는 활동계획표를 작성한다. 두 번째 단계에서는 주로 인지적 기법을 사용한다. 이 단계에서는 불합리한 신념, 사고, 가치관을 인식하면서 그것을 변화시키는 것에 초점을 둔다. 여기에서 기본이 되는 기법은 자문법으로, 내담자는 '이렇게 생각하는 근거는 무엇인가?' '그 밖의 견해는 할 수 없는 것일까?' '이렇게 생각하는 것에 어떤 의미가 있는가?' 라는 세 가지 질문을 자신에게 던진다. 치료자가 설득하는 것이 아니라 내담자 자신이 과학적인 추론의 방법을 사용해 가면서 부적절한 자동사고를 적응적이고 합리적인 사고로 변환시키는 것이다. 또한 비기능적 사고기록도 유용한 기법이다. 이것은 상황, 감정, 자동사고, 합리적 사고, 결과라는 5개의 항목으로 된 기록용지를 사용하여 자동사고를 검토하면서 합리적인 사고로 전환하는 방법이다. 세 번째 단계에서는 재발방지를 목적으로 자동사고보다도 깊은 수준의 우울스키마를 변용시킨다. 스키마 워크라는 기법을 사용하여 자동사고를 임시로 옳은 것이라고 하면서 연쇄적인 질문을 하여 스키마의 핵심에 다가가는 하향 화살표법이 대표적이다.

> 치료자: 그 사람이 당신을 지루하게 생각한다면 그것은 어떤 의미가 있는 것인가요?
>
> 내담자: 나는 형편없는 인간이라는 것이에요.
>
> 치료자: 당신이 형편없는 인간이라면 그것은 당신에게 어떤 의미가 있는 것인가요?
>
> 내담자: 나는 누구로부터도 사랑받을 만한 가치가 없는 인간이라는 것이에요.

인지치료는 인지모델을 근거로 하는데, 그것은 사람들의 감정이나 행동이 어떤 사건에 대한 자신들의 지각에 의해 영향을 받는다는 것이다. 사람의 느낌을 결정하는 것은 그 상황 자체가 아니라 자신이 상황을 해석하는 방식에 달려 있다.

정서장애의 인지모델은 인지, 행동, 생리현상 간의 상호작용을 포함한다. 정서장애 인지모델에서는 개인이 어떻게 행동하고 느끼는지, 일상의 상황을 어떻게 이해하는지는 개인이 세상을 해석하는 방식에 의해 대부분 결정된다고 보았다.

인지치료에서는 합리적 정서적 행동치료와 달리 치료관계를 중시한다. 엘리스는 치료자를 교사로 보고 내담자와의 따뜻한 인간관계가 필수적이라고 보지 않았다. 그러나 벡은 치료관계의 질이 인지치료 적용의 기초라고 보았다. 치료자에게는 진정한 온정, 정확한 공감, 무비판적 수용, 내담자와의 신뢰 구축 및 친밀관계 수립 같은 인간중심 접근의 자질이 필수조건이라고 보았다.

구체적인 치료기법은 다음과 같다.

❖ 내담자에게 이론적 근거 설명하기

인지모델에서는 내담자이게 내담자의 신념, 심상, 지각과 같은 인지적 요인이 내담자의 문제에 어떠한 영향을 미치는지 설명한다. 이때에는 [그림 5-5]의 인지왜곡이론을 사용하여 A라는 사건에 대한 C라는 정서적 반응이 B라는 해석에 의해 결정된다는 것을 이해시킨다. 이론을 제시함으로써 내담자에게 이미지와 자신의 사고 흐름을 인식시키는 것이다.

❖ 재귀인 기법

내담자가 혐오적인 사건을 자신의 능력이나 노력 부족과 같은 개인적인 부족함에 귀인할 때 사용하는 것으로, 사건에 대한 대안적인 설명은 없는지 검토하면서 부정적인 결과에 대해 자신에게 전적인 책임이 있다는 신념에 도전하도록 논박하는 방법을 배우는 것이다.

❖ 역기능적 사고의 기록

각 칸에 내담자에게 일어난 사건에 대한 자신의 인지를 쓰고 그 옆에 합리적인 반응을 적도록 가르친다. 나머지 칸에는 환자의 감정과 행동, 그리고 인지에 선행하는 상황이나 사건의 구체적인 내용을 적도록 하는 과제를 줄 수도 있다. 기록은 환자가 역기능적인 사고와 심상을 인식하는데 도움이 될 수 있다.

〈표 5-2〉 역기능적 사고의 기록지

일자	상황	감정	자동사고	합리적 사고	결과

❖ 소크라테스식 대화법

임상장면에서 적용되는 소크라테스식 대화법은 세 가지 기본 특징을 갖는데, 체계적으로 질문하기, 귀납적으로 추론하기, 보편적 정의 구성하기다. 예를 들면 다음과 같은 질문을 하는 것이다.

- 증거가 무엇인가?
- 다르게 설명할 수 있는가?
- 장점과 단점은 무엇인가?
- 어떻게 문제를 해결할 수 있는가?

❖ 발견의 유도

치료자가 내담자로 하여금 다른 관점을 지니도록 설득하기보다 내담자가 자신이 논리적 오류나 잘못된 인식을 스스로 발견하도록 유도하는 검토과정을 의미한다.

| 제6장 |

게슈탈트 치료

1. 게슈탈트 치료의 태동

게스탈트 치료(형태치료)는 독일 출생의 정신과 의사 펄스(F. S. Perls)에 의해 창안된 심리치료다. 게슈탈트 치료는 호나이(K. Horney)의 정신분석 치료이론을 위시하여 골드슈타인(K. Goldstein)의 유기체 이론, 라이히(W. Reich)의 신체 이론, 레빈(K. Lewin)의 장의 이론, 베르트하이머(M. Wertheimer) 등의 게슈탈트 심리학, 모레노(J. Moreno)의 사이코드라마, 하이데거(M. Heidegger)와 부버(M. Buber), 틸리히(P. J. Tillich) 등의 실존 철학 그리고 동양사상, 특히 도가와 선사상 등의 광범위한 영향을 받으면서 탄생한 치료기법이다.

펄스

펄스는 베를린의 유대계 가정에서 태어나 중학교 때 낙제를 하는 등 학교생활에 잘 적응하지 못했지만, 이런 경험을 극복하고 의학과 정신분석의 교육을 받았다. 졸업 후 프랑크푸르트 소재의 '뇌손상 장병을 위한 골드슈타인 협회'에서 근무하면서 사람을 부분이 아닌 전체로 보는 시각을 배우게 되었다. 이 시기부터 게슈탈트 심리학이라는 주제에 관심을 가졌다. 비엔나로 옮겨 신체를 통한 자기이해와 성격변화를 개발한 라이히와 호나이에게 정신분석을 받고 활동했으나, 1934년 히틀러의 출현으로 남아프리카로 이주하여 요하네스버그에 정신분석연구소를 설립하였다. 게슈탈트 치료의 기본적인 생각은 『자아, 공복 및 공격』(1969)이라는 저서에 잘 드러나 있다. 1946년 미국으로 이주한 뒤에는 정신분석적 전통에서 벗어나서 1951년 헤퍼라인(R. Hefferline) 및 굿맨(P. Goodman)과 함께 『게슈탈트 치료』를 저술하였다. 그 후의 저서로는 『형태치료축어록(*Gestalt Therapy Verbatim*)』(1969), 자서전적인 『쓰레기더미의 안팎(*In and out of Garbage Pail*)』(1969)이 있다. 퍼건(J. Fagan)과 셰퍼드(I. L. Shepherd)가 편집한 『현대 게슈탈트 치료(*Gestalt Therapy Now*)』(1970)에는 펄스 및 그의 동료의 논문이 다수 포함되어 당시의 이론, 기법, 적용에 관한 개관을 이해할 수 있다. 펄스는 여러 곳에 게슈탈트 치료 연구소를 개설했으며 캘리포니아에 있는 에설런(Eslen) 연구소와도 긴밀한 제휴를 도모했다. 1970년 77세로 사망할 때까지 캘리포니아에 살면서 그곳에 게슈탈트 치료 연구소를 만들었다. 에너지가 넘치는 극적인 성격이었던 펄스는 초보자와 전문가를 가리지 않고 모두 자신의 열렬한 신봉자로 만들었다. 게슈탈트 치료는 발전해 가면서 개인치료보다는 집단치료에 사용되었다. 따라서 그가 제시한 대부분의 사례는 정상인을 대상으로 한 인간적인 성장집단 워크숍에서 얻은 것이었다. 그러나 게슈탈트 치료의 개념과 방법이 엔카운터 집단이나 성장집단에 참여하는 정상인뿐만 아니라 개인치료나 집단치료에서 내담자에게도 적용되면서 이 접근에 대한 관심이 높아졌다.

2. 기본적 이론

앞에서 언급한 것처럼 펄스는 다양한 이론의 영향을 받았지만, 특히 골드슈타인의 사상에 많은 영향을 받았다. 게슈탈트 심리학은 1920년대부터 독일에서 주목받기 시작했으며 그 후에는 미국에서 성행하였다. 그들은 지각영역에서의 유기적인 구성과 상호 관련성, 즉 전체는 부분의 총합 이상의 것이라는 생각을 강조하면서 분트(W. Wundt)의 구조주의나 왓슨(B. Watson)의 행동주의 원자론적 접근에 반대하였다. 게슈탈트 심리학은 지각과 인지 연구에 한정되었지만, 그와 같은 견해는 심리학 전반에 영향을 주었다. 펄스는 이러한 게슈탈트 구성이라는 개념을 사용하여 인지뿐만 아니라 정서적 또는 사회적 행동을 포함한 인간생활과 전반적 기능에 적용해 보려고 하였다. 이런 과정에서 골드슈타인의 유기체론에 주목했는데, 거기서는 부분적 여러 기능이 유기적 적응 때문에 평형과 통합을 보존할 필요성이 있다고 강조하였다. 펄스는 자신의 이론과 치료기법을 구체적으로 발전시키는 과정에서 그와 같은 주장에 정신분석과 실존주의의 중요한 측면을 포함시켰다. 펄스는 몇 가지의 개념을 별도의 용어로 표현하거나 재개념화하고 있지만 동기와 방어에 관한 정신분석적인 역동 개념을 많은 부분 차용하였다. 그러나 현재의 직접적인 경험을 강조한다는 점에서 그는 실존주의 치료자에 가깝다.

유기체는 성장을 향해 가는 고유의 능력을 가지고 있으며 이러한 성장은 통찰의 비약, 환경과의 의미 있는 폐쇄(closure)를 통해 생성된다. 새로운 의미가 있는 욕구를 만난다는 것은 환경이 창조적으로 접촉한다는 것과 일맥상통한다. 지각의 발전과 함께 유기체의 불균형이 지각되면 그러한 불균형을 수정하려는 욕구가 높아진다. 사람들은 완전한 지각에 의한 유기체적 자기방어(organismic self-regulation)를 할 수 있는데, 이것이 유기체의 기본 기제다.

게슈탈트 치료는 정신분석을 포함한 요소주의 심리학에 반대하고 게슈탈트 심리학의 영향을 받아서 과정을 중시하는 종합적인 심리학 운동을 표방했다. 개체를 여러 개의 심리적인 요소로 나누어 분석하는 대신에, 전체 장의 관점에서 통합적으로 이해하려고 시도했다. 펄스는 게슈탈트 치료에 여러 이론을 접목시키는 한편, 신체와 감각, 감정, 욕구, 사고 그리고 행동 등은 서로 분리된 현상이 아니라 의미 있는 전체라고 보았다. 즉, 인간의 행동은 부분들의 기계적인 연합이 아니라 이들을 통합하는 의미 있는 전체라는 것이다. 또한 환경과의 관계에 있어서도 개체를 환경과 분리된 존재가 아니라 개체와 환경을 포함하는 전체 장의 부분으로 보았다. 다시 말하면, 개체는 환경과 함께 하나의 새로운 통합적인 전체를 이루고 있으므로 개체의 행동은 전체 장의 맥락에서 이해되어야 한다는 것이다.

1) 주요 개념

(1) 게슈탈트

게슈탈트(gestalt)라는 말은 '전체' '형태' '모습' 등의 뜻을 지닌 독일어다. 게슈탈트 치료에서 보는 게슈탈트란 '개체에 의해 지각된 자신의 행동 동기'를 의미한다. 즉, 개체가 유기체인 자신의 욕구나 감정을 의미 있는 행동 동기로 조직화하여 지각한 것을 뜻한다. 개체는 자신의 욕구나 감정을 유의미한 행동으로 만들고 실행하기 위해 형태를 형성한다. 그런데 개체의 욕구나 감정이 곧바로 형태가 되는 것은 아니라는 점에 유의할 필요가 있다. 형태는 개체가 자신이 처한 상황과 환경을 고려하여 그 상황에서 실현 가능한 행동 동기로 지각한 것이다.

개체는 자신의 모든 활동에 형태를 형성함으로써 그것을 조정한다. 만일 개체가 형태 형성에 실패하면 심리적 · 신체적 장애를 겪게 된다. 따라서 건강한 삶이란 분명한 형태를 형성할 수 있는 능력을 발휘하는 것을 지칭한다.

(2) 전경과 배경

우리는 대상을 인식할 때 우리에게 관심 있는 부분은 지각의 중심 부분으로 떠올리지만 나머지는 배경으로 보낸다. 이처럼 어느 한순간에 관심의 초점이 되는 부분을 전경(foreground)이라 하고 관심 밖에 놓여 있는 부분을 배경(background)이라 한다.

[그림 6-1]의 경우 흰 부분에 주목하면 컵으로 보이지만 검은 부분에 주목하면 두 사람의 옆모습으로 보일 것이다. 이때 주목한 부분이 전경이 되고, 그 반대의 부분은 배경이 된다. 동시에 두 가지를 볼 수는 없지만, 욕구의 필요에 따라 전경이 배경으로, 배경이 전경으로 바뀌는 도형반전이 일어난다. 그림을 감상할 때 그림은 전면으로 부각되고 액자는 뒤로 물러간다. 그러나 액자에 관심을 가지면 액자가 전면으로 떠오르고 그림은 시야에서 사라지는 현상을 경험할 수 있다. 게슈탈트 치료에서는 개체가 형태를 형성하여 지각하는 것도 전경과 배경의 관계로 설명하는데, 형태를 형성한다는 말은 개체가 어느 한순간에 중요한 욕구나 감정을 전경으로 떠올린다는 말과 같은 뜻으로 볼 수 있다. 건강한 개체는 매 순간 자신에게 중요한 형태를 선명하게 형성하여 전경으로 떠올릴 수 있지만, 그

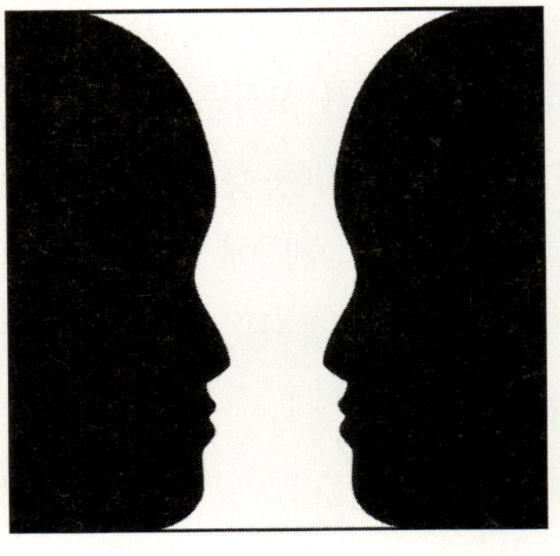

[그림 6-1] 루빈의 컵

렇지 못한 개체는 전경을 배경으로부터 명확히 구분하지 못한다.

개체에서 전경으로 떠올랐던 형태가 해소되면 그것은 전경에서 사라져 다시 배경으로 물러난다. 그러면 다시 새로운 형태가 형성되어 전경으로 떠오르고, 해소되고 나면 다시 배경으로 물러나는 과정을 되풀이한다. 이러한 순환과정을 '형태의 형성과 해소' 또는 '전경과 배경의 교체'라고 부른다.

(3) 미해결 과제

개체가 전경으로 떠올렸던 형태가 해소되고 나면 이것은 배경으로 사라진다. 그러면 이어서 그다음으로 관심이 가는 대상을 전경으로 떠올릴 수 있다. 이러한 전경과 배경의 교체는 유기체 욕구와 환경적 여건에 따라 자연스럽게 이루어진다. 그런데 건강한 사람은 자신의 우선적인 욕구를 의식화하여 형태를 감상하면서 욕구를 해소하고 나면 그다음 욕구가 떠오르면서 전경과 배경의 교체가 일어난다. 그러나 개체가 형태를 형성하지 못하거나 또는 형태를 형성해도 그것의 해소를 방해받을 때 그것은 배경으로 사라지지 못한다. 개체는 형태를 완결 지으려는 동기가 있기 때문에 형태가 완결되지 못한 것은 중간층에 남아서 계속 전경으로 떠오르려고 한다. 이러한 완결되지 않은 또는 해소되지 않은 형태를 '미해결 형태' 또는 '미해결 과제(unfinished business)'라고 부른다. 한편, 이러한 미해결 과제는 계속적으로 해결을 요구하며 전경으로 떠오르려 하기 때문에 다른 형태가 선명하게 형성되는 것을 방해한다. 미해결 과제는 끊임없이 전경으로 떠오르려고 하기 때문에 언제나 여기에 모습을 드러내고 있다. 따라서 이것을 해결하기 위해서 '지금 여기(here and now)'를 알아차리는 것이 중요하다.

2) 알아차림과 접촉

게슈탈트 치료에서 가장 핵심적인 개념은 알아차림과 접촉이다. 게슈탈트 치료에서는 모든 심리장애는 궁극적으로 알아차림과 접촉이 결여된 상태이며, 따라서 내담자는 알아차림과 접촉을 회복함으로써 건강한 상태로 돌아갈 수 있다고 본다. 이런 맥락에서 모든 게슈탈트 치료기법은 알아차림과 접촉을 증진시키는 방법이라고 할 수 있다.

(1) 알아차림

알아차림(awareness)은 '개체가 개체-환경의 장에서 일어나는 중요한 내적 · 외적 사건을 지각하고 경험하는 것'이라고 정의할 수 있다. 그것은 개체가 자신의 삶에서 현재 일어나고 있는 중요한 현상을 방어하거나 피하지 않고 있는 그대로 지각하고 경험하는 행위를 뜻한다. 즉, 알아차림은 지금 순간에 중요한 자신의 욕구나 감각, 감정, 생각, 행동, 환경 그리고 자신이 처한 상황 등을 지각하는 것이다.

개체는 환경과 상호작용하면서 자신에게 중요한 유기체의 욕구나 감정을 형태로 형성하고 해소한다. 이때 자신의 내적 · 외적 상황에 대한 알아차림이 있어야만 형태를 형성할 수 있다.

알아차림은 누구나 갖고 있는 능력이며 또한 자연스런 상태에서는 누구나 사용하고 있는 유기체의 고유한 능력이다. 그리고 이것은 유기체가 자신을 환경에 적응시키면서 성장해 나가기 위해 반드시 필요한 생존도구다.

(2) 접촉

접촉(contact)은 알아차림과 더불어 개체의 유기체 순환과정을 이끄는 두 축을 이루고 있다. 즉, 알아차림이 개체가 유기체와 환경의 장에서 벌어지는 현상을 전경으로 떠올려 형태를 형성하는 행위라고 한다면, 접촉은 그렇게 형성된 형태를 행동에 의해 해소하는 행위다. 그러므로 만일 알아차림만 있고 접촉이 없다면 개체는 자신의 유기체 욕구를 해소하지 못한 채 환경 적응에 실패하게 된다.

(3) 알아차림-접촉 주기

개체는 배경으로부터 분명한 형태를 형성해서 전경으로 떠올리고, 이를 환경과 상호작용함으로써 그 형태를 해결한 뒤 이를 배경으로 사라지게 한다. 그리고 또 다른 형태를 형성하여 전경으로 떠올리는 순환과정을 되풀이한다. 형태가 만들어지고 해소되는 반복과정을 '알아차림-접촉 주기' 라고 부른다. 건강한 유기체는 이렇게 환경과의 교류를 통하여 알아차림-접촉 주기를 자연스럽게 반복하면서 성장해 간다.

개체는 유기체-환경의 전체 장으로부터 따로 분리하여 생각할 수 없다. 개체의 모든 활동은 항상 환경과의 관계 속에서 일어나며, 형태의 형성과 해소도 환경과의 교류를 통해서 가능하다. 이러한 개체와 환경의 교류 접촉은 개체와 환경 간의 경계인 접촉경계에서 이루어진다. 접촉경계는 개인이 '내가 아닌' 것과 관련하여 '나'를 경험하는 지점이며, 이 접촉을 통해 나와 내가 아닌 것에 대해 보다 명확하게 경험한다. 건강한 개체는 접촉경계에서 환경과 교류하면서 자신에게 필요한 것을 경계를 열어 받아들이고 환경에서 들어오는 해로운 것에 대해서는 경계를 닫음으로써 자신을 보호한다. 그러나 경계에 문제가 생기면 이러한 환경과의 유기적인 교류접촉이 차단되고 심리적 또는 생리적 혼란이 생기는 접촉경계 혼란이 일어나며, 이것은 정신질환을 초래한다.

각각의 접촉경계 혼란 장애는 서로 기능적으로는 과장되어 관련되며 내용적으로는 제각기 구분될 수 있는 것들이다. 이러한 접촉경계 혼란을 경험하는 개체는 자기경계에 혼란이 일어나 자기 자신과 환경을 제대로 알아차리지 못한 채 중간층에 머물면서 환상과 공상적인 삶을 살아간다. 따라서 접촉경계 혼란을 극복함으로써 개체는 유기체의 현실을 좀 더 잘 받아들일 수 있고, 환경과의 자연스런 접촉을 통하여 성장, 변화할 수 있다.

3. 심리치료로서의 게슈탈트 치료

1) 치료목표

(1) 경험 확장

게슈탈트 치료의 목표는 개체가 환경과의 만남에서 자신의 사고와 감정, 욕구, 상상물, 신체감각, 그리고 환경에 대한 지각을 넓히고 접촉하는 것이다. 그리고 이러한 것을 습득하는 과정에서 타인에게 상처를 주지 않으면서 자신의 욕구를 충족하는 것이다. 개체는 자신의 욕구나 충동을 억압하지 않으면서 동시에 환경의 자극이나 상황에 대해서도 열려 있어야 한다. 이것은 유기체로서 자신의 욕구를 자연스럽게 지각하고 표현하며 환경과 자유롭게 유기적으로 교류하는 데 도움이 된다. 심리적 어려움을 겪고 있는 사람들은 자신의 감정과 욕구의 많은 부분을 억압하면서 그것과의 접촉을 차단한다. 어떤 의미에서 심리증상은 개체의 정신 신체적 기능이 제약받아 나타나는 현상이라고 볼 수 있다. 따라서 게슈탈트 치료에서는 이러한 축소된 활동영역을 다시 확장시켜 줌으로써 유기체의 자연스런 기능을 복원시켜 준다.

(2) 통합

게슈탈트 치료에서는 자기에게 속하지 않는 부분들은 밖으로 추방한다. 동시에 외부로 투사했거나 자신의 내부에 격리되어 자신의 것으로 자각하지 못했던 에너지는 자신의 것으로 자각하고 통합할 수 있도록 도와준다.

(3) 자립

게슈탈트 치료의 기본 입장은 내담자가 스스로 자신을 보살필 수 있다고 믿는 것이다. 따라서 치료는 내담자의 이러한 자립능력을 일깨워 주고 그와 같은 능력을 다시 회복하도록 도와주는 방향으로 이루어진다.

(4) 책임감 자각

책임감이란 개체가 자신의 삶을 환경과의 유기적인 관계에서 능동적이고 자율적으로 선택하고, 그에 따른 결과를 자신의 것으로 받아들일 수 있는 능력을 뜻한다. 게슈탈트 치료에서는 모든 것을 각자의 선택으로 인식한다. 예를 들어, 내담자가 타인에게 책임을 전가하거나 죄책감을 유발함으로써 자기를 돕게 만들거나, 또는 자신을 자학하거나, 열등감을 드러냄으로써 책임을 회피하려는 등의 그 어떤 경우라도 모두 자신의 선택이라는 것을 깨닫게 한다. 따라서 치료는 궁극적으로 내담자가 타인에게 의존하려는 자세를 버리고 자립함으로써 자신의 행동을 스스로 선택하고 책임질 수 있도록 도와주는 것이다.

(5) 성장

게슈탈트 치료는 개체를 어떤 고정적인 대상으로 보기보다는 환경과의 관계 속에서 스스로 성장하고 변화해 나가는 생명체로 보기 때문에 내담자의 증상 제거보다는 성장에 더 관심을 기울인다. 즉, 개체의 본질은 성장에 있다고 보는 것이다. 끊임없이 외부 환경과 접촉하면서 새로운 것을 받아들이고 이를 자신에게 맞도록 동화시킴으로써 스스로 새로운 모습으로 변화하고 성장하는 것이 개체의 본질이라는 것이다.

(6) 실존적 삶

자기 자신이 된다는 것은 실존적인 삶을 산다는 것과 동일한 의미다. 이를 위해서는 내담자로 하여금 내적으로는 유기체로서의 자신의 욕구와 현실을 외면하지 않고 받아들여 자신의 에너지를 통합시키고 스스로 자립하면서 자신의 모든 잠재적 가능성을 실현시켜 나가게 해야 한다. 외적으로는 타인과의 관계에서 그들을 자신의 투사가 아닌 그들 본연의 모습으로 보도록 만들어야 한다. 또한 사물을 판단함에 있어서도 자신의 채색된 개념이 아니라 있는 그대로 보는 실존적 상황에 열려 있는 자세를 갖도록 도와준다.

게슈탈트 치료의 목표는 여러 가지 잠재적인 가능성이 실현되어 개인이 전체성을 달성할 수 있도록 유기체의 자기제어 기제를 회복시키는 데 있다. 자신의 여러 욕구가 충족을 추구하려고 한다는 점을 인식하는 지각이 중요한 치료요인이다. 게슈탈트 치료자는 내담자가 본래 가지고 있는 것을 원조하려고 벌리는 게임에서 드러난 방어의 내막을 명확히 한다. 이와 같은 과정에서 내담자는 여러 가지 가능성을 열고 감정을 개방하여 표현하게 된다. 유기체가 자연적인 상태를 추구하려고 움직이는 것은 그와 같은 과정에 동기를 부여하는 원동력이 된다. 펄스는 이러한 과정을 "머리를 버리고 감각에 기대라."라는 말로 요약했다.

2) 치료자의 역할

치료자의 역할은 지각에 대한 장벽, 즉 '지금 여기' 에서의 경험에 대한 장벽을 내담자가 극복하도록 돕는 것이다. 그것은 통찰이나 이해가 아니며 감정의 의미를 개념화하는 것도 아니다. '지금 여기' 라는 실제 경험에 직면하게 하는 것이다. 치료자가 '무엇' 이나 '어떻게' 라는 질문은 하지만, '왜' 라는 질문은 거의 하지 않는 것도 경험에 직면시키기 위해서다. 비언어적 또는 움직임을 통한 의사소통은 언어적인 것만큼 중요하다. 치료자는 해석하지 않은 채 내담자의 행위에 지각을 집중해야 한다.

3) 게슈탈트 치료의 특성

(1) '지금 여기'의 경험

지나간 과거에 대해서는 더 이상 생각하지 않고, 아직 오지 않은 미래에 대해서는 걱정하지 않으며, 현재를 반가운 선물로 받아들이는 것이 게슈탈트 치료의 기본 태도다. 게슈탈트 치료의 중요한 부분은 '지금 여기'의 완전성을 보고 깨닫고 느끼는 것이다. 현상학적 관점에서 세계는 주관적이므로 개체가 경험하고 의식하는 현상 이외의 객관적인 존재는 인정할 수 없다. 치료자는 내담자와 관계할 때 '지금 여기'에 초점을 맞추려고 한다. 즉, 내담자의 언어, 신체동작, 감정, 사고 등 '지금 여기'에 일어나고 있는 현상에 주의를 기울인다. '지금 여기'에 집중하는 것은 내담자의 의식을 과거나 미래로부터 해방시켜 현재로 돌아오게 해 주는 효과가 있다.

(2) 발견학습 중심

펄스는 인간의 기본 동기에는 자기가 하고 있는 행동의 의미체계를 완결 지으려는 경향이 있다고 주장하였다. 따라서 개체가 이러한 주체를 완결시키려면 삶의 크고 작은 주제들을 발견해야 한다고 보았다. 즉, 자신의 행동 동기가 무엇인지를 알아차리고 그것을 완결시키기 위한 노력을 해야 한다. 게슈탈트 치료에서는 이러한 주제들의 발견을 '게슈탈트 형성'이라고 말한다. 개체는 게슈탈트 형성을 통해 자신의 욕구와 감정, 나아가 삶의 목표를 알게 되고 이에 따른 행동지침도 갖게 된다. 따라서 게슈탈트 치료에서는 개체가 자신의 크고 작은 주제를 찾아 지각하도록 도와주는 데 역점을 둔다.

(3) 관계 중심

게슈탈트 치료에서는 치료자와 내담자의 관계를 수평적으로 정의한다.

한 사람의 인격은 그 자체로서 단독적으로 존재하는 것이 아니라, 서로 대화하고 만나는 순간마다 새로운 탄생을 하는 것이다. 그러므로 개체는 타인과 만나는 순간에 자신의 제한된 존재를 초월하여 열려 있는 무한성에 참여하게 된다. 그 결과 제한적인 자기를 극복하게 된다. 또한 부버의 '나-너' 관계처럼 인간과 자연을 대함에 있어 그들을 하나의 대상으로서가 아니라 존재로 대하는 태도를 갖게 된다. 즉, 상대편을 나의 대화 상대인 '너'로 대하는 것이다. '나-너'의 관계는 실존성을 그 특징으로 하는데 상대편의 존재를 나와의 관계를 통해 현재에 존재하게 만든다. 즉, 상대편의 존재는 추상적인 개념이나 틀에 갇힌 관념이 아니라 '지금 여기'에서 나와 관계하는 존재로 드러나게 된다. 게슈탈트 치료는 치료자와 내담자 간의 '나-너' 관계에서 출발하여야 한다. 또한 치료자는 어떤 이론을 표방하는 과학자여서는 안 되며 자신을 온전히 내담자와의 대화에 투사함으로써 성실성과 책임감을 갖고 내담자와 상호 교류하는 데 관심을 가져야 한다. 즉, 치료자는 실존적인 인물로서 '나-너' 관계에 들어가야 하며 자신의 감정을 그대로 내보여야 한다.

(4) 창의적 태도

게슈탈트 치료는 미리 정해져 있는 구도에 따라 치료를 계획하고 이를 실천에 옮기는 기계적인 작업이 아니다. 게슈탈트 형성과 해소의 과정은 항상 새로운 변화와 창조를 수반한다. 내담자와 치료자도 새로운 관계에서 새로운 형태를 형성하면서 서로 창조적으로 만난다. 게슈탈트 치료에서 치료자는 자신의 생각이나 감정, 상상을 바탕으로 적극적이고 창조적인 실험으로 발전시킴으로써 치료적 상황을 창조적인 실험의 장으로 만들어 낸다. 치료자는 종종 내담자가 하는 아주 사소한 표현을 실마리로 삼아서 내담자를 창조적이고 새로운 경험의 지평으로 나아가게 할 수 있다.

(5) 실존적 경험 중심

실존주의는 '있는 것'에 대한 철학으로서 현상학적 태도다. 게슈탈트 치료는 과거나 미래의 사건이 아니라 바로 '지금 여기'에서 일어나는 경험에 관심을 기울인다. 펄스는 "과거나 미래는 존재하지 않으며, 삶은 지금 여기에서 일어나는 그 무엇"이라고 했다. 그렇다고 게슈탈트 치료에서 과거나 미래를 부정하는 것은 아니다. 단지 과거와 미래는 현재 행동의 맥락에서 의미를 갖기 때문에 과거나 미래 그 자체로서는 무의미하다는 것이다. 따라서 과거나 미래 사건도 현재화하여 지금 여기에서 경험하도록 해 줌으로써 실존적인 사건으로 경험하게 하는 것이 바람직하다.

(6) 존재 수용적 자세

존재를 있는 그대로 수용받지 못하고 어떤 인위적인 목표와 사회적인 가치기준에 의해 조건적으로만 인정받는 환경에서 살아간다면, 그 존재는 철저하게 부정되는 것과도 같다.

게슈탈트 치료는 모든 사람의 존재를 독특하고 가치 있는 것으로 생각하며, 모든 사람은 각자 자신의 삶을 최대한 창조적으로 꽃피워 나갈 수 있다고 믿는다. 그렇기 때문에 치료자는 내담자의 존재를 있는 그대로 수용하려고 노력한다. 즉, 내담자의 능력이나 사회적 지위와 관계없이 그리고 미래의 가능성과도 관계없이 그를 그저 하나의 존재로 받아들인다. 우리가 타인을 대할 때 그들을 위해 설정한 목표 때문에 그들을 사랑하는 것이 아니라 그들의 존재 자체 때문에 관심을 기울이고 사랑한다면 우리는 진정으로 그들의 성장을 도와줄 수 있을 것이다.

4) 치료기법

게슈탈트 치료에서는 여러 가지 다양한 기법을 개발하여 치료에 사용한다. 그러나 이것은 어디까지나 치료를 위한 부수적인 도구로서 기법 그 자체만으로 치료할 수 있다고 여기지는 않는다. 좋은 치료란 인위적인 기법을 사용하지 않고 자연스러운 대화와 만남으로 진행된다(김정규, 2006). 치료에 도움이 되는 보조 수단으로는 규칙과 게임이라고 불리는 2가지 지침이 있다. 기본 규칙은 다음과 같다.

첫째, 현재의 원리로 과거를 회상하거나 미래를 예측하는 것은 피하고 현재형으로 의사소통할 것을 요구한다.

둘째, 너와 나를 강조한다. 이것은 대등한 관계에서 의사소통의 상호작용을 견고히 한다. 즉, 누구에 대해 말하는 것이 아니라 누구를 향해 말하는 것이다.

셋째, '그것'이라는 단어가 아니라 '내가'라는 단어를 사용하다. 이는 자신을 수동적인 경험의 수혜자가 아니라 책임 있는 행위자로 간주하기 위함이다. 예를 들어, 다음과 같이 상호작용할 것이다.

> 치료자: 당신의 목소리는 당신 자신에게 어떻게 들립니까?
>
> 내담자: 내 목소리는 울고 있는 것처럼 느껴져요.
>
> 치료자: 그것을 '내가 울고 있다'고 표현하여 그것에 대한 책임을 질 수 없을까요?

(1) 욕구와 감정 자각

게슈탈트 치료에서는 내담자가 자신의 욕구와 감정을 자각함으로써 형태가 형성되고 현실적인 접촉이 이루어진다고 보았다. 따라서 내담자가 자신의 욕구와 감정을 자각하고 그로 인한 미해결 과제를 전경으로 떠올려 해소할 수 있도록 돕는다.

(2) 신체자각

우리의 정신세계와 신체세계는 연결되어 있다. 따라서 내담자가 자신의 신체감각을 지각함으로써 자신의 감정이나 욕구, 무의식적인 생각에 대한 알아차림을 향상하도록 한다. 특히 정신상태의 혼란은 신체감각과 연결되는 경우가 많다. 예를 들어, 긴장상태로 인해 통증을 느낄 때는 신체감각을 자각하고 그 원인을 파악하는 접촉을 통해 통증을 해결할 수 있다.

(3) 환경자각

내담자로 하여금 환경이나 주위 사물에 대한 지각을 높이도록 함으로써 환경과의 상호작용을 늘린다. 그러나 개인 문제에만 집착하게 되면 주위 환경과 단절되는 경우가 많다. 따라서 환경을 일깨워 줌으로써 자신과 거리를 둔 상태에서 객관적으로 자신을 살펴보고 현실과의 접촉을 증진시키도록 한다.

(4) 언어자각

내담자가 사용하는 언어에 행동의 책임소재가 분명히 드러나지 않는다면 치료자는 내담자의 언어 형태를 자신이 책임을 지는 형태로 수정하도록 요구한다. 예를 들어, '그것' '우리' '사람'을 '나'로 바꾸며, '~해야 한다'는 '나는 ~을 원한다' 등으로 바꾸어 말하도록 한다. 그럼으로써 스스로 책임을 느끼게 한다. 또한 내담자의 추상적 언어를 구체적으로 표현할 수 있도록 유도하기도 한다.

이와 같은 작업은 내담자에게 문제는 과거가 아니라 현재 자신의 책임을 회피하려는 것에서 비롯되었음을 일깨워 준다. 더 나아가 스스로 결정하고 선택하며 그에 대한 책임을 자신이 느낄 수 있도록 하는 것이 목적이다.

(5) 현재화 기법

과거의 사건, 즉 현재까지 살아 있는 과거의 사건을 현재 진행 중인 것처럼 경험시킨다. 이것은 그 당시 내담자의 욕구와 감정을 경험하도록 하여 미해결된 과거를 해결하도록 돕는 것이다. 또한 미래에 대한 막연한 불안도 현재의 것으로 재연하여 느껴지는 감정을 표현하도록 한다. 그리고 더 나아가 단순히 상상과 설명을 하는 데 그치지 않고 직접 행동을 해 보도록 한다. 그럼으로써 자신이 알고 있던 자기 자신이나 문제에 대해 통찰하게 한다.

(6) 현실 검증

내담자가 생각하는 불안한 상상과 현재가 반드시 동일하지는 않다는 것을 확인하게 하는 것이다. 치료가 집단으로 이루어진다면 참여자들이 내담자에게 느끼는 감정을 직접 그들에게 말하도록 하거나, 참여자의 표정이나 말투를 내담자가 관찰한 후 그에 대한 감정을 말하도록 하기도 한다.

(7) 빈 의자 기법

게슈탈트 심리치료에서 가장 많이 쓰이는 방법 중 하나로, 현실화, 실연, 현실 검증의 개념이 모두 포함된다. 빈 의자는 치료에 참여하지 않은 중요한 인물과 상호작용이 필요할 때 그 존재를 앉히고 그와 대화를 하는 방법이다. 이때 상대는 다른 사람이 되기도 하고, 자기 자신이 되기도 한다.

(8) 자기 부분과의 대화

내담자의 인격 내면이 내사로 인하여 분열되는 경우, 그 부분을 찾아내어 그것들 간에 대화를 시킴으로써 분열된 부분을 통합하고 자기를 확장시키는 방법이다. 내적 대화를 외적 대화로 이끌어 내는 방법으로는 빈 의자 기법을 많이 활용한다. 상전과 하인, 공격성-수동성, 얌전함-방종함, 남성성-여성성 등의 심리적 부분 외에 상체와 하체, 왼손과 오른손 등 신체적 부분끼리의 대화도 진행된다.

(9) 직면

스스로의 욕구를 회피하여 미해결 과제들이 누적되지 않도록 그러한 욕구를 직면하고 해소하는 것으로, 현실 직면에 대한 막연한 상상으로 수반되는 공포감과 불안을 허구화시키는 방법이다. 회피한 욕구와 감정을 자각시키는 방법으로는 내담자의 말투와 표정을 주의 깊게 관찰하여 그들 간에 불일치하는 면을 지적하는 방식이 자주 사용된다. 그 밖에 회피의 투사된 형태로 나타나는 분노나 죄책감, 또는 회피의 수단인 웃음 등을 포착하여 이에 대해 치료자가 구체적인 언급을 하기도 한다. 때로는 직접적으로 질문하여 직면시키기도 한다.

(10) 과장하기

내담자는 자신의 감정을 느끼는 그대로 드러내는 것이 중요하다. 그러나 아직 정도와 깊이가 미약하여 내담자 자신이 감정을 명확하게 자각하지 못한다면, 치료자는 내담자의 행동이나 언어적 표현을 과장하여 표현함으로써 그들의 지각을 돕는다. 예를 들어, 과격한 행동을 하는 사람에게는 더욱더 과격하게 행동하도록 한다. 또는 수줍어서 말을 작게 하는 사람에게는 더욱더 말을 작게 하도록 하는 방법이다.

(11) 머물러 있기

내담자들은 자신이 감당하기 힘든 미해결된 감정을 직면하면 어떻게 해서든지 그 감정에서 벗어나려고 한다. 예를 들어, 자신에게 불편한 화제가 언급되면 화제를 다른 곳으로 돌리거나 다른 이야기를 계속함으로써 그 감정을 직면하고 싶어 하지 않는다. 그러나 이와 같은 행위는 동반되는 정신적 고통을 일시적으로는 견뎌 낼 수 있게 하지만 문제를 해결해주지는 않는다. 일반적으로 감정의 흐름은 연속적이므로 감정의 흐름을 인위적으로 차단하면 감정이 해소되거나 심화될 수 없다. 치료자는 이런 경향을 보이는 내담자에게 자신의 감정을 피하지 말고 계속 직면하면서 그 상태에 머물러 있기를 요구한다. 감정을 차단하지 않고 흐르는 대로 놔두어 자연스럽게 해소되도록 하고 새로운 감정으로 연결되도록 하는 것은 미해결 과제를 해결하는 지름길이다.

과제를 해결한 후 다음 형태를 형성하기까지는 공백이 필요하다. 이와 같은 공백 상태는 보다 나은 삶을 이끌기 위한 여유시간으로 필요한 과정이다. 명상법이나 자율훈련 등의 방법은 공백 상태에 집중할 수 있도록 돕는 좋은 예다.

(12) 알아차림의 연속

연속적으로 떠오르는 전경 하나하나를 놓치지 않고 모두 알아차리도록 한다. 이때 분석이나 비판 없이 있는 그대로를 알아차릴 수 있도록 훈련하는 것이 필요하다. 억압된 내용을 찾아내고 일정한 교착점 없이 무질서하게 생각을 떠올리는 자유연상법과는 달리, 여기서는 한 가지 현상에 집중하여 현상이 계속 이어지도록 노력한다. 알아차림의 연속방법은 행동, 욕구, 감정, 신체반응, 상황 모두를 통합하여 포괄적으로 알아차리도록 하는 훈련이다. 이것은 게슈탈트 이론의 기반으로 게슈탈트 심리치료에서 가장 중요하게 다루는 방법 중 하나다. 사람들은 모두 자기 안에 대조적인 성향을 가지고 있다. 따라서 이러한 양극성을 소외시키지 않고 각자 개발하여 서로 소통시키며 경계를 없애고 통합시키는 것이 필요하다.

(13) 꿈작업

게슈탈트에서도 꿈을 사용하지만, 방법은 정신분석과는 다르다. 펄스는 꿈에 나타난 인물이나 사물이 모두 내담자가 소요한 자기 부분이 투사되어 상징적으로 나타난 것이며, 내담자가 자신의 욕구나 감정을 외부로 드러낸 것으로 이해하였다. 그러므로 치료 중에 내담자가 꿈을 다시 이야기하고 경험하도록 한다. 즉, 꿈속의 각각의 이미지를 현재 관점으로 말하도록 하는 것이다. 예를 들어, 꿈속에 개나 나무가 나오면 내담자는 자신이 개나 나무가 된 것처럼 말한다. 내담자는 꿈에 등장한 일부분이 되어 그것을 연기함으로써 그것을 자신의 일부로 받아들인다.

(14) 실험

실험은 게슈탈트 치료의 핵심기법으로 많이 사용된다. 실험이란 치료자가 내담자에게 보다 폭넓은 가능성과 선택을 증진시키기 위해 문제를 명료화하는 것이다. 이를 통해 내담자의 지각은 증진된다. 치료적 작업을 원만히 하기 위해 치료자는 내담자에게 특정 장면을 연출하거나 실험해 보도록 제안한다. 징커(J. Zinker)는 "실험은 말을 행위로 바꾸어 주며, 진부한 추억과 이론화를 그의 모든 상상과 에너지, 그리고 흥분을 동원하여 온전히 여기에 존재하는 것으로 바꾸어 준다."라고 주장하였다(김정규 외 역, 2008).

치료자는 내담자로 하여금 투사의 주체가 자기 자신임을 지각하도록 하여 타인의 상태를 객관적으로 알아차리고 이에 공감하도록 한다. 이것은 투사치료의 기법이라기보다는 치료를 통해 내담자가 자신의 문제와 삶에 새로운 의미를 발견하도록 돕는 과정이라고 볼 수 있다.

| 제7장 |

집단치료

1. 집단치료의 태동

집단치료가 지금처럼 광범위하게 사용되기 시작한 것은 제2차 세계대전 이후부터다. 전쟁의 후유증으로 여러 곳에서 임상가들의 서비스를 요청했는데, 이에 부응하기 위한 궁여지책이었다. 따라서 그 당시 실시된 집단치료는 일대일 치료방법의 훈련을 받은 치료자들이 동시에 여러 내담자에게 그 기법을 적용한 것이었다. 사실 집단치료의 역사는 뿌리가 깊다. 정신분석의 창시자인 프로이트는 1922년 「집단심리학과 자아분석」이라는 논문을 통해 사람들은 지도자를 동일시하여 이상화하는 집단 환상에 의해 연결된다고 주장하였다. 그러나 프로이트 자신은 이 같은 자신의 이론을 임상현장에 접목하지 않았다. 당시 대부분의 치료자들은 집단치료가 개인치료에 비해서 열등한 대체물이며, 단지 경제적인 이득이라는 부분에서만 긍정적인 평가를 했다. 그러나 시간이 지나면서 사람들은 집단치료가 개인치료와는 다른 형태의 변화기제를 가지고 있다는 점을 발견했다. 즉, 치료적 개입 자체로서 독립된 가치를 가지고 있다고 인식하기 시작했던 것이다. 그리고 내담자가 호소하는 문제에 따라서는 개인치료보다 집단치료가 더 적합한 경우도 있다는 점도 인정하였다. 1946년부터 집단역동에 대한 연구가 본격적으로 시작되고 집단역학의 여러 이론이 성격역동이나 심리치료에 영향을 주면서 새로운 치료 개념이 형성되었다. 집단치료는 정서적 문제의 경감보다는 개인 및 관계의 유용한 기능 발휘 촉진을 목적으로 한다고 보기 시작한 것이다. 그리고 이것은 개인치료처럼 개인이나 일대일의 환자와 치료자 관계가 아니라 체계 고유의 특성을 지닌 집단과정이라는 것도 깨달았다. 처음 만난 참가자들이 집단회기 동안 다양한 변화를 불러일으키는 특성을 보이면서 작은 사회체계에서 친밀함을 이어 간다는 집단역동 연구는 당시 임상현장에 획기적인 변화를 불러일으켰다. 이 같은 연구는 훈련 집단인 T집단이나 게슈탈트, 행동주의 등의 다양한 치료접근에 활용되었으며, 현재의 다양한 집단치료로도 이어지고 있다.

초기의 집단치료는 임상영역과 임상영역 이외의 영역에서 각각 발전해 왔다. 보스턴의 내과 의사인 프랫(J. H. Pratt)이 중증의 결핵환자들을 대상으로 '결핵환자 학급'을 창설한 것이 최초의 집단치료로 알려져 있다. 그는 프로이트의 「집단심리학과 자아분석」이라는 논문을 읽고 집단과 개인 심리에는 공통적인 기제가 있다고 생각했다. 그는 결핵환자의 의지 및 의학적 상태를 결정할 때 의학적 요인과 더불어 심리학적 요인을 강조하였다. 또한 사람들은 집단에 귀속하고자 하는 본능이 있으므로 이를 활성화할 수 있도록 리더십을 발휘하는 것이 중요하다고 보았다. 그는 25명의 환자를 대상으로 자신의 생각을 검증하였다. 먼저, 환자들에게 자신의 경험, 체중의 증가, 생활태도 전반 등을 일기 형태로 기록하게 한 후 정기적인 모임을 가졌다. 그곳에서 환자들은 자신이 기록한 내용을 서로 이야기했다. 환자들이 자신의 성공경험을 보고하면 함께 참여한 사람들은 프랫의 지도에 따라 서로 격려해 주었고 이로써 집단의 응집력이 생기고 상호원조하는 변화가 일어났다. 그것은 결핵환자들이 공통적으로 가진 고립감이나 우울을 제거하는 데 큰 도움이 되었다.

그 후 환자 집단에 강의를 한 후 토론을 하도록 하는 방법을 사용한 라젤(L. W. Lazell), 1931년에는 격려와 훈계를 중심으로 집단을 운영한 마시(L. C. Marsh) 등도 있다. 이처럼 여러 정신과 의사나 병원은 각각의 독자적인 방법으로 집단치료에 대한 다양한 시도를 했으나, 이들의 노력은 대부분 강의나 숙제, 집단에 대한 조언과 같은 훈육의 수준이었다. 하지만 1930년대에 들어서면서 버로(T. Burrow)와 쉴더(P. Schilder)가 정신분석적 심리학적 개념을 집단치료의 실제에 적용했다(Yalom & Leszcz, 2005). 특히 버로는 학생 집단에 대해 정신분석적 방법을 사용하여 인간의 사회행동의 분석적 가치를 역설했고 집단분석(group analysis)을 통해 집단을 해석했다. 쉴더는 집단에 꿈분석이나 자유연상을 도입하고 해석하였다. 그는 "집단의 움직임에는 목적이 있었는데 처음에는 강력한 지도자를 요구했으며 그 후에는 분석을 원했다."라고 집단역동을 설명하였다. 이들은 앞에서도 언급한 것처럼 정신과 의사들이 집단치료를 개인치료의 빈약한 대체물로 간주하던 시절, 자신들의 임상영역에 집단치료를 적극적으로 도입했다는 공적을 보였다. 그러나 안타깝게도 이들의 실험은 후계자 없이 고립된 채 끝났다.

현대 집단심리치료를 확립하는 데 공헌한 사람으로는 샐브슨(S. Salvson)과 심리극(psychodrama)의 창시자 모레노(J. Moreno)를 들 수 있다(Yalom & Leszcz, 2005). 임상심리학자인 샐브슨은 모레노에 대립하는 형태로 정신분석이론에 기초한 활동 집단치료(activity group therapy)라는 방법을 제창하여 사춘기의 청소년에게 실시하였다. 그가 행한 활동 집단치료는 집단의 자유로움을 중시하며 참가자가 집단의 허용적 분위기에 힘입어 자기표현이나 극을 통한 연기를 한다는 점에서 모레노의 심리극과 유사하다. 그러나 기본적으로는 정신분석적 개념을 집단치료에 응용하였다. 즉, 치료과정은 집단 내 각 개인의 대인관계에서 드러난 전이현상을 재현한다고 생각하여 집단 내에서 누가 누구에게 전이를 드러내는가를 관찰하여 그것을 해석했다는 점에서는 모레노와 대립되었다. 그 후 샐브슨은 미국 집단심리치료협회(American Group Psychotherapy Association)를 조직했으며 교육과 저서를 통해 집단치료를 임상영역에 널리 알리면서 1930년대부터 1960년대에 걸쳐 이 분야의 대표주자가 되었다.

모레노

비엔나의 정신과 의사인 모레노는 비엔나에서 펼친 전위연극운동의 경험에서 아이디어를 얻어서 집단치료를 실시하였다. 그는 1921년 비엔나에 자발성 극장을 설립했으며, 그 후 이와 같은 새로운 시도를 실천하는 장소로 신대륙인 미국을 선택하여 이주하였다. 1925년 미국 정신의학회(American Psychiatric Association)에서는 심리치료의 방법으로 '집단심리치료' 라는 용어를 소개하였다. 그 후 그는 심리극을 확장하면서 문제를 해결하기 위해서는 자발적인 역할 연기의 재학습이 필요하다고 역설하였다. 이 같은 그의 주장은 집단치료 및 엔카운터 운동에 커다란 영향을 미쳤다. 현재는 심리극이라는 단순한 형태로 실천해 나가는 임상가도 있지만, 모레노의 가장 큰 업적은 다른 치료체계를 지향하는 치료자들도 모레노의 기법인 역할극이나 역할교환, 꿈연기 등을 자신들의 기법에 접목시켜 다양한 방법으로 사용할 수 있게 했다는 점이다. 그러나 모레노는 집단심리치료라는 용어를 최초로 사용할 만큼 집단치료에 강한 애착을 가졌지만, 심리극 등 그가 진행한 집단과정은 다수의 개인을 취급하기보다는 한 개인에 초점이 맞춰져 있었다.

미국에서 샐브슨과 모레노의 대립이 이어질 무렵 영국에서는 비온(W. R. Bion)이 전쟁신경증을 치료하면서 참가한 병사 집단에게 집단결정권을 맡기는 획기적인 시도를 하여 큰 성과를 얻었다. 프로이트는 사람들이 집단을 지도자와 동일시하려는 것으로 생각했으나, 비온은 지도자 부재의 집단 움직임에 주목하였다. 그 결과 집단은 개인의 집합을 넘어선 집단 그 자체의 무의식이 있으며 개개인의 구성원은 그와 같은 무의식에 영향을 받는다고 주장하였다. 그는 집단의 의식적인 상태를 작업집단, 무의식적인 상태를 기본가정집단이라고 부르면서 에너지가 이 둘 사이를 역동적으로 왔다 갔다 하는 것이 현실집단이라고 보았다. 이와 같은 개념은 후에 폴크스(S. H. Foulkes)로 이어졌다. 그는 집단 내의 여러 수준에서 교류가 일어나면서 집단 전체가 발달한다고 보았다. 그는 집단 지도자를 지휘자(conductor)라고 불렀다. 이것은 치료자가 단순히 집단에 대한 해석을 하는 데 그칠 것이 아니라 집단 전체의 균형을 유지하기 위해 집단의 언어적 또는 비언어적 교류를 촉진하는 작용을 해야 한다고 보았기 때문이다. 이러한 그의 생각은 집단심리치료에 대한 그동안의 여러 생각을 통합한 것으로, 현재 집단심리치료의 근간을 이루고 있다.

의사들을 중심으로 임상영역에서 기능회복을 목적으로 병적인 정서 부분에 개입하여 집단치료가 이루어진 것과는 달리, 또 다른 영역에서도 집단치료가 활발히 발전하였다. 바로 이미 잘 기능하는 사람들을 대상으로 감수성이나 상호작용 방법을 향상시키기 위한 교육적인 맥락에서 이루어졌던 것이다. 이러한 흐름은 집단역학에 대한 과학적 접근의 기초를 제시한 레빈(K. Lewin)과 그의 제자들에 의해 이루어졌다. 그들의 대인적 기능 발휘의 촉진방법으로 널리 알려진 것은 T집단이다. 여기서의 T는 인간관계훈련집단(human relations training group) 또는 대인적 감수성훈련집단(interpersonal sensitivity training group)의 '훈련(training)'에서 비롯된 것이다. T집단은 오늘날의 엔카운터 집단이나 성장 집단의 원류가 되었다.

레빈은 히틀러의 등장으로 미국으로 이주한 독일의 심리학자다. 그는 인간행동의 변화와 개선 노력에서 심리학적 원리를 끌어내려고 노력했으며, 이 같은 그의 학문적 관심은 인간복지와 심리과학을 동시에 발전시키는 데 공헌했다. 그는 1946년 코네티컷 주에 위치한 인종문제 위원회의 요청으로 집단 간의 긴장에 대처하는 리더십 훈련에 대한 자문을 받았다. 그는 같은 해 6월 그 지역의 지도자를 대상으로 한 워크숍을 개최했다. 이 훈련집단에는 교육자인 브래드포드(L. Bradford), 철학자인 벤(K. Benne), 사회심리학자인 리핏(R. Lippitt) 등이 참여했으며, 레빈은 제자들과 함께 그 과정의 성과에 대한 연구를 진행했다. 그는 안타깝게도 같은 해 사망하지만 브래드포드는 동료들과 함께 매사추세츠 공과대학 안에 레빈 기념 집단역학센터(Lewin's Center for Group Dynamics)를 세워서 연구를 계승하였다. 다음 해 여름에는 메인 주의 작은 학교를 빌려서 집단과정에 관한 다양한 지식과 인간관계에 관한 기술을 추구하는 전문가들을 대상으로 광범위한 프로그램을 실시했으며, 이 회의는 같은 곳에서 매년 열리게 되었다. 이러한 움직임은 1950년에 국립 훈련실험실(National Training Laboratory)을 설립하는 것으로 이어졌으며 여기서 계획된 T집단의 프로그램은 미 전역으로 확산되었다. 이처럼 집단치료는 대중적인 관심을 받으며 임상 이외의 영역에서는 활발하게 발달했지만, 정작 임상영역의 집단치료에는 그다지 큰 영향을 주지 못했다. 치료자들은 그것을 감수성훈련이나 정상인을 위한 집단치료로 여기면서 별 관심을 가지지 않았다. 새로운 흐름의 집단치료는 의사 이외의 비의료진이 지도자가 되어 이끌어 갔는데, 이들은 참여자와의 평등적 관점을 강조하면서 리더를 촉진자(facilitator)라는 단어로 불렀다. 레빈을 중심으로 한 이 같은 움직임이 임상영역에 끼친 공헌은 두 가지로 요약할 수 있다.

첫째, NTL 및 그 영향을 받은 심리학자들이 학문적 관심이 아닌 개인이나 기능적 관계 촉진과 같은 개인의 복지에 관심을 가지게 되었다는 점이다. 그들이 만나는 대상이 병적인 사람들은 아닐지라도 그들은 자신들의 역할을 보다 치료적인 것으로 인식하기 시작하였다.

둘째, 집단치료의 연구자들이 집단역동이나 T집단의 방법을 통해서 언은 개념을 집단치료에 접목하려고 노력했다는 점이다. 이 같은 그들의 노력은 휘태커(C. Whitaker), 리버만(J. Liberman), 얄롬(I. Yalom)과 같은 임상의들에게도 영향을 주어 이후 현대적 집단치료방법에서는 기존의 임상적 접근과 집단역학이 잘 융합되기 시작하였다.

그 밖에 로저스의 내담자 중심이론에 기반을 둔 집단치료를 시도한 홉스(N. Hobbs)도 있다(Yalom & Leszcz, 2005). 그는 심리치료의 목적이 성격의 재구조화에 있다고 보았기 때문에 치료관계라는 점을 생각할 때는 집단적 접근이 개인적 접근보다 취약하다고 보았다. 그러나 집단치료의 경우에는 구성원들끼리 의지하면서 문제에 대해 서로 이해한다는 점에서 강력한 경험이 될 수 있다고 주장하였다. 따라서 상호작용 과정에서 새로운 인간관계를 경험하면서 이전과는 다른 맥락에서 자신을 정의할 수 있는 집단치료는 유용한 점이 많다고 평가하였다. 지금은 이 같은 내담자 중심이론의 틀에서 이루어지는 집단치료가 활발하다. 초기 행동주의 학파의 학자들도 소집단 연구에는 열심이었으나 집단치료에는 관심이 적었다. 그러나 1960년대에 들어서 라자루스(A. Lazarus)가 공포증 환자를 대상으로 울피가 창안한 체계적 탈감법을 적용하여 치료효과를 보면서 행동치료에서 집단적 개입에 대한 관심은 높아졌다. 현재는 정신질환자나 어린 연령의 내담자에게는 행동주의 집단치료를 적용하는 경우가 많다.

2. 기본적 이론

1) 레빈의 장의 이론

집단 연구의 획기적인 성과는 레빈의 장의 이론(field theory)이다 (Korchin, 1976).

그는 행동(B), 개인(P), 환경(E)의 관계를 B=f(P.E.)로 설명하면서 개인의 태도나 행동을 변화시키기 위해서는 각 개인보다 각 개인으로 구성된 집단을 다루는 것이 유용하다는 사실을 실험적으로 증명하였다. 그의 이론에 따르면 집단에 속한 개인의 행동 변화과정은 다음과 같다.

첫째, 지금까지의 행동양식이 집단 속에서 좌절로 경험되면서 긴장이 일어난다. 이것은 변화에 대한 요구로 이어진다.

둘째, 행동양식의 변화가 개인 또는 다른 집단원에 의해 제시되고 촉진되며 피드백을 받는다.

셋째, 새로운 태도나 행동의 선택에 대한 필요성을 느끼면서 새로운 태도나 행동을 시도한다.

넷째, 새로운 태도나 행동이 보다 생산적이라는 것을 깨닫게 되면, 새로운 태도나 행동은 강화되며 내재화되어 새로운 행동목록으로 자리를 잡게 된다.

그리고 이러한 과정은 집단이 지속되는 한 계속 반복된다.

2) 심리극

모레노에 의해 고안된 드라마 형식의 집단치료방법이다. 그는 연극에서는 처음 연기할 때만 창조적이며 그 이후 반복적으로 연기하는 것은 의미가 없다고 보았다. 따라서 그의 극단에서는 같은 시나리오를 반복하여 상연하는 것이 아니라 무대가 시작하기 전에 그날 신문기사를 읽고 배우들이 그것을 즉흥적으로 상연하도록 했다. 이 같은 실험적인 연극 활동인 자발성 극장(theater of spontaneity)은 집단심리치료의 모태가 되었다. 심리극은 대본이 정해지지 않은 즉흥극이다. 여기서는 자신의 실제, 좌절당한 상황, 소망 등 자신이 직면하고 있는 문제들을 연기로 표현하는 과정을 통해 내재된 자신의 감정, 무의식적 충동 등을 깨닫게 되고 현재 문제와 관련된 환상이나 기억들을 찾아내게 된다. 놀이와 다른 점은 심리극은 개인의 갈등에 관한 정서적인 문제 해결을 위해 연기한다는 점이다. 심리극 참여자들에게는 적극적인 동기와 창의력을 갖고 자신의 문제를 기꺼이 행동화하고자 하는 자기 노출을 준비하는 것이 중요하다. 이는 외부에서 일어났던 여러 가지 상황이 마치 이 극 중에서 '지금 여기' 벌어지고 있는 것처럼 재현하기 위함이다. 심리극 속에 자신이 깨닫지 못한 심리적 내용들이 투사되므로 극 중 상황이 마치 '지금 여기'에서 일어나듯이 연기하는 것이 중요하다. 주인공은 현재 상황에 몰입할 때 자신을 분명하게 이해할 수 있으며 정서적 갈등이 명료해진다.

모레노는 부활절 고난 연극에서 성모 마리아의 역으로 인기를 얻은 아내가 집에서는 무대와 달리 야수처럼 화를 내서 곤란하다는 극단원 남편의 고민을 들었다. 그는 그 여주인공에게 지금까지와는 반대되는 역을 시켜야겠다고 판단해 기둥서방을 배신하고 그에게 살해당하는 매춘부 역을 맡겼다. "제가 그 역할을 해낼 수 있을까요?"라고 반문하던 그녀는 그 역할을 생동감 있게 해내어 관객들의 열광적인 지지를 얻었다. 동시에 가정에서 보인 문제행동도 줄었다. 이 같은 변화에 당사자인 여주인공도 놀랐다. 모레노는 지금까지 신문기사를 소재로 상연했던 것을 그만두고 그녀와 남편을 무대에 올려 두 사람의 가정을 드라마로 연기하도록 하였다. 그 결과 둘은 무대 위에서 자신의 문제를 해결했을 뿐 아니라 바람직한 부부관계로 되돌아갔다. 이를 통해 신문기사를 소재로 한 드라마보다 개인의 일상에서 일어나는 드라마가 훨씬 관객의 공감을 얻을 수 있으며 관객도 늘어난다는 것을 깨닫게 되었다. 이러한 과정을 거치면서 집단심리치료로서의 심리극이 탄생되었다.

(1) 심리극의 요소

치료적 심리극의 주요한 참가자는 극의 주인공, 감독 또는 치료자, 보조자아 및 관객으로 구성된다. 모레노가 제시한 이론적 개념은 이해하기 어렵고 종종 과장되기도 했으나 본질적인 개념은 단순하다. 극이란 현실과 공상의 중간에 위치하는 것으로 사람들은 여러 가지 연기를 함으로써 자신의 감정이나 다른 사람의 관점을 이해할 수 있어서 보다 넓은 시야로 자신이나 문제를 볼 수 있다. 그런 의미에서 연기하는 것은 자유연상에 해당하는 것이라고 말했다. 극을 연기하면서 어느 정도 익숙해지고 안정되면 숨겨진 감정이나 갈등, 왜곡된 지각이 모습을 드러내고 지금까지와는 다른 태도나 행동을 보인다. 심리극은 상황이나 대상 등에 따라 여러 가지 기법을 사용하는데 어떤 기법의 심리극이라도 다음의 5가지 구성요소를 가진다.

❖ 감독(director)

극 전체의 책임자로서 그가 설정한 장면을 참가자가 연기하는 형태로 극이 진행된다. 감독은 무대 밖에서 극을 이끌어 간다. 따라서 주연이 필요한 상황을 만들어 낼 수 있도록 무대에서 일어나는 사건을 이해해야 하며 감정에 휘말리지 않는 냉정함을 유지할 필요가 있다. 또한 참가자의 욕구나 자발성에 대응하여 장면을 변화시켜 가는 결단력이나 포용력이 요구된다. 감독은 조작적, 지시적, 보호자적이라고 말할 수 있다.

❖ 주인공(protagonist)

중심적인 역할을 연기하는 사람이다. 감독이 선택하는 경우도 있지만 일반적으로 스스로 지원한다. 감독과 이야기를 나누면서 드라마를 만들어 간다.

❖ 보조자아(auxiliarly ego)

관객 중에서 보조자아의 역할을 할 사람을 선발한다. 그러나 보조자아가 주인공에게 중요한 역할이 될 것이라고 판단된 경우에는 감독 이외의 다른 치료자가 연기하는 경우도 있다. 주인공 자아의 부족한 부분을 보완한다는 의미에서 보조자아라고 불린다. 보조자아는 처음에는 주인공이 대하기 쉬운 상대의 역할을 하지만, 점차 자발적으로 주인공과 대응하는 역할로 바뀌는 것이 중요하다.

❖ **관객**(audience)

심리극에서 참가자는 단순하게 관객의 자리에 머무르지 않고 연기자가 되어 드라마에 참가하는 경우도 있다. 심리극에서 관객은 수용하려는 자세가 필요하다. 이러한 수용은 관객이 주인공과 동일시되어 때로는 슬퍼하거나 기뻐하는 공통적인 경험을 하는 것에서부터 일어난다. 이것은 주인공에게 관객이라는 많은 참가자로부터 수용받는다는 경험을 가지게 한다.

❖ **무대**(stage)

모레노가 처음에 심리극을 했던 초기 무대는 3단계로 된 원형무대로 그 위에 발코니가 있었다. 무대가 반드시 필요한 것은 아니지만 관객석과 구별된 장소가 있으면 연기하기 쉽다고 알려져 있다. 무대 위에서 무엇을 연기할 것인지는 자유다. 단지, 감독의 보호를 받으며 관객에게 보여진다는 것이 보증되는 안전한 장소여야 한다.

(2) 심리극의 과정

심리극의 기본 원리는 즉흥적이며 자발적인 연기를 통해 감정표현을 자유롭게 촉진하는 것이다.

❖ **준비 작업**(warm-up)

심리극에 앞서 자발성을 극대화시키기 위해 춤, 레크레이션 등을 활용하여 심리극에 대한 부담감을 줄이고 자발성을 높여 주는 작업이다. 다시 말해, 극에 능동적으로 참여하여 누구나 주인공으로 설 마음의 준비를 하며 주인공이 극으로 표현하는 문제에 몰입할 수 있는 분위기를 조성하는 단계다.

❖ 공연(action)

주인공의 문제 상황이 '지금 여기' 일어나고 있는 것처럼 극으로 재현되는 단계다. 준비단계에서 결정된 주인공은 현재 처해 있는 문제와 갈등에 대해 간단히 이야기한다. 그리고 감독의 지시에 따라 연기로 표현될 수 있는 구체적인 사례로 재구성된다. 감독은 다양한 기법을 통해 주인공이 자신의 무의식 속에 잠재된 욕망, 갈등, 감정을 드러내어 되돌아 보도록 한다. 이런 과정을 거치면서 바람직한 대안적 행동을 찾아 문제를 해결해 나간다.

❖ 마무리(working through)

관객들과 함께 극에 참여하면서 가졌던 생각이나 감정을 나누는 시간을 가진다. 이때 관객은 주인공의 문제에 대한 지적인 분석보다는 자신이 경험했던 유사한 일들을 공개하면서 이 극에서 얻은 본인의 이야기를 한다. 이 단계에서는 주인공이 지금까지 감추고 있었던 비밀스러운 부분을 남들 앞에 드러냈다는 수치심이나 불안감을 수습하고 자신의 문제를 정리한다. 또한 극을 진행하면서 느꼈던 의문이나 오해를 푸는 기회도 가진다.

(3) 심리극의 기법

❖ 역할 교환

주인공을 연기하는 사람이 역할을 교환하여 상대방이 되어 보는 것이다. 이것을 통해 상대의 입장에서 자신을 바라보는 것이 가능하다. 장면이 잘 전개되지 않을 때 이 기법을 사용함으로써 새로운 국면을 맞이하는 경우도 많다.

❖ 이중자아

주인공은 참가자 가운데서 '또 하나의 자신'을 연기하는 보조자아를 선택하여 두 사람이 자신의 마음속을 서로 이야기한다. 이중자아는 감독의 의도를 직접 연기자에 전달하거나 주인공의 어떤 측면을 과장하거나 부정하면서 주인공의 자기이해를 돕는다. 또는 다수의 자아가 등장하여 각각의 여러 면을 표현하는 경우도 있다.

❖ 거울

다른 사람에게 주인공을 대신하여 그를 연기하도록 한다. 주인공은 거울에 비친 자신을 관찰함으로써 알아차림을 획득하는 것이 가능하다.

3) 집단치료의 여러 모델

일반적으로 보면 집단치료는 내담자 개인에게 초점을 두는 것과 집단과정에 초점을 두는 두 가지 형태로 나눌 수 있다. 전자는 사실상 개인치료를 적용한 것으로 그렇게 진행되는 집단치료는 본질적으로는 여러 개로 나뉘어 이루어지는 개인치료다. 후자는 집단 고유의 영향력이 있다는 것을 인식하고 그것을 치료과정에 활용하는 방법이다. 팔로프(M. B. Paloff)는 이것을 개인내적 접근, 교류적(또는 대인관계적) 접근, 통합적 접근으로 나눴다(Korchin, 1976 재인용).

(1) 개인내적 접근

정신분석적 방법을 사용하는 치료자는 자유연상을 촉진시키면서 개인사를 파헤치고 내담자와 치료자 간의 전이반응을 해석한다. 그러나 이러한 개인 중심의 집단치료는 내담자 중심적 또는 행동치료적 접근에도 존재한다. 예를 들어, 공포증이라는 공통의 문제를 가진 개인을 모아서 집단으로 체계적 둔감법을 행하는 행동치료자도 있다.

(2) 교류적 접근

교류적 접근을 하는 치료자는 이자 또는 하위집단 간의 대인관계에 관심을 가진다. 지향하는 상담접근 방법은 다르더라도 어떤 치료자들은 개인이 다른 사람과 관계하는 반응에서 그들만의 독특한 양식을 드러낸 자극원으로서 집단에 관심을 가졌다. 그들은 내담자와 치료자 또는 내담자끼리의 상호관계가 치료과정에 중요한 요소라고 보았던 것이다. 예를 들어, 그들은 개인의 행동을 변화시키는 요소로서 응집력을 강조하였다. 활동하고 있는 집단치료자의 대부분은 이 범주에 속한다.

(3) 통합적 접근

통합적 치료자는 집단과정 자체를 강조한다. 사회적 실체로서의 집단을 보면 복잡한 과정에서도 구성원 개개인의 기능 발휘 상태가 분명하게 드러난다. 집단은 하나의 단위로서 개인에게 일대일 관계에서 생기는 경험과는 강도나 질이 다른 경험을 제공한다. 개인의 문제는 집단의 문제를 효과적으로 해결한다고 해서 만족시킬 수 있는 것이 아니다. 통합적 치료자는 집단을 하나의 개체로 취급하면서 집단에 개인의 특성을 부여한다. 즉, 집단을 이른바 참여하는 거대한 개인(super person)으로 이해하는 것이다. 통합적 치료자의 중심적 관점은 영국 타비스틱 클리닉의 비온에 의해 발전되었다. 비온은 기본적 사고를 정신분석에 뿌리를 두면서 자신의 제자와 함께 이론을 구축하였다. 그들은 개인의 역동과 집단을 분리하여 분석하는 것을 거부하면서 양자는 본질적으로 동일시 과정이라고 보았다. 이 같은 비온의 생각은 그 후 집단 중심의 접근을 표방한 많은 치료자에게 영향을 주었다.

3. 집단치료의 치료적 의미

1) 집단치료자의 역할

개인심리치료자와 마찬가지로 집단치료자도 치료과정이 개인에게 영향을 미친다고 보았다. 그러나 개인치료에서는 치료자의 역할을 변화를 불러일으키는 유일한 직접적인 단위로 인식한 것과 달리 집단치료에서는 그들이 간접적인 기능을 한다. 또한, 집단에서는 치료요인을 기본적으로 치료자가 아닌 다른 구성원에게서 영향을 받는다. 그와 같은 치료요인으로 구성원 간의 수용과 지지, 희망, 보편적인 경험, 이타적 행동의 기회, 피드백이나 음미, 학습 기회 제공을 들고 있다. 치료자의 역할은 집단이 스스로 이러한 치료요인을 최대한 발휘할 수 있도록 분위기를 조성하여 높은 응집력을 가진 집단으로 발전하도록 돕는 것이다(Yalom & Leszcz, 2005).

집단 초기의 치료자 역할은 집단문화를 만들어 내어 발전시키고 유지하는 데 있다. 집단원들은 서로 첫 대면이므로 지도자가 치료의 기본 원칙을 알려 줄 것을 기대한다. 치료자는 집단원의 기대에 부응하면서 집단을 운영하기 위한 기본 원칙을 설명한다. 이렇게 제시된 원칙에 의해 집단의 문화나 규칙이 생기고 이에 따라 집단역동은 변화한다. 그러나 시간이 지남에 따라 구성원들은 결석을 하거나 하위체계를 만든다. 때로는 희생양을 만들면서 집단의 규칙에 대한 저항이 일어나기 시작한다. 따라서 치료자는 이에 대해 개입할 준비를 해야 한다.

치료자는 집단원들의 개념이나 스타일에 따라 지시적 또는 비지시적인 치료형태를 유지한다. [그림 7-1]의 (a)처럼 치료자가 만약 치료과정 동안 지속적으로 중심에 있다면 집단원들의 의사소통은 각 구성원과 치료자 사이에서 주고받게 된다. 치료자는 질문하고 구성원은 대답한다. 어떤 사

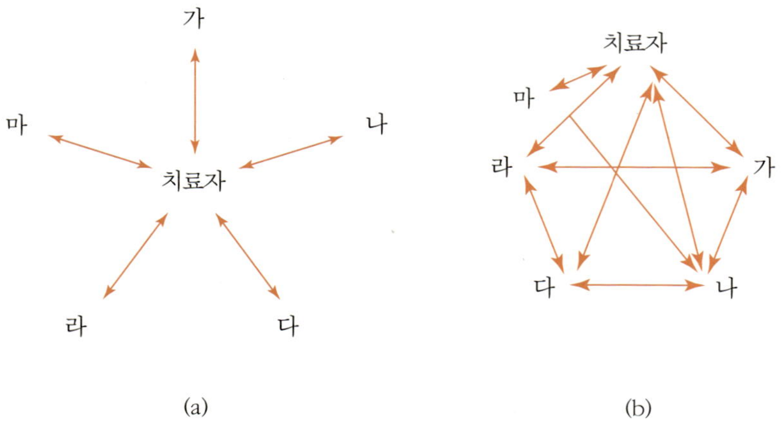

[그림 7-1] 집단치료에서 치료자의 역할

람의 관심사에 대한 의견을 다른 구성원에게 묻기도 하지만 각 구성원 간의 자유로운 상호작용은 억압되는 편이다. 치료자는 여러 가지에 대해 개인 또는 집단 전체에 조언하거나 설득하는 것을 주저하지 않는다.

이와는 달리, [그림 7-1]의 (b)처럼 평등하게 집단을 이끌어 나가는 치료자도 있다. 이들은 대부분의 치료과정을 참여한 구성원들 간의 집단토의에 사용한다. 그는 모든 구성원이 참여하여 자신의 관심사뿐만 아니라 다른 사람의 의견에 대해서도 발언하는 것을 허용하고 장려한다. 이들은 권위자로서 초심자를 가르치는 역할을 하는 것이 아니라 '관여하는 참여자(participant-observer)' 의 역할을 한다. 그러나 치료자는 집단과정을 어떤 방향으로 이끌어 간다거나 집단에서 일어난 것을 명료화할 책임을 가지고 있기 때문에 결코 한 명의 단순한 참가자는 될 수 없다.

개인치료에서는 내담자가 과거를 돌이켜 그 당시 느꼈던 감정이나 경험에 대해 이야기하는 것이 일반적이다. 이와는 달리, 집단치료에서는 치료자가 집단 내에서 내담자의 사회적 행동을 직접 관찰할 수 있다. 따라서 치료자가 특정한 개인의 행동이나 문제에 초점을 맞출 때도 집단 내에서 내담자가 보인 행동에 근거해서 피드백하는 것이 좋다. 그러나 이 같은 해석적 피드백은 치료자의 독점적 특권이 아니다. 치료자는 집단원의 행동이나 이유에 대해 자신이 가진 다양한 지식을 다른 구성원과 함께 공유하도록 애써야 한다. 또한 치료자는 구성원의 즐거움이나 아픔과 같은 정서를 함께 느낄 수 있을 만큼 자신의 감정에 정직할 필요가 있다.

2) 치료자의 전문적 기술

(1) 적극적 경청(active listening)

치료자가 내담자의 이야기를 주의 깊게 들음으로써 내담자가 중요하게 여기는 사람은 누구이며 그가 원하는 것이 무엇인지를 알아내는 기술이다. 일반적으로 초보 집단치료자는 내담자의 내용(content)에만 초점을 맞추어 표현방법, 몸짓 등과 같은 과정(process)은 충분히 고려하지 못하는 경향이 있다. 적극적 경청이란 판단이나 평가를 하지 않고 내담자가 표현하는 언어적 또는 비언어적 수준 모두에 민감한 것을 의미한다. 적극적 경청의 연장으로 어떤 메시지가 혼란되거나 명확하지 않을 때에는 명료화(clarifying)를 사용할 수 있다. 이를 통해 내담자들은 자신의 감정을 분명히 하여 자신이 무엇을 하는지를 알 수 있다.

(2) 재진술(re-statement)

언어는 내담자가 자신의 준거 틀을 전달하기 위해 사용하는 일차적인 수단이므로 내담자를 이해하는 데 중요한 부분이다. 내담자가 말한 것을 재진술하는 것은 내담자에 대한 존중을 표현하기 위한 방법 중의 하나이며 듣기의 연장이다. 대부분의 경우에는 다른 언어로 다시 말하면 말한 사람이나 집단의 의미에 대해 보다 명확해진다. 치료자가 내담자 메시지의 핵심을 반영하여 되돌려 줄 때 내담자는 어떤 사건에 대한 자신들의 감정이나 생각을 보다 명확히 알 수 있다.

(3) 요약(summarizing)

치료자가 내담자의 생각, 행동, 느낌에 대해 듣고 있는 그대로 내담자에게 되돌려 진술하는 것이다. 요약은 치료자가 내담자의 이야기를 주의 깊게 경청하고 있었다는 것을 재확인시켜 주며 치료자 또한 요약을 통해 자신이 내담자의 말을 정확하게 듣고 있었다는 것을 인식할 수 있다. 특히 어떤 주제에서 다른 주제로 넘어가거나 회기를 끝낼 때 유용하게 사용할 수 있다. 치료자는 요약을 통해 회기의 방향을 제시하거나 의미를 제공할 수 있으므로 내담자들은 집단 내에서 무슨 일이 일어났는지 알 수 있다.

(4) 질문(questioning)

질문의 형태로는 개방형과 '예' '아니요'의 단답형으로 대답하게 하는 폐쇄형이 있다. 개방형 질문은 내담자의 인지영역을 확대시켜 주기 때문에 심리치료 영역에서는 개방형 질문이 선호된다. 이것은 사실에 근거한 답만을 요구하는 것이 아니라 내담자의 태도나 사고, 감정을 말하도록 하므로 내담자의 준거 틀이 많이 반영된다는 이점을 가지고 있다. 이에 반해 '왜(why)'나 폐쇄형 질문은 바람직하지 않다고 알려져 있다. 그러나 정해진 시간 내에서 진행되는 치료 장면에서는 폐쇄형 질문과 개방형 질문이 적절하게 사용되는 것이 바람직하다. 치료자는 치료의 핵심적인 부분에 대해 개방적으로 물을 수 있는 임상적 직관이 필요하다.

(5) 해석(interpreting)과 직면(confronting)

해석과 직면은 내담자의 사고, 감정, 행동을 위한 탐험을 하거나 그들이 자신의 타당성을 평가할 수 있는 기회를 제공하는 수단이다. 해석은 내담자가 새로운 측면을 보도록 돕는 것인데 고도의 기술을 필요로 하므로 이를 활용하는 치료자는 이에 대한 충분한 지식을 가지고 있어야 한다. 해석이 지나치게 빠른 시기에 이루어지거나 독단적으로 이루어지면 내담자는 치료자에게 의존적이 되기 쉬우므로 적절한 시기(timing)가 중요한 요인이다.

직면은 내담자가 자신과 정직하게 만날 수 있도록 도전하는 강력한 방법이지만 초보치료자는 내담자의 반응에 대한 두려움 때문에 직면을 회피하는 경향이 있다. 사실 미숙한 직면은 집단 상호작용을 차단하거나, 어떤 구성원에게 상처를 주거나, 보복의 표적이 될 위험이 높기 때문에 조심해서 사용해야 한다. 그러나 내담자가 직면의 기술을 잘 사용하면 자신을 새롭게 이해하는 계기가 된다.

(6) 공감(empathy)

공감과 동정을 구별해야 한다. 동정은 치료자가 내담자와 동일하게 느끼고 염려하는 것을 말한다. 즉, 치료자가 내담자와 동일시하여 내담자의 세계에 빠져버리는 것을 의미한다. 반면, 공감은 치료자가 내담자와 분리된 존재라는 것에 대한 내적 이해를 상실하지 않은 채 내담자의 준거 틀을 탐색 · 감지하고자 하는 것을 의미한다. 공감은 '통제된 감정적 관여'라고도 하는데 내담자의 이야기를 듣고 감동하여 마음이 움직여지는 상태다. 따라서 치료자가 내담자와 의사소통하는 것을 인지적으로 이해하는 것에 그치는 것이 아니라 내담자의 이야기를 감정과 사고, 즉 전체로 이해하는 것을 의미한다. 이처럼 치료자는 참여한 내담자의 주관적인 세계를 예민하게 파악할 수 있어야 한다.

(7) 자기개방(disclosing oneself)

자기개방이란 치료자가 내담자에게 자신의 개인적인 관찰, 경험이나 생각을 이야기하는 것이다. 이와 같은 치료자의 개인적인 정보는 구성원과 친밀해지고 자신을 알리는 기회를 제공한다. 그러나 지나치게 빠른 시기에 사용하거나 자주 사용하면 오히려 구성원에게 부담을 줄 수도 있다. 따라서 무엇을 드러내고 자기개방을 언제 얼마나 할 것인가에 대한 치료자 자신의 생각을 정리할 필요가 있다. 이것 역시 적시성(timeliness)이 중요하다.

(8) 연결(linking)과 차단(blocking)

연결과 차단은 개인치료와는 달리 집단치료가 가지는 특징적인 기술이다. 연결은 치료자가 집단 안에서 주제를 찾아 다른 주제와 연결시키는 작업이다. 이를 통해 내담자는 자신이 언급한 문제에 대해 구성원들 간에 비슷한 관심을 공유하고 있다는 것을 인식한다. 연결을 통해 집단의 상호작용을 촉진하고 집단응집력의 수준을 높이며 구성원들의 소속감도 높일 수 있다.

차단은 치료자가 집단 안에서의 어떤 행동을 중단시키는 것이다. 치료자는 희생양, 집단 압력에 대한 고려를 해 가며 한 개인에 대한 공격 없이 중단시킬 수 있는 능력이 필요하다. 따라서 이것은 민감성이 요구되는 기술이다. 차단을 할 때는 사람 전체가 아니라 구체적 행동에 초점을 맞추는 것이 바람직하다.

그 밖에도 집단 구성원과 의사소통했던 중요한 부분을 감정반영(reflecting feelings)하거나 내담자에게 용기를 주는 지지의 기술도 필요하다. 또한 초기단계에서는 무엇을 어떻게 수행할 것인지에 대한 목표를 설정하고 그 목표에 도달할 수 있도록 촉진하거나 그것을 평가하도록 돕는 것도 중요하다.

3) 치료과정의 발전단계

얄롬은 집단치료가 어떤 과정을 거쳐서 발전하는지에 대해 다음과 같이 설명하였다(Yalom & Leszcz, 2005).

(1) 최초 단계: 오리엔테이션, 참가에 대한 두려움, 의미의 탐색

새로 만든 집단의 구성원은 자신이 집단에 참가하는 목적을 명확히 하는 것과 집단 안에서 자신이 안정을 취할 수 있는 장소를 찾는 것 두 가지 과제를 가지고 있다. 이러한 과제는 사회적으로 잘 적응하지 못하는 내담자에게는 어려운 것이어서 다양한 방법으로 자신들의 불편함을 표현한다. 따라서 준비가 없이 들어온 구성원은 치료의 합리성을 추구하기 위해 질문을 혼란스럽게 반복할 수도 있으며, 어떤 구성원은 자신이 무시당한다는 피해의식을 가질 수도 있다. 때로는 침묵으로 다른 구성원을 경멸하거나 방어적인 태도로 집단을 거부할지도 모른다.

그러나 구성원들은 집단의 초기과정에는 무엇보다 치료자로부터의 인정이나 수용을 기대하면서 행동한다. 이 단계에서는 많은 부분을 치료자에게 의존하며, 구성원 각각은 다른 구성원보다 자신의 문제가 더 어렵고 특별하다고 생각하기 쉽다. 이런 과정을 거치면서 서서히 현재 경험하는 어려움은 자신뿐 아니라 다른 구성원도 가진 것이라는 것을 깨닫게 되고 서로에게 관심을 가지며 교류하기 시작한다.

(2) 2단계: 갈등, 지배, 반항

초기과정에는 집단에 소속되느냐의 여부에 관심을 가진다. 그러나 자신이 집단에 소속되었다고 느끼면 차츰 집단 내에서의 상하관계에 대해 인식하기 시작한다. 따라서 이 시기에는 자신이 조금이라도 우세한 지위를 차지하려고 구성원들은 서로에게 다양한 방법으로 조언하거나 충고한다.

또한 치료자에 대해 적의를 드러내는 것도 이 시기에 피할 수 없는 현상이다. 일반적으로 집단치료자는 기존의 권위적인 역할을 자제하고 구성원의 자발적인 성장을 중시하는 경향이 있지만, 그래도 회기가 거듭되면서 구성원은 불만을 표현한다. 이때 치료자는 그들의 공격이 치료자 개인에 대한 것인지 아니면 치료자의 역할에 대한 것인지를 구별하지 않으면 안 된다. 이 같은 구별은 치료자가 중립적인 태도를 유지하는 데 도움이 된다. 궁극적으로는 치료자에게 반항하는 자유로운 분위기가 때로는 다음 단계로 진행하기 위해 필요한 부분이기도 하다.

(3) 3단계: 응집력의 발전

이 시기가 되면 집단 응집력(group cohesiveness)이 생겨서 '우리'라는 의식을 가지고 서로 돕는다. 구성원의 관심은 친밀한 감정을 어떻게 유지하느냐에 있으므로 친밀함을 방해한다고 판단되는 언동은 스스로 억제한다. 이를 증명하듯이 집단이 10~20회기 정도 이어지면 치료에서 이탈하는 비율은 현저히 낮아진다. 반면 이 시기에 새로운 구성원을 합류시킬 경우에는 이들에 대한 기존 구성원의 반응이 양가적일 수 있으므로 치료자의 세심한 배려가 필요하다.

회기가 3, 4개월 지속되어 집단이 안정되면서 치료효과가 드러나더라도 여러 가지 문제가 대두된다. 치료집단이 안정된 단계에 들어서면 구성원끼리의 갈등이나 치료자에 대한 적의 때문에 종종 하위집단에서 분열이 일어나기도 한다. 자신의 해결되지 않은 문제의 투사 또는 치료자를 둘러싼 경쟁의식으로 인한 치료집단 내의 갈등도 피할 수 없는 문제다. 마지막으로 목표를 달성했거나 반대로 치료적 성과를 낼 수 없어서 등의 이유로 어떤 시기에 이르면 치료집단을 종결해야 한다. 이 과정에서는 치료자의 배려도 필요하다.

4) 치료적 요소

(1) 경험학습

일반적으로 한 개인은 타인과 상호교류하면서 여러 가지를 배우는데, 집단은 이 같은 학습의 장을 제공한다. 개인이 살아가는 데 필요한 지식을 습득시키는 것이 주된 목적인 학교교육의 학습목표와는 다르다. 집단치료의 학습목표는 개인의 인격변용 또는 행동 개선에 대한 학습을 추구하는 데 있다. 블룸버그(A. Blumberg)에 따르면 치료집단 내에서의 경험학습의 특징은 다음과 같다(Korchin, 1976 재인용).

첫째, '지금 여기' 의 경험으로 교사 등에 의해 설득된 학습이 아니라 개인의 자발적이며 직접적인 경험에 의한 학습이다.

둘째, 지식이나 기능에 중점을 둔 교육적 학습과는 달리 치료집단에서는 감정표현에 가치를 두며 그것을 촉진한다.

셋째, 자신의 감정이나 사고를 자유롭게 타인에게 드러내는 자기개방을 하도록 촉진한다. 이를 통해 자신의 감정이나 판단이 구성원에게 어떻게 받아들여지는지에 대한 피드백을 받음으로써 통찰을 얻게 된다. 이것은 인격변용이나 행동 개선으로 이어진다.

넷째, 무엇을 어떻게 학습할 것인가는 개인의 선택에 달려 있다. 어떤 사람에게는 따뜻하다고 느껴지는 것이 다른 사람에게는 공포가 될지도 모르기 때문에 치료집단 내에서의 학습내용은 본인의 선택에 달려 있다.

(2) 보편성

자신만 독특한 감정이나 어려운 상황에 빠져 있다고 생각하는 내담자는 집단경험을 통해 자신이 겪고 있는 어려움이나 감정이 보편적이라는 것을 깨달으면서 안심한다. 이 같은 안심감은 내담자로 하여금 자신도 구성원과 나눌 수 있는 무엇인가가 있다는 자신감을 불러일으켜서 점차 집단 내에서 마음을 열고 서로 돕도록 만든다.

(3) 응집력

집단치료에서 중요한 것은 외적인 힘에 의해서가 아니라 자신이 경험한 내적 강화에 의해 새로운 것을 배우게 된다는 것이다. 이때 중요한 것은 개인이 있는 그대로의 자신이 수용되고 있다는 자각을 가질 수 있어야 한다는 것이다. 집단에서 자신이 신뢰받고 있다는 안심감은 내적 긴장을 감소시켜서 자신을 자유롭게 표현하는 순기능의 순환관계를 만들어 낸다. 이 같은 순환관계는 한 개인의 내적 과정에서만 일어나는 것이 아니라 구성원 사이에서도 일어난다. 이 같은 개인학습은 상호학습을 촉진하며, 상호학습은 또한 개인학습의 영향을 받아서 확대되고 심화된다. 이러한 관계 속에서 내담자들은 집단에 대한 매력을 느끼면서 구성원으로 집단에 남기 위한 여러 가지 활동을 한다. 이를 통해 개인의 이기적인 태도는 이타주의의 태도로 바뀌어 '우리'라는 의식이 발전한다. 회기가 계속되면 될수록 치료자와 내담자, 내담자끼리의 친밀관계가 형성되며 집단에 대한 소속감도 강화된다.

(4) 감정의 정화

치료과정을 통해 다른 구성원이 곤란한 문제를 어떻게 해결하고 극복하는지를 경험하는 것은 내담자에게 도움이 된다. 이 같은 경험을 통해 내담자는 자신의 감정을 어떻게 표현하면 좋은지를 배우게 된다. 더 나아가 그동안 자신을 힘들게 한 것을 마음속에 묻어 두지 않고 드러내서 털어 버리는 것도 가능하다. 또 다른 구성원을 향해 자신의 감정을 소극적 또는 적극적으로 표현할 수도 있으며, 과거에 부모나 형제, 다른 가족과의 관계에서 일어난 심리장애를 집단과정에서 드러내어 새로운 경험으로 이끌어 가는 것도 가능하다.

제 2 부

가족치료

| 제8장 |

가족치료의 이해

1. 가족치료의 필요성

1950년 이전의 심리치료자들도 가족의 중요성에 대해 인식하고 있기는 했지만, 그들은 어디까지나 가족을 개인의 정신내적 갈등을 더욱 잘 해소하는 변인으로 이해하였다. 1950년 이후 인간 문제를 이해하려는 다른 움직임이 일어났다. 그 전까지의 심리치료가 대부분 문제행동을 보이는 한 개인의 문제에 국한하여 생각하던 것과는 달리, 문제행동을 보이는 개인은 자신이 속한 체계 자체의 결함을 표현하고 있다는 견해를 강조한 것이다. 이처럼 가족치료는 체계이론이라는 새로운 이론의 틀을 가지고 지금까지 치료대상을 개인으로 인식한 것과는 달리, 가족을 치료 단위로 하는 심리치료다. 가족치료에서는 증상이나 문제행동은 가족 한 개인에게 원인이 있는 것이 아니라 가족체계의 병리를 반영한 것이라고 인식한다. 가족 자체가 병들고 가족체계가 잘 기능하지 못하면 그 영향을 받은 가족 구성원 중에 한 사람이 증상을 드러냄으로써 가족병리를 표현한다. 따라서 가족치료에서는 내담자를 가족들이 환자라고 지목했다는 의미에서 IP(identified patient)라고 부른다. 따라서 치료대상은 개인이 아니라 가족이며, 치료자는 가족체계에 변화를 끌어내려고 적극적 · 능동적으로 개입해 간다.

많은 심리치료자들은 자신에게 찾아온 사람들의 행동이 대부분 단순한 일상의 문제이며 병리적이지 않다는 것을 알게 되었다. 또한 가족은 감정적으로 뒤엉켜 있으므로 환자의 가족 문제를 생각할 때 누가 옳고 그르다는 논의는 무의미한 일이라는 사실 또한 경험적으로 알고 있었다. 치료자들은 문제행동이란 어려움을 겪고 있는 개인이 몸담고 있는 환경이 무엇인가에 의해 침범을 당하면서 흔들리기 때문에 발생하는 것이라고 어렴풋이 느끼고 있었다. 치료자들은 이러한 사실에 대한 인식을 새롭게 하면서 개인을 강조하는 기존의 관점에서 개인을 둘러싼 맥락을 강조하는 관점으로 전환하게 됐던 것이다. 즉, 개인의 행동은 환경의 역동성을 반영

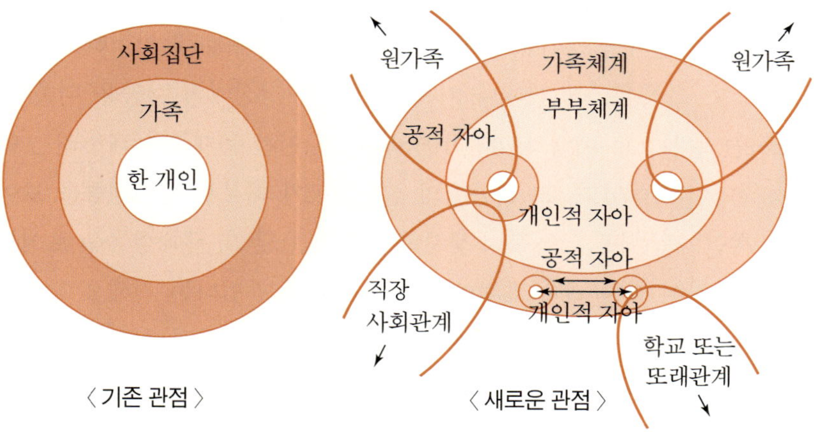

[그림 8-1] 가족에 대한 기존 관점과 새로운 관점

하는 것이라고 가정하였다. 개인과 가족의 관계를 보는 관점은 [그림 8-1]과 같이 변화하였다. 기존의 개인심리치료에서는 가족이 어떤 문제에 어떻게 영향을 주고 있는가라는 점을 파악하려고 했던 것에 비해 가족치료에서는 한 개인을 둘러싼 전체로서의 가족이라는 맥락 속에서 개인과 가족 간에 존재하는 상호작용의 패턴에 관심을 가진다. 다시 말하면, 문제행동의 영향으로 또 다른 문제행동을 초래하게 되는 악순환의 연쇄고리를 끊고 가족 자체가 가진 회복력에 의해서 가족과 개인의 기능을 회복시키기 위해 관계에 초점을 두었다.

2. 가족치료의 역사

애커먼

이전에도 몇몇 치료자에 의해 임상현장에서 가족치료적 접근이 시도되었으나, 일반적으로 가족치료의 선구자로 애커먼(N. Ackerman)을 들고 있다. 초기의 가족치료자 중에는 정신분석훈련을 받은 치료자들이 많았는데, 그는 그들 중 단연 돋보였다. 애커먼은 1957년 뉴욕가족연구소(Family Institute in New York City)를 설립하고 가족 진단과 치료를 하였다. 1958년에는 가족치료의 이론과 실제를 접목한 최초의 서적으로 일컬어지는 『가족생활의 정신역동(*The Psychodynamics of Family Life*)』이라는 책을 출판하였다. 그는 이 책에서 가족 단위의 접근이 정동장애치료에 이점이 있다는 사실을 강조했으며, 이것을 계기로 정신분석에서 가족치료로 전환하였다. 1966년의 두 번째 저서 『문제가족 치료하기(*Treating the Troubled Family*)』에서 애커먼은 '하나의 유기체적 전체로서의 가족(family as a whole)'에 대한 치료를 언급하였다. 이 책은 가족치료에 필요한 여러 문제를 포괄적으로 언급한 중요한 저서다. 1971년 그가 세상을 떠난 후 뉴욕가족연구소는 애커먼 연구소로 이름을 바꾸었으며 현재도 가족치료 훈련기관으로서 주도적인 역할을 하고 있다.

1950년대 정신분열증 가족에 대한 연구가 진행되면서 가족치료는 본격적으로 발달하기 시작했는데, 이것은 미국의 동부와 서부를 중심으로 각각 발달하였다. 서부의 발달은 1952년 베이슨(G. Bateson)이 헤일리(J. Haley), 위클랜드(J. Weakland) 등과 함께 정신분열증 환자 가족의 의사소통 연구를 하면서 시작되었다. 이중구속설과 같은 이들의 연구업적은 가족치료자가 가족을 이해하는 데 도움을 주었다. 그 후 정신건강연구소(Mental Research Institute: MRI)에서 자신들의 의사소통이론을 임상에 적용하기 시작하면서 그곳을 중심으로 가족치료는 빠르게 발달하였다. 서부의 가족치료 발달이 연구에서 시작되어 임상적 적용으로 이어졌다면, 동부에서는 주로 정신과 의사들이 자신들의 임상적 결과를 통해 이론을 정립해 갔다. 1949년 정신분열증 50가족을 대상으로 연구한 결과를 발표한 리츠(T. Lidz)를 비롯하여 많은 정신과 의사들이 정신분열증 환자 가족에 대한 이론을 언급하였다. 이들 중 대표적인 치료자는 보웬(M. Bowen)으로 그는 정신분열증의 발병과정이 3세대에 걸쳐서 일어난다고 주장하였다. 또한 정신분열증 환자의 부모 사이에는 정서적인 거리 또는 정서적인 이혼상태가 존재한다는 사실에 주목하였다. 따라서 그는 정신질환은 오랜 기간에 걸쳐 고립된 부-모-환자의 삼자관계를 동반하며, 모자의 공생적인 애착 붕괴와 관련되어 있다고 주장하였다. 그는 가족치료를 통해 이러한 가족을 도울 수 있다고 시사하면서 개인치료보다는 가족치료가 효과적인 방법이라고 주장하였다. 1955년 보웬이 자신의 논문에서 처음 '가족치료'라는 단어를 사용하면서 이것이 공식용어로 정착하였다.

보 웬

1960년대부터 1980년대까지는 체계론적 이론을 기반으로 독특한 개입방법을 접목시킨 다양한 접근이 등장하면서 가족치료는 전성기를 누렸다. 베이슨 연구팀의 일원이었던 헤일리는 가족의 상호작용을 지금까지의 의사소통 수준에 가족 간의 권력투쟁(power struggle)이라는 부분을 덧붙여 이해하려고 했다. 그는 가족 내 위계질서의 중요성을 강조하여 많은 가족의 문제가 이러한 위계의 혼란이나 위계가 잘 기능하지 못하는 데 기인한다고 보았다. 그는 가족이 치료를 이끌어 나가는 것이 아니라, 치료자가 치료 장면을 이끌어 가야 한다고 강조하면서 전략적 가족치료를 주장하였다.

보웬은 1960년대에 들어서면서 자신의 경험을 토대로 사람들의 위기는 원가족에 존재하는 미해결의 문제와 관련되어 있다는 사실을 알게 되었다. 그는 자신의 경험을 토대로 삼각관계화(triangulation)의 개념을 정리하였다. 1970년대에는 자신의 이론을 가다듬어 분화되지 않은 자아집합체를 핵가족의 정서체계로 명명하였다. 또한 지금까지 정신분열증 환자의 가족을 치료대상으로 했던 것에서 벗어나 가족 중에 정신질환자가 없는 가족까지 보다 넓은 범위의 가족문제에 자신의 치료기법을 적용하였다. 워싱턴에는 보웬에 의해 조지타운 가족센터가 설립되어 보웬 학파의 가족체계이론을 보급하는 역할을 하고 있다.

사티어

사티어(V. Satir)는 가족들의 감정에 대한 의사소통에 관심을 가졌는데, 1967년에 『합동가족치료(*Conjoint Family Therapy*)』라는 저서를 통해 당시 많은 치료자에게 영향을 주었다. 치료의 주된 관심사로는 가족 구성원 각자의 자존감, 가족 의사소통의 질과 양상, 가족의 행동과 정서적 표현을 규정하는 규칙, 가족 구성원이 사회와 연결되어 있는 방식 등이 있다. 그녀는 자신이 경험한 임상현장의 다양한 이론을 통합하여 하나의 이론으로 정리함으로써 독자적인 사티어이론을 만들어 내었다.

이 시대에 등장한 또 하나의 주요한 인물은 미누친(S. Minuchin)이다.

미누친

그는 정신분석의 훈련을 받은 아르헨티나 출신의 정신과 의사로, 뉴욕시의 월트윅 학교에서 비행 소년을 치료하면서 가족치료에 관심을 가지게 되었다. 그는 자신의 치료대상인 도시 빈민가의 자녀와 가족에게는 현재 사용되고 있는 치료를 적용하는 데 한계가 있다는 것을 깨달았다. 그는 동료와 함께 이와 같은 가족을 치료하는 기법을 발전시켰다. 그의 혁신적 방법은 1967년에 『빈민가의 가족(*Family of the Slums*)』에서 저술되면서 구조적 가족치료를 발전시켰다. 이 접근은 가족의 부분 또는 하위체계가 어떻게 존재하는가에 관심을 두었는데, 초기 가족치료 분야에서 위대한 업적으로 평가되고 있다.

1980년대는 당시까지 미국을 중심으로 발전한 가족치료가 영국과 캐나다, 노르웨이 등 여러 나라에서 활용되었다. 특히 이탈리아 밀라노에서는 팔라졸리(M. S. Palazzoli) 등에 의해 시도된 밀란 접근은 가족치료에 기여한 바가 크다. 밀란 접근은 어떤 두 사람 간에 무슨 일이 일어났는가를 당사자 이외의 다른 제삼자에게 묻는 순환적 질문법, 면담에 앞서 가족기능에 대한 가설을 세우고 그 가설을 음미하기 위한 가설설정, 더 나아가 체계적인 측면에서 가족을 보는 방법 등 보다 새로운 기법을 발전시켰다.

1990년대에는 여러 학파의 구분이나 이론 간의 경계가 무너지고 다양한 접근이 시도되는 점진적이면서도 극적인 변화를 맞게 되었다. 가족치료자의 인식 변화에 보다 직접적인 원인이 된 것은 후기 구조주의의 영향이었다. 즉, 과학적 · 정치적 · 종교적 진실의 타당성에 대한 신뢰가 흔들리게 되었을 뿐 아니라, 절대적 진실을 알아낼 수 있다는 것에 대한 회의를 가지게 되었다는 시대적인 변화와 맞물려 있다. 이러한 회의론을 통해 종교, 예술뿐 아니라 심리학에서 인정되던 원리들이 탈구조화하게 되었으며 가족치료도 많은 비판을 받게 되었다. 비난의 쟁점은 치료자가 치료대상인 가족의 사회계층이나 인종의 차이는 고려하지 않은 채 가족에 관한 자신들의 견해를 지나치게 강조한다는 점이었다. 이와 같은 비판은 1990년대에 들어서서 가족치료의 분야에서 문화나 계층이 다른 내담자나 가족에 대하여 논의하고 문화적 다양성에 대해 고려하는 계기가 되었으며 문제행동을 다차원적으로 보게 만들었다(Anderson & Goolishian, 1992). 이것은 후기 구조주의에 기반을 둔 사회구성주의 접근이었다. 이들의 대표적인 접근으로는 해결중심모델과 이야기치료를 들 수 있다. 해결중심모델은 밀워키의 단기가족치료센터에서 드 세이저(S. de Shazer)와 김인수(Insoo Kim Berg) 부부를 중심으로 발전하였다. 그들은 문제보다 해결에 초점을 맞췄기 때문에 어떻게 문제가 일어났는가보다는 내담자가 원하는 것이 무엇이며 내담자에게 적용할 수 있는 해결방법은 무엇인지를 이해하는 데 초점을 두었다.

드 세이저와 김인수 부부

또한 화이트(M. White) 등을 중심으로 발전한 이야기치료는 내담자와 문제를 분리시키는 과정을 통하여 내담자가 사회적 담론에 의해 강요된 이야기가 아닌 대안적 이야기를 찾아내고 이야기를 다시 만들도록 도왔다. 이처럼 다양한 학자들의 노력에 힘입어 현재 가족치료는 정신과적 치료기법에서 확고한 지위를 갖게 되었다. 즉, 인간 문제에 체계적으로 접근하는 것이 가치가 있다는 사실을 인정받게 된 것이다. 더 나아가 치료에서 객관적인 현실을 발견하는 것에서 벗어나 새로운 실체를 구성함으로써 치료적 개입을 하는 시도까지 전개되고 있다.

3. 가족치료의 기본개념

1) 체계로서의 가족

일반체계이론은 원래 1930년 초 생물학자 버터랜피(von Bertalanffy)에 의해 주장되었는데, 그는 체계란 서로 영향을 주고받는 요소의 복합체라고 보았다. 그는 인간이 하위체계에 의해 구성되는 것처럼 개인은 가족이라는 보다 큰 체계의 영향을 받는다고 보았는데, 이것은 일차 사이버네틱스(first-order cybernetics)의 근간이 되었다.

버터랜피의 일반체계이론으로 가족을 이해하면 다음과 같다(Barker, 1986).

첫째, 가족은 각 부분의 특성을 합한 것 이상의 특성을 지닌 체계다.

둘째, 이러한 가족체계의 움직임은 일반적 규칙에 의해 지배되고 있다.

셋째, 모든 가족체계는 경계를 가지고 있다. 이와 같은 경계의 특성은 가족체계가 어떻게 기능하는가를 이해하는 데 중요하다.

넷째, 가족체계 한 부분의 변화는 가족체계 전체의 변화를 초래할 수 있다.

다섯째, 가족체계는 완전하지 않으므로 안정된 상태를 유지하려는 경향이 있다. 따라서 성장이나 진화가 가능하여 여러 가지 방법으로 변화를 일으키거나 촉진시킬 수 있다.

여섯째, 가족체계 기능 중에는 체계 간의 의사소통이나 피드백 기능이 중요하다.

일곱째, 가족 안에서 개인의 행동은 직선적 인과관계보다 순환적 인과관계로 보는 것이 이해하기 쉽다.

여덟째, 가족체계는 다른 열린 체계와 마찬가지로 목적을 가지고 있는 것처럼 보인다.

아홉째, 가족체계는 하위체계에 의해서 성립되며, 또한 더 큰 상위체계의 일부분이다.

앞에서도 언급한 것처럼 가족치료는 가족을 체계론적 관점으로 이해하는 것인데, 이것은 가족을 기존의 선형적인 인과론에서 보지 않고 순환적 인식론으로 바라볼 때 가능하다. [그림 8-2]와 같이 원인(A)에 의한 결과(B)가 일어난다고 생각할 때 이러한 인과에 관한 사고모델을 선형적(linear)이라고 부른다. 그러나 살아 있는 생물체인 인간을 선형적 사고(A → B→ C → D)로 이해하는 데는 한계가 있다. 따라서 체계적 관점에서는 순환적인 새로운 개념(A → B → C → D → A)으로 가족을 이해해야 한다고 보았다. 원인(A)에 의해 결과(B)가 일어나며 그것은 또 다른 결과(C)를 초래한다. 그러나 결과(C)가 최초의 원인(A)으로 되돌아 온다고 생각할 때 이러한 인과관계에 관한 사고모델을 순환적(circular)이라고 부른다. 즉, 어떤 가족의 행동이 다른 가족에게 지속적으로 영향을 미치게 될 때 그 행동이 돌고 돌아서 첫 번째 가족에게 또다시 영향을 미치는 일종의 연쇄고리가 원을 만든다. 따라서 가족문제를 이해할 때에는 원인과 결과보다 생활체계 안에서 발생하는 과정, 즉 서로가 서로에게 영향을 주고받는 과정에 주목하는 것이 바람직하다.

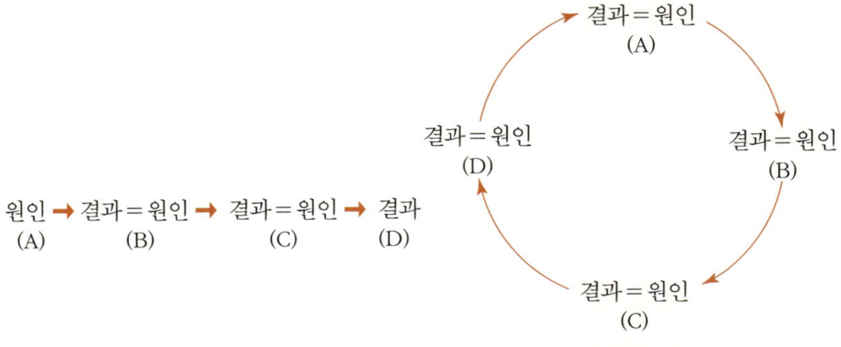

〈 선형적 관계 〉 〈 순환적 관계 〉

[그림 8-2] 가족관계에 대한 2가지 관점

이처럼 가족치료에서 무엇보다 중요한 것은 개인에게서 문제의 원인을 찾는 개인적 결함모형에서 관계와 관계 간의 역기능을 파악하는 대인관계적 모형으로 개념을 변화시켜야 한다는 것이다. 예를 들어, 가정폭력처럼 가지고 있는 문제가 비정상적이고 독선적이고 폭력적인 행동이라서 그것에 대한 책임이 전적으로 한 개인에게 있는 것처럼 보이는 경우라 하더라도 치료자는 대인관계적 모형의 관점을 가지면서 문제의 기능과 행동을 분리하여 바라보아야 한다. 이러한 시각은 현재 문제시되는 행동을 떠받치고 있는 관계양상을 잘 관찰할 수 있는 기회를 제공하기도 한다. 만일 어떤 아동의 잘못된 행동이 부모의 부적절한 양육방법이나 지속적인 부부갈등에 기인한 것이라면 어머니를 비난하는 것은 아무런 도움이 되지 못한다. 무엇이 그러한 행동을 일어나도록 촉진시키며, 또한 그러한 행동을 무력화시키기 위해서 필요한 것은 무엇인지를 판단하는 것이 바람직하다. 만일 역기능적인 행동을 유발하는 관계나 맥락이 무엇인지를 파악할 수 있다면 행동을 기능적으로 개념화하고 치료적 전략을 발전시키는 데 용이할 것이다.

2) 개인치료와 가족치료

궁극적인 치료목표가 고통받고 있는 개인을 돕는다는 점에 있어서는 다르지 않다. 그러나 어떻게 도울 것인가에 대해서는 많은 차이를 보인다. 가족치료는 개인의 심리적 문제보다는 그 사람의 환경이나 생태학적 체계처럼 개인을 둘러싸고 있는 관계에서 일어나는 문제에 보다 많은 관심을 가진다. 따라서 개인보다는 가족이라는 집단이 치료 단위가 된다.

개인치료와 가족치료의 차이를 크게 구분하면 다음과 같다.

첫째, 병리적인 초점의 차이다. 전통적인 개인치료에서는 문제의 원인을 개인에게 두고 정신 내면의 탐색에 보다 많은 관심을 기울여 왔다. 그러나 가족치료에서는 사회 맥락 속에서 의미 있는 사람과의 역기능적인 상호작용의 결과로 문제가 발생한다고 가정하기 때문에 개인을 둘러싼 가족이나 사회체계에 병리적 초점을 둔다.

둘째, 치료개입 대상의 차이이다. 개인치료에서는 일반적으로 개인이 치료대상이 된다. 치료자는 개인에게 집중하여 그의 생활을 보다 만족스럽게 변화시키기 위해서 어떻게 할 것인가를 그들의 과거와 현재에서 찾으려고 노력한다. 한편, 가족치료자는 환자의 가족체계를 치료대상으로 삼는다. 그들은 가족 안에 있는 개인의 내면 문제에는 그다지 관심을 가지지 않고 오히려 가족 간에 존재하는 대인관계의 패턴에 주목한다.

셋째, 치료 단위의 차이이다. 개인치료에서는 일반적으로 개인을 치료 단위로 삼는 데 반해, 가족치료에서는 체계의 많은 구성원이 치료 단위가 된다. 문제시되는 개인을 둘러싼 맥락 속에서 개인과 개인의 관계를 강조하는 대인관계적 모형을 강조한다. 따라서 가족치료자는 행동을 활성화시키는 과정을 행동 그 자체보다 중시한다.

넷째, 치료기간의 차이이다. 개인이 가진 지난날의 경험에 기초한 내면의 갈등을 해결하고자 하는 개인치료는 많은 시간을 필요로 한다. 한편, 가족치료자는 가족과 관련된 문제의 해결을 위해 단기치료를 추구하는 경향이 있다. 체계이론을 지향하는 가족치료자는 최근 일어난 역기능적인 문제를 중심으로 단기간에 치료를 시도한다. 가족치료자는 가족 구성원의 오래된 내면의 갈등을 해결하기보다는 개인을 둘러싼 역기능적 상호작용에 의한 위기를 해결함으로써 고통을 경감하려고 노력한다.

[그림 8-3]에서 알 수 있듯이 톰(K. Tomm)은 문제에 관한 질문을 하는 기존 치료자와 달리 순환적 사고를 지향하는 가족치료자들은 치료관계에서 순환 질문이나 반영 질문을 선호한다고 주장했다. 이와 같은 질문기법은 행동에 대한 영향을 파악하고, 미래에 대한 가설적 질문을 던지고, 제삼자를 관찰자로 포함시키는 것이 가능하므로 문제를 폭넓게 이해할 수 있도록 돕는다.

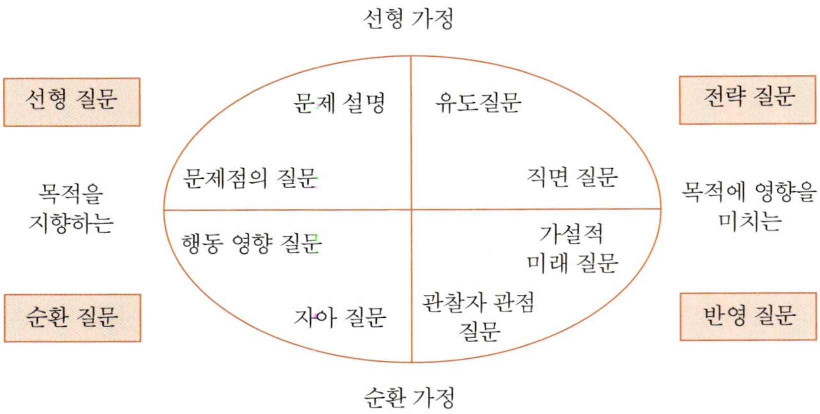

[그림 8-3] 가족치료에서 자주 사용하는 질문 유형

출처: 김유숙 외(2011) 재인용.

3) 가족 내의 의사소통이론

많은 학자나 치료자들은 가족의 의사소통과정을 중시하면서 나름대로 이론을 전개했다. 이러한 연구의 선구자는 베이슨으로, 그의 개척자적인 탐구 이래 의사소통 연구는 MRI에서 계속 이어졌다. 그는 특히 의사소통의 비언어적인 부분에 많은 관심을 가졌는데, 이것을 이해하는 것은 가족체계 내의 행동을 이해하는 데 기초가 된다고 보았다.

MRI에서는 의사소통의 여러 가지 특성이 가족치료에 많이 적용될 수 있다고 생각하여 실제와 연결시키려는 노력을 아끼지 않았다. 그들이 주장하는 의사소통 원리 중 몇 가지를 소개하면 다음과 같다(Barker, 1986).

❖ 의사소통을 하지 않는 것은 불가능하다.

사람들 사이에 일어나는 모든 행동은 어떤 메시지를 전달하고 있다. 즉, 의사소통하지 않는 것은 있을 수 없다. 예를 들어, 주위 사람을 무시한 채 조용히 앉아 있는 사람의 경우 사실은 비언어적인 방법으로 자신은 주위 사람과 말하고 싶지 않다는 것을 전달하고 있는 것이다. 이렇게 본다면 의사소통이란 발언하는 내용 이상의 것을 포함하고 있다. 의사소통에는 자세, 음성의 고저 등의 비언어적인 것이 포함되는데, 그것은 맥락과 함께 고려되어야 한다.

❖ **의사소통은 내용과 관계의 측면이 있다.**

인간관계에서 나타나는 많은 문제는 의사소통의 내용과 관계 수준 사이를 구분하지 못하는 데 원인이 있다. 인간의 의사소통에는 상위의사소통(meta-communication)이 있는데, 이것은 의사소통에 대한 의사소통을 의미한다. 또한 모든 메시지는 보고(report)와 명령(command)의 기능을 갖는다. 메시지 보고는 정보를 전달하는 데 반해, 명령은 관계의 정의에 대한 설명이다(Watzlawick, Beavin, & Jackson, 1967). 즉, 의사소통은 단지 어떤 정보를 전달하는 것만을 뜻하지 않는다. 그것은 의사소통을 하고 있는 사람들의 관계를 정의하기도 한다.

❖ **구두점은 의사소통의 중요한 측면이다.**

의사소통이론은 직선적 인과관계를 받아들이지 않으며, 행동의 잠재적인 원인도 추구하지 않는다. 여기서는 순환적인 인과관계에 근거하여 현재 일어나고 있는 특정 행동을 분석한다. 그런데 현재 일어나고 있는 의사소통이란 끊임없이 계속되는 연속선상에 있다. 우리가 대화를 할 때는 어떤 것이 자극이고 어떤 것이 반응인지 분석하기 어려울 만큼 의사소통이 계속 이어지고 있다. 상호작용의 흐름 속에서는 무엇이 자극이고 무엇이 반응인가가 항상 명확한 것은 아니다. 가족은 [그림 8-4]와 같이 연속적인 흐름에 있는 의사소통을 자신의 입장과 관점에 따라 임의로 끊는다. 엄마의 잔소리 때문에 늦게 들어오다 보니 가출을 반복하게 된다고 호소하는 청소년 자녀와 어머니의 대화를 예로 들 수 있다. 이들은 서로 자신

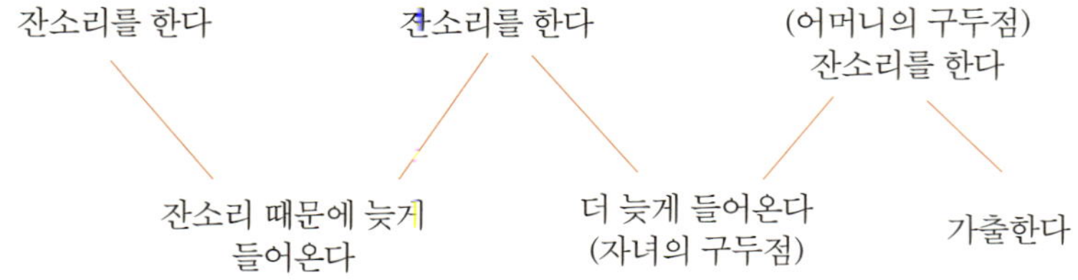

[그림 8-4] 의사소통에서 구두점 원리의 예

이 유리한 곳에서 구두점을 끊으므로 상대가 원인 제공자라고 주장한다.

이처럼 연속적인 흐름인 대화는 토막이 나게 되고 자신에게 유리한 방향에서 그 토막을 이용한다. 이것을 구두점 원리(principle of punctuation)라고 한다.

❖ 의사소통은 디지털과 아날로그로 구분할 수 있다.

의사소통은 디지털 의사소통(digital communication)과 아날로그 의사소통(analogic communication)으로 나눌 수 있다. 디지털 의사소통에서 메시지는 이야기나 말처럼 쓰여진 언어를 코드화한 것이다. '나는 내일 10시에 회사에 면접을 보러 간다'라는 문장처럼 메시지의 의미는 언어의 성질과 순서에서 명확히 드러난다. 이것은 단순하게 메시지를 전달하는 것으로, 의사소통으로는 그다지 강렬하지 않다.

아날로그 의사소통은 몸짓, 신체자세, 표정, 음성의 고저, 언어의 배열, 리듬, 억양 등 모든 비언어적인 의사소통을 포함한다. 메시지를 보내는 사람의 의도를 정의한다는 점에서 관계적 의사소통의 패턴이다. 예를 들어, 어떤 사람의 "미워"라는 말은 비언어적인 것을 고려해야만 명확해진다. 거친 목소리로 주먹을 쥐면서 하는 것과 웃으면서 부드러운 목소리로 말하는 것은 전혀 다른 관계를 의미한다. 그러므로 언어적 메시지의 의미는 비언어적인 의사소통에 의해 영향을 받고 맥락은 비언어적인 것에 의해 수정된다는 점에서 아날로그 의사소통이 보다 강력한 측면이라는 점을 이해할 수 있을 것이다.

4) 사회구성주의

전통적인 사회과학의 패러다임에 근거하여 기존의 전제를 중심으로 발전시키는 모델을 일차 사이버네틱스라고 한다면, 사회조직에 대한 보편성이나 규범에서 벗어나려는 모델을 혁신적 이차 사이버네틱스(second-order cybernetics)라고 규정할 수 있다. 이러한 관점을 가진 치료자들 중에는 화이트와 같이 처음부터 새로운 관점에 관심을 가진 치료자도 있지만 호프만(L. Hoffman)처럼 인간 상호 간의 과정과 행동에 초점을 둔 기존의 가족치료에서 오랫동안 활동하다가 관심을 바꾼 경우도 있다.

1970년대에 들어서면서 구성주의라는 새로운 개념이 가족치료에 등장하기 시작하였다. 우리의 정보는 개인의 내면 세계에서 처리되므로 사람들이 이해하는 현실은 각기 다르다. 이는 사람에 따라 정보를 조합하는 방법이 달라지기 때문인데, 이러한 관점에서 본다면 보편적으로 말할 수 있는 현실의 참다운 표상은 없다. 구성주의적 관점은 지금까지의 객관적인 관찰자의 존재, 즉 가족체계 밖에서 중립적 관찰자로 존재하던 치료자의 존재를 붕괴시키고 그들이 포함된 치료체계의 개념을 제시하였다(Hoffman, 1990).

임상적인 측면에서 두 개의 개념을 응용해 본다면 구조주의에 근거한 치료적 개입은 인식구조의 변화를 강조하였다. 반면에 사회구성주의 관점에서는 우리가 객관적인 현실을 인식할 수 없을 뿐만 아니라 우리가 구성하는 현실은 언어체계를 통해 표현된다는 점을 강조하였다. 따라서 사회구성주의자들에게 언어는 경험을 보고하는 수단이 아니라 어떤 것을 정의하는 틀로 간주된다. 현실은 경험될 수 없으며 경험된 현실은 사회에 의해 이미 규정된 사고나 이해의 구조와 분리시킬 수 없기 때문이다. 이들은 현실이 객관적으로 존재하는 것이 아니라 사회적으로 구축된 것이라고 생각하는 구성주의(constructivism)의 입장을 지지하였다. 그들의 치료기법은 병리적인 견해를 가지지 않으며 내담자와 가족이 언어를 통해 원하는 세계를 협력적으로 구축해 간다고 보았다. 즉, 가족 문제는 객관적으로 존재하는 것이 아니라 사람에 의해 만들어진다고 이해될 수 있다. 이들이 지향하는 것을 이해하는 데 도움이 되는 몇 가지 이론은 다음과 같다.

(1) 후기 구조주의

1990년대는 후기 구조주의(post-modernism)의 출현으로 지금까지 확립된 진리들이 도전을 받은 시기였다. 구조주의 견해를 지지하는 심리학에서는 문제란 성격의 내면에 있는 것이 바깥으로 드러나는 것이라고 보았다. 문제를 심층적 또는 표면적으로 생각하는 것은 사람의 삶이 양파껍질처럼 겹겹이 쌓여 있다는 견해에 근거한 것이다. 그러므로 표면과 심층의 구조를 말하는 사고에서는 양파껍질을 하나씩 벗기는 듯한 과정을 통하여 핵심적인 것에 접근한다고 여긴다. 인간행동은 안에 있는 본질로부터 나와서 겉으로 드러나는 것을 의미한다. 이러한 관점에서 본다면 문제는 안에 있는 본질이 잘못되어 겉으로 드러난다는 것이다. 다시 말하면, 겉으로 드러난 것의 이면에는 깊은 구조가 숨겨져 있다는 것이다. 심층적인 것과 표면적인 것이 대조된다는 이러한 사고는 전통적인 구조주의적인 접근을 반영하는 것이다. 구조주의에 영향을 받은 가족치료자들은 자신들을 기능적인 가족체계를 진단할 수 있는 전문가로 규정하여 확실한 지표를 가지고 가족을 판단하였다. 때로는 자신들의 확신에 부합되지 않는 요소는 무시하거나 가족의 탓으로 돌리기도 하였다.

후기 구조주의는 이와 같은 구조주의의 지나친 오만에 대한 반작용의 결과다. 즉, 지금까지 믿어 왔던 절대적인 진리에 대해 회의를 갖게 됐던 것이다. 이와 같은 회의론은 문학, 종교, 예술, 심리학 등의 다양한 분야에서 절대적이라고 인정받아 왔던 원리들이 탈구조화하는 계기가 되었

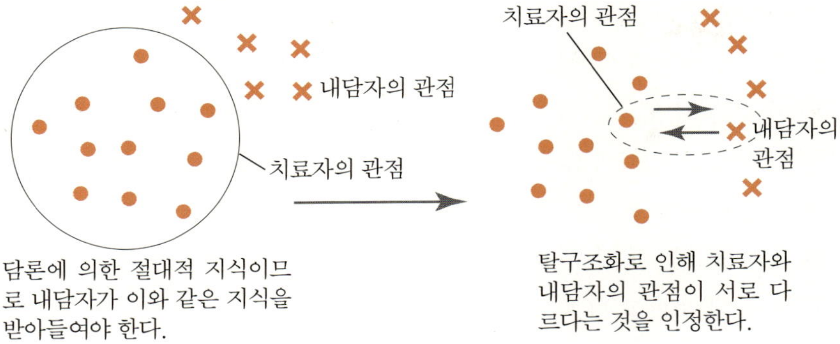

[그림 8-5] 후기 구조주의로 인한 치료자 내담자의 관계 변화

다. 이처럼 구조주의에서 중요시한 객관적인 지식과 절대적 진실의 가능성에 대한 믿음이 약화되면서 현실에 대한 우리의 관점은 주관적으로 바뀌게 되었다. 드러나 있는 문제가 관점의 문제로 대치된 셈이다. [그림 8-5]처럼 지금까지 치료자가 가진 절대적 지식을 내담자가 받아들어야 한다는 입장에서 새로운 관점으로 변화했다. 즉, 내담자도 치료자처럼 타당한 관점을 가지고 있다는 점을 인정하면서 옳음에 대한 초월적 준거가 없다는 점을 자각하는 계기가 되었다.

(2) 언어의 역할

우리가 일상적으로 진리라고 여기거나 옳다고 판단하는 기준은 사회나 인간관계 속에서 생겨나는 것이다. 다시 말하면, 우리가 바람직하다고 생각하거나 문제라고 생각하는 것은 우리가 가지고 있는 언어체계에 의해 이끌리거나 그것에 의해 제약을 받는다는 주장이다. 자기와 타인 그리고 세계의 관계는 사람들 간에 공유된 언어의 상호작용이나 말하는 습관에 의해서 결정된다. 즉, 개인이 경험하고 있는 자기와 문제는 모두 특정한 관계 맥락에서만 의미를 가지며, 이러한 관계가 일어나는 합의된 영역의 언어를 통해 표현된다. 그러므로 호이트(M. F. Hoyt, 1994)는 치료과정에서 행해지는 치료적 대화는 내담자가 부족하다고 느끼는 것을 강점으로 만들며 문제에서 해결책을 찾아내고 과거에서 벗어나 미래지향적으로 생각할 수 있도록 한다고 보았다. 다시 말하면, 치료적 질문을 통해 이해의 차이를 깨닫고 지금까지 현실화하지 못한 인식의 가능성에 의해 새로운 미래를 끌어내야 한다는 것이다. 이러한 견해에서 본다면 치료란 치료적 대화라고 불리는 행위 속에서 일어나는 언어적 사건이다. 치료적 대화는 대화를 통해 서로를 탐색하는 것이며, 서로가 교류하는 가운데 아이디어를 나눔으로써 문제를 지금까지와는 다르게 새로운 의미로 발전시켜 가면서 정면으로 해결하지 않고 해소하는 방향으로 전환하는 것이다.

앤더슨(H. Anderson)과 굴리시안(H. Goolishian)도 상담자의 특권적 지식을 전제로 하지 않은 언어적인 상호작용에 의한 치료가 이루어져야 한다고 주장하였다. 이들은 체계가 사회적 역할이나 구조에 의해 형성된 것이 아니며, 언어에 의해 형성된 것이라는 주장을 하였다. 치료방법은 병리적인 견해를 가지지 않고 대화를 통해 가족이 원하는 이야기를 함께 구축해 가는 것이다. 그들이 보는 현실은 사회적이며 언어적인 산물이므로 치료과정에는 언어를 통하여 현실이라는 강력한 메시지를 그대로 담아야 한다. 즉, 현실이란 사람들이 그 문제에 대하여 어떻게 지각하고 이야기하느냐에 따라 다르게 존재하므로 같은 상황을 다른 관점에서 보고 언어화할 수 있다면 더 이상 문제는 존재하지 않는다고 보았다.

(3) 알지 못한다(not-knowing)는 자세

사회구성주의 접근에서는 인간행동이 구성작업과 대화를 통해 만들어낸 현실 속에서 이루어지고 있다는 견해를 지지하고 있다. 따라서 기존의 치료자와는 달리 내담자에 대하여 안다는 전제에서 상담을 시작하지 않는다. 알지 못한다는 자세는 미리 준비된 이론체계를 가지고 치료에 임하는 자세와는 정반대의 위치에 있는 것이다. 알지 못한다는 자세를 가지기 위해서는 치료에서 이해, 설명, 해석이 과거의 경험이나 이론적으로 인도

되는 진리나 지식에 제약을 받아서는 안 된다. 이것을 실현하기 위해서 치료자는 정형화된 질문이나 특정 대답을 추구하는 질문을 하기보다 순수한 호기심이 기반이 되는 듯한 태도나 자세가 필요하다. 즉, 치료자의 행위나 태도에는 내담자가 이야기하는 것에 대해서 좀 더 깊이 알고 싶다는 욕구가 선행되어야 한다. 이것은 내담자, 문제, 변화해야만 하는 것에 대해 미리 준비된 치료자의 의견이나 기대를 표현하지 않는 것을 의미한다. 알지 못한다는 자세는 지식이 없거나 경험이 부족한 채로 판단하는 것과는 근본적으로 다르다. 그것은 치료자가 면담을 할 때 지녀야 하는 일종의 전제나 의미부여와 관련이 있다. 치료자가 관심을 가져야 하는 것은 세계에 하나밖에 없는 이야기적 진실, 즉 현재 언급되는 인생 속에 있는 진실과 만나는 것이다. 치료자는 자신의 경험에 근거한 편견을 가질 수밖에 없지만 그것이 내담자의 경험묘사가 가진 의미를 덮어 버리지 않도록 내담자의 말에 더욱더 귀를 기울이지 않으면 안 된다.

이러한 관점에서 보면 치료자는 치료를 한다기보다 질문이라는 방법을 적용하여 자신의 이해를 다른 사람의 이해에 맞추는 작업을 끊임없이 하는 것이라고 말할 수 있다. 알지 못한다는 자세에 의한 질문은 이와 같은 치료자의 입장과 치료과정을 반영하고 있다. 치료자는 심리학의 전문지식으로 내담자의 우위에 서 있는 것이 아니라 내담자가 가진 전문지식을 따라가면서 거기서 배운다. 따라서 치료자에게 부여된 임무는 내담자나 문제를 분석하는 것이 아니라 끊임없이 변화하는 내담자의 경험을 이해하려는 자세다.

(4) 협력적 접근(collaborative approach)

구성주의적 접근에서 치료자와 내담자의 관계는 평등하며 협력적인 접근을 추구한다. 따라서 치료관계에서 치료자는 권위적인 것이 아니라 내담자와 평등한 관계를 유지하려는 자세를 가져야 한다(Anderson & Goolishian, 1992). 치료자가 내담자와 보다 평등한 협력관계를 형성하기 위해서는 전문가적인 태도에서 벗어나려는 노력이 필요하다. 그러므로 치료는 가족에게 권한을 주어서 선택과 이해를 위한 상호적인 탐색으로 이루어진다.

협력적인 치료자의 대화가 비지시적·공감적인 로저스의 접근과 유사해 보이지만, 로저스는 자기를 발견하여 인격 성장이라는 바람직한 최종 목표를 향해 노력한 반면, 사회구성주의 접근에서는 자기란 사회관계에서 구성된다는 견해를 가지고 내담자를 만난다. 즉, 내담자의 이야기는 별개의 방식으로 주의하여 듣고 내담자의 대화에 몰두하여 그들의 걱정거리에 대해 함께 이야기하여 이해하면서 그것이 의미하는 바를 형성해 나간다. 이러한 견해에 따르면 인간은 다른 사람과 함께 만든 이야기적 현실에 의해서 스스로의 경험에 의미를 부여하며, 그렇게 구성된 현실을 통해 스스로의 인생을 이해하면서 살아간다. 사회조직은 인간 및 인간의 의사소통의 산물로 구조화된 조직이 의사소통을 만들어 내는 것은 아니다. 인간이 관여된 모든 체계는 언어적 체계이며 외부의 객관적 관찰자보다도 거기에 참여하는 사람들에 의해서 보다 정확하게 표현된다. 따라서 치료자의 역할은 치료적인 질문을 사용하여 전개되는 공간과 대화과정을 발전시키는 데 있다.

4. 심리치료로서의 가족치료

1) 가족치료의 목표

가족치료자들의 초기 과제는 현재 드러난 문제가 그 가족의 여러 영역에 어떻게 관련되어 있는지를 찾아내고, 그것에 근거하여 가족 구성원이 치료에 어떤 방법으로 참가할 수 있는지를 알아내는 것이다. 즉, 이 문제에 누가 관여하고 있는가 또는 누구를 치료에 참여시킬 것인가를 파악하는 것이 필요하다. 때로는 그 가족의 생활에 실질적으로 관여하고 있는 조부모나 친인척이 참가자로 포함되는 경우도 있다. 치료자는 치료 초기 단계에서 가족들이 치료과정에서 보이는 상호작용의 패턴을 지적함으로써 치료에 모든 가족 구성원을 포함시키려고 노력한다. 사티어는 치료에 대한 가족들의 관여를 굳건히 하기 위해서 문제를 드러내는 내담자뿐 아니라 가족 전원에게 치료과정에서 획득하고 싶은 개인적 목표를 표현하도록 요구하였다.

가족치료의 장기적 목표는 치료자 개개인이 지향하는 바에 따라 IP의 상태를 개선하기 위해 가족의 관여 방법 변화, 가족 내의 의사소통 패턴의 명료화 또는 솔직한 정서적 표현을 증진시키는 것이다. 요약하면 대부분의 치료자들은 가족 내의 힘의 분배와 의사소통의 개선을 목표로 삼았다. 가족치료에서는 의사소통의 체계나 상호관계에서의 가족 구성원의 개별화와 같은 장기적 목표를 가지고 각 접근방법에 따라 단기 목표를 설정하는 경향이 있었다. 이것은 가족 전원이 보다 건강한 생활을 할 수 있도록 가족과정의 변화를 목표로 하는 전체로서의 가족에 초점을 두는 것이다.

2) 가족치료자의 역할

초기의 가족치료자들은 개인지향적인 사고와 체계중심적 사고라는 두 가지 상이한 접근에서 자신들의 역할을 반응하는 자(reactor)와 지휘자(conductor)로 나누어 생각하였다(Beels & Ferber, 1969). 전자는 보다 비지시적 · 수동적이며 문제를 다루는 것도 문제가 일어났을 때 반응한다. 그와는 대조적으로 지휘자는 치료의 방향을 자신이 기획하며, 내용과 과정에 적극적으로 관여하면서 가르친다. 지휘자로 분류되는 애커먼의 경우 자신의 역할은 가족들이 위선이나 부인에서 벗어나 스스로를 개방하도록 돕는 것이라고 설명하였다. 그는 가족들이 자신들의 성적 · 공격적 · 의존적 감정에 주목하도록 그러한 감정 저변에 깔려 있는 방어를 무너뜨리려 했다. 한편, 사티어는 자신이 가족 문제의 개선을 위해 활동할 수 있는 중요한 조력자, 교사, 의사소통 전문가로서의 역할을 자청하였다. 그녀는 가족이 서로 이야기하면서 치료 방향을 결정하도록 요구했다. 그녀는 간단명료한 단어를 사용하여 그들의 의사소통 문제를 지적하거나 의사소통의 모델을 제시하면서 가족에게 그것에 관한 원리를 설명했다. 특히 가족들의 감정이나 상호작용에 관심을 두고 자신의 의사소통이론을 중심으로 그들에게 시범을 보이거나 가르치는 교사의 역할을 하였다. 애커먼과 사티어처럼 반응하는 자인지 지휘자인지의 차이는 있었지만, 가족치료자들은 개인치료자보다 적극적인 역할을 하지 않을 수 없었다. 그 이유는 가족들이 때로 서로 격렬한 상호작용을 하므로 치료자는 그와 같은 소용돌이에서 적극적으로 통제하거나 논의를 진정시키면서 치료회기를 이끌어 가지 않으면 안 되기 때문이었다.

가족치료의 내담자와 치료자의 관계에서 치료자의 역할은 개인치료나 집단치료와는 본질적으로 다르다. 가족치료의 경우에는 치료에 참여하는 구성원이 서로에 대해 알지 못한다는 공통의 기반에서 출발하지 않는다. 가족들은 오히려 방대한 양의 공통된 경험을 가지고 치료에 참여한다. 따라서 가족 앞에 앉아 있는 치료자는 치료실의 아웃사이더일 수밖에 없다. 그러므로 치료자는 가족들이 공통된 경험을 기초로 말하는 것을 이해하기 위해서 그 가족 특유의 언어, 규범, 문화를 배우지 않으면 안 된다. 즉, 그 가족체계의 내부에 들어가 그것을 이해하고 그것에 동참하려고 노력하지 않으면 안 된다. 그렇다고 해서 어떤 하위체계에 동화되거나 가족 간의 권력다툼에 휘말리면서 가족체계에 의해 통제를 받아서도 안 된다. 왜냐하면 치료자는 가족에 합류하는 동시에 그들의 상호작용을 이해하면서 동시에 변화를 이끌어 내야 하므로 그들의 가족체계와 떨어져 있어야 한다. 따라서 가족치료의 경우에는 다른 심리치료보다 '관여와 거리'의 균형이 중요하다.

또한 가족치료에 오는 가족들은 치료에 대한 기대나 목표가 반드시 일치하지는 않는다. 따라서 치료에 대한 서로 다른 동기나 지각으로 혼재된 상태를 명확히 하는 것도 치료 초기의 중요한 과제다. 치료 초기단계에서는 가족사에 대한 광범위한 정보를 얻는 것이 일반적이다. 치료자는 가계도를 통해 그 가족의 역사에 등장하는 인물과 그들의 성격특성을 이해하여 어떤 행동과의 연관성에 대한 지식을 얻는다. [그림 8-6]과 같이 가족에 대한 견해는 현재라는 시점에 고정시키지 말고 몇 세대에 거쳐서 봄으로써 현재의 문제를 보다 넓은 시각에서 볼 수 있다. 이 과정에서 가족신화가 드러나기도 하므로 가족의 문제에 폭넓게 대처할 수 있다.

동시에 가족규칙에 대해서도 서로 이야기를 나눈다. 커다란 사회와 마찬가지로 가족이라는 작은 집단도 구성원의 행동을 규정하는 규제원리를 가지고 있다. 대부분은 가족이 속한 문화에서 공통적으로 가지는 규범이 있으며 특별히 그 가족만 가지고 있는 규범도 있다. 이러한 규범의 대부분은 명확하지 않으며 적용이나 해석에도 일관성이 없기 때문에 치료자가 이것을 이해하는 것은 그다지 쉬운 작업이 아니다.

가족치료의 각 접근을 떠나 공통적으로 볼 때 치료자는 내부 세계에 들

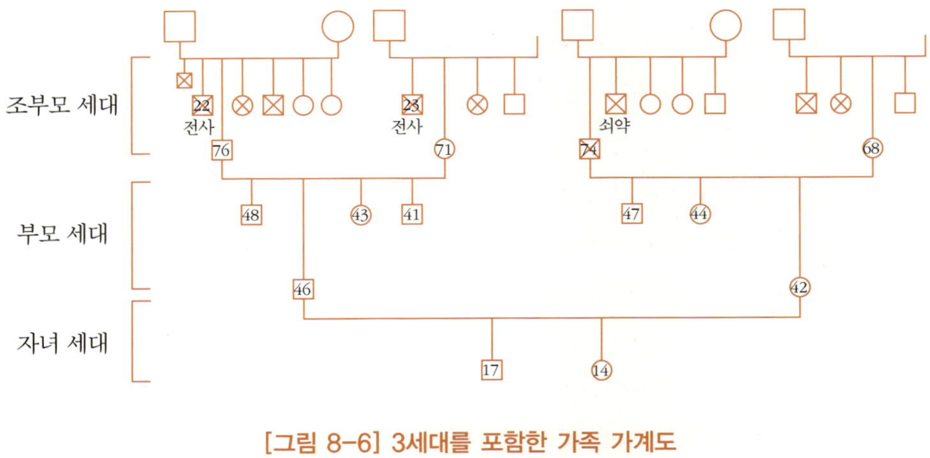

[그림 8-6] 3세대를 포함한 가족 가계도

어간 아웃사이더, 갈등의 중재자 또는 보다 효과적인 대인관계를 가르쳐 주는 교사라는 중립적 역할을 한다. 그러나 성별이 다양한 가족체계에서는 본의 아니게 일부 가족끼리 의기투합하여 하위체계를 형성하고 다른 가족을 희생양으로 만들면서 자신의 문제를 투사하기 쉽다. 따라서 치료자에게는 언제나 중립적으로 가족 누구의 편에도 서지 않는 공평한 자세가 필요하다.

3) 가족을 이해하기 위한 몇 가지 개념

(1) 가족항상성

모든 체계는 일정한 상태나 바람직한 균형을 유지하려고 노력하는 경향이 있다. 그리고 체계가 어떤 일정한 상태를 유지하는 데는 피드백망이 큰 역할을 하게 된다. 피드백은 자동온도장치를 통해 설명할 수 있는데, 자동온도장치는 원하는 온도에 맞추면 피드백에 의해 실내온도를 감지해 가면서 난·온방의 양을 조절한다. 적정하다고 생각하는 실내온도가 있듯이 일반적으로 가족에게도 잘 기능한다고 생각되는 가족목표가 있다. 바람직한 목표를 가진 가족은 가족 구성원들이 서로 건전한 성장을 도모하는 상호 교류를 통해 관계의 균형을 유지한다. 이것은 융통성 있는 경계를 가짐으로써 피드백을 보다 용이하게 해 준다는 것을 의미한다. 그리고 이러한 피드백 과정은 바람직한 균형을 유지할 수 있는 생활주기를 발달시키도록 돕는다. 항상성 상태를 유지하려는 가족들의 노력이 모든 가족에게 언제나 최선의 이익을 제공하는 것은 아니다. 때로는 가족들이 정서적인 균형을 유지하기 위해 어떤 구성원에게는 해가 되는 역할을 하게 함으로써 체계가 원치 않는 변화를 하지 못하도록 막는 경우도 있다.

(2) 가족 삼각관계

가족치료자는 가족관계에는 삼각관계가 존재한다고 주장하였다. 가족

구성원들이 정서적 관계를 맺을 경우, 두 사람으로 구성된 이인 체계는 불안이나 긴장이 유발되는 경우가 많기 때문에 안정을 유지하기가 어렵다(Bowen, 1978). 따라서 두 사람 사이에 수용하기 어려운 문제가 생기면 이인 체계는 긴장을 줄이려는 희망으로 세 번째 요소인 어떤 사람이나 문제를 끌어들여 삼각관계를 형성한다. 가장 보편적으로 인식되는 삼각관계로는 아버지와 어머니와 자녀 세 사람의 삼각관계를 들 수 있다. 때로는 부부와 알코올이라는 문제로 삼각관계를 형성하기도 한다. 치료관계에서는 치료자가 삼각관계의 대상이 될 수도 있을 것이다. 특히 두 사람이 치료를 받는 부부치료에서는 이러한 현상이 더 자주 일어날 수 있다. 이처럼 삼각관계는 이인 체계에서 긴장을 느끼는 사람이 제3의 인물이나 문제에 관심을 가지면서 생겨난다. 그리고 때로는 두 사람 모두 삼각관계의 제3의 요소가 제공하는 이익을 얻으려고 투쟁하기도 한다.

가족관계 유형에서 잘못된 삼각관계가 존재할 수 있다. 잘못된 삼각관계는 어떤 병리적인 문제를 초래할 수 있는 잠재적 요소를 가지고 있기 때문에 때로는 체계의 갈등과 해체를 초래할 수도 있다. 잘못된 삼각관계의 전형적인 형태는 부모 세대와 다른 세대에 속하는 자녀가 만들어 내는 것이다. 세대가 다른 두 사람은 한 사람의 가족에게 대항하기 위해 연합한다. 예를 들면, 남편과 갈등관계에 있는 어머니가 큰아들에게 아버지의 역할을 기대함으로써 생기는 삼각관계다. 이때 객관적으로 본다면 어머니와 아들은 연합하고 있지만, 이들은 자신이 연합하고 있다는 사실을 인정하지 않는다. 이러한 연합상태가 지속적으로 이어지면서 연합의 당사자들이 연합을 계속 부정한다면 이와 같은 관계유형은 정형화될 것이며 궁극적으로는 병리적인 상황으로 나타날 것이다.

가족 삼각관계는 삼각과정을 통하여 제3의 인물이나 대상이 반드시 개입되는 것은 아니다. 일반적으로 많은 대안들이 삼각관계를 형성하기 위해 사용된다. 따라서 삼각관계가 항상 가족병리의 지표가 되는 것은 아니라는 점을 인식해야 한다. 예를 들어, 긴장된 정서적 관계를 가진 부부 중한 명이 종교활동과 같은 가족 이외의 영역에 관심을 가질 수 있는데, 이러한 가족 이외의 영역에서 긴장을 해소함으로써 오히려 친밀한 부부관계를 발전시키는 데 도움이 될 수도 있다. 즉, 부부는 긴장을 일으키는 에너지의 방향을 변화시킴으로써 보다 정상적인 기능을 유지할 수도 있다. 그러므로 삼각관계는 어떤 상황에서 가족의 역기능을 일으킬 수도 있지만 때로는 가족이 보다 자유롭고 효과적으로 기능하도록 하는 대안이 되기도 한다.

(3) 가족규칙

가족규칙이란 겉에서 인식되지는 않지만 가족의 기능을 음미해 보면 관찰되는 규칙이다. 어떤 규칙은 논의를 거치고 협의와 변화의 가능성을 개방적으로 수용하여 성립된 것이지만, 때로는 경직된 가족규칙이 가족 내에 존재하여 가족들을 구속하는 경우도 있다. 그리고 가장 강력한 가족규칙은 내재적인 것으로 오랜 시간 동안 반복을 통하여 성립된 것이다. 가족 구성원은 서로 조직화되고 반복적인 상호작용 유형으로 행동한다. 즉, 가족이라는 체계 내에서 규칙은 상호작용을 하는 역동적인 역할의 원동력이 되는 셈이다.

그런데 가족 내의 규칙 중에는 가족체계와 기능을 유지하면서 드러나지 않은 미묘한 규칙이 있다. 일반적으로 강력한 가족규칙은 표면화된 것이 아니라 이와 같이 내재적인 것이다. 이것은 오랜 기간 동안 반복되는 가족 교류를 통하여 성립되는 것으로 은연중에 정해진 불문율과 같은 것이다. 이러한 가족규칙은 가족이 자신들의 관계에서 반복적으로 보이는 유형을 통해 추론할 수밖에 없다. 예를 들어, 아버지가 권위적인 가정에서는 가족이 서로 이야기하여 합의하지는 않았지만 '모두 아버지의 말대로 하자'와 같이 모든 가족이 아버지의 말은 무조건 복종해야 한다는 사실을 암암리에 터득하여 행동에 옮기기도 한다. 이처럼 가족규칙은 가족 간의 행동을 유형화시키며, 또한 가족생활을 운영하는 기틀이 된다. 가정

내에서 각자의 행동은 다른 가족들의 행동과 관련을 맺으며 영향을 받는다. 그러므로 치료자는 치료계획을 세우기 위해서 가족규칙을 아는 것이 도움이 된다. 치료자가 가족규칙을 염두에 두고 치료계획을 세우면 가족기능의 발달을 더욱 촉진할 수 있다. 치료자는 가족들에게 단순한 질문을 하거나 상호작용을 관찰함으로써 규칙을 알아내거나 추론해 볼 수 있다.

(4) 가족신화

가족신화는 가족 개개인 그리고 그들 간의 관계에 대한 기대와 공유된 믿음으로 구성된다. 가족신화의 특징은 모든 가족 구성원이 아무런 의심 없이 공유하는 믿음과 기대라는 점이다. 그러므로 가족 구성원은 심사숙고하지 않은 채 신화에 대해 자동적으로 합의한다.

가족은 가족신화가 종종 불합리하게 작용하는 것이 분명하더라도 그와 같은 가족신화는 자신들에게 정서적으로 없어서는 안 될 중요한 부분이라고 여기고 있다는 사실을 알아야 한다. 이와 같이 가족신화는 가족의 행동을 결정해 줄 뿐만 아니라 특정한 가족관계를 나타내 주기도 한다. 가족신화는 때로는 가족항상성을 유지하는 데 기여하기도 하며, 때로는 가족관계를 파괴할 정도로 위협적이고 강도가 높은 긴장을 유발시키기도 한다(Watzlawick, Beavin, & Jackson, 1967).

가족신화에 집착하면 가족은 새로운 시도를 하기보다는 오히려 관계가 변화되는 것을 저해하며 가족이 습관적으로 기능하도록 조장한다. 가족신화를 알아내기 위해서는 가족이 어떤 행동의 결과에 대한 원인을 어디에서 찾으려 하는가를 파악하는 것이 도움이 된다. 가족신화는 가족치료 목표를 정하고 가족의 저항을 최소화하는 데 중요한 역할을 한다. 가족신화에 민감하지 못한 치료자는 면담과정 동안 이해하기 어려운 장애에 부딪치게 되며, 심한 경우에는 이것을 가족의 저항으로 단정 짓는 오류를 범할 수 있다. 가족을 변화시키기 위해서는 신화를 유지하고 싶어 하는 가족의 욕구를 서서히 경감시켜 가면서, 가족신화 없이도 효율적으로 가족이 기능할 수 있을 때까지 점진적으로 가족치료를 해나가는 것이 바람직하다.

(5) 격리와 밀착

격리와 밀착은 가족이 서로 얼마나 관여되어 있는지의 여부를 파악하는 개념이다. 격리와 밀착은 가족의 개인적 정체감의 강도와 가족 간의 친밀 수준을 알려 주는 중요한 지표가 되기도 한다. 밀착이 약한 가족은 종종 침묵하고 위축되어 있으며 서로 고립되어 있고 친밀성이 부족하다. 때로는 진정한 의미에서 정서적으로 친밀하지 않으면서 친하다고 주장하는 거짓친밀성이 중요한 가족신화로 관찰되기도 한다. 정서적으로 서로 상호작용을 하지 않으면 의사소통의 통로가 막히는 경우가 많다. 격리된 가족은 경계선이 경직되거나 부모와 연합하는 정도가 낮아서 부모에 대한 존중감이 낮다. 이처럼 부모와의 밀착 정도가 낮으면 다른 강력한 연합을 추구할 수도 있는데, 비행청소년들이 유사가족과 같은 조폭집단에 몰입하게 되는 것이 좋은 예다. 격리는 자신들의 지각을 왜곡시키는 안개와 같으므로 치료자는 가족의 정서적 분위기를 고양시키면서 이를 조심스럽게 서서히 제거해야 한다.

(6) 부모화

부모화는 가족을 사정할 때 자주 사용되는 개념이다. 일반적으로 부모화란 어떤 자녀가 가족 내에서 부모나 배우자의 역할을 대신 수행하는 것을 의미한다. 이처럼 부모의 권한이 자녀에게 분배되는 것은 대가족, 한부모가족, 맞벌이 부부 가족에게는 자연스러운 현상이다. 부모화된 아이는 체계가 잘 기능하지 못하는 가족에서 자신의 나이에 걸맞지 않게 지나친 책임감, 능력, 자율성 등을 발전시킬 수가 있다. 그러나 대부분의 경우 한쪽 부모가 적절한 역할을 하지 못할 때 부모의 대용물로 부적절한 역할 수행을 하는 경우가 많다. 부모의 역할을 대신 수행하는 자녀는 정서적 또는 신체적으로 부모의 역할을 할 준비가 되어 있지 않음에도 부모 역할이나 책임감을 수행해야 하는 경우가 많다. 자녀에게 기대되는 역할이 그 자녀가 아이로서 가지고 있는 욕구와 서로 상충될 수 있으며, 이러한 욕구는 그 자녀가 가진 능력으로는 달성할 수 없을 때도 있을 것이다. 결과적으로 자녀는 심리적 압박감을 느끼게 되며 아이가 달성해야 할 다른 측면의 발달과업을 제대로 수행하지 못하게 될 위험성이 있다.

| 제9장 |

가족정서체계 가족치료

가족정서체계 가족치료는 정신분석의 훈련을 받은 보웬(M. Bowen)에 의해 개발되어 보웬접근이라고도 불린다. 그는 건강한 인간의 기능은 정서와 지성의 균형을 유지하는 것이라고 보았다. 즉, 가족이 체계라는 점에는 동의했지만 가족은 정서와 인간관계 체계의 결합체이며 자신의 원가족에서 분리될 때만 효율적으로 기능할 수 있다는 점을 강조하였다. 그는 가족문제의 대부분은 가족 구성원이 자신의 원가족에서 심리적으로 분리하지 못하는 데 기인한다고 주장하였다. 부부의 어느 한쪽이나 양쪽 모두가 자신의 원가족의 부모문제에 휘말려 있으면 그로 인해 부부관계가 악화되는 경우가 많다. 이때 부부의 부모들은 원가족의 자아집합체 또는 정서체계의 일부가 되는 셈이다. 그러므로 치료목표는 가족 구성원을 이 같은 자아집합체로부터 분리시켜 자율적으로 기능할 수 있도록 돕는 것이다. 따라서 이 접근은 한 개인이 원가족과 정서적으로 어떻게 연결되어 있으며, 그것이 각 개인의 삶의 방식에 어떤 영향을 주는지를 이해하는 것이다. 즉, 다세대 가족과정에 초점을 맞추며 한 개인을 가족이라는 맥락에서 인식하려는 접근이다. 가족정서체계(family emotional system) 가족치료는 가족체계이론을 지향하는 대다수 가족치료와 분명한 차이가 있었다. 여기서는 의미 있는 변화가 반드시 전체 가족에게서 나타나는 것은 아니며, 한 사람의 변화에 의해서 전체 가족의 변화가 시작될 수도 있다고 보았다. 따라서 치료 단위가 반드시 가족 전체일 필요는 없으나 치료자가 가족을 포함한 관점을 가질 필요는 있다. 이 접근에서는 핵가족을 아는 것만으로는 문제를 이해하거나 변화를 가져오는 데 불충분하다고 생각하여 가계도 등의 방법을 통해 확대가족을 이해하려고 노력하였다. 정서적 융해는 한 세대에서 다른 세대로 전수되어 일어나는 경우가 많으므로 확대가족과 핵가족 간의 새로운 동맹으로 드러나는 것이 일반적이다. 따라서 자아분화과정의 일부분은 확대가족의 모든 가족 구성원과 개인적 관계를 발달시키는 데 있다. 이것은 중요한 관계를 유지해야 하는 사람 수가 많다고 인식함으로써 개인의 정서적 에너지를 분산시켜 한두 사람과의 정서적 융해를 피할 수 있다는 이점이 있다.

1. 주요 개념

보웬은 8개의 개념으로 자신의 이론을 설명하면서 문제행동은 삼각관계, 융해, 정서적 단절 등의 행동장애에서 비롯된 불안의 산물이라고 주장하였다. 또한 이러한 문제행동은 가족 중 분화하지 못한 사람이 증상으로 발달시키거나 갈등의 중심에 있기 쉽다고 보았다.

이상적인 가족발달은 부부와 원가족 간의 자율적인 분화가 이루어져 있어서 불안이 낮으며 부부가 자신들의 원가족과 긍정적인 정서적 접촉을 할 때 일어난다. 이전 세대와 분화가 잘된 사람은 원가족과 밀착 또는 격리된 사람보다 더 안정적이다. 한마디로 자기분화는 가족정서체계 접근의 치료목표인 동시에 성장목표다. 보웬이 주장한 8개의 개념은 독립된 것이 아니라 서로 연동되어 있다.

1) 자아분화

자아분화는 정신 내적 측면과 대인관계에 관련된 개념으로, 정신 내적 측면에서는 지적 기능이 정서적 기능에서 얼마나 분화되어 있는가를 의미한다. 대인관계 측면에서 보면 자아분화가 잘 이루어지지 못한 사람은 확고한 자아를 발달시키지 못하고 거짓자아가 발달하게 되므로 자신의 일관된 신념을 가지고 자주적이며 독립적인 행동을 하지 못한다. 다시 말해서, 정신 내적 분화는 감정과 사고를 분리시키는 능력이다. 그러므로 분화된 사람은 사고와 감정 간에 균형을 이룰 수 있으며 자제력이 있고 객관적이다. 반면, 분화되지 못한 사람은 자율성이 부족하며 다른 사람에게 융해되려는 경향이 있다. 정서와 지성 간의 융해가 클수록 다른 사람의 정서적 반응에 휘말리기 쉽다. 정서적 융해는 분리와 반대 개념이다. 융해된 사람은 확고한 신념과 확신을 고수하지 못한 채 이성적 사고가 아닌 감정에 의한 의사결정을 한다.

자아분화에는 모든 사람을 융해된 상태인 0에서 자아분화된 100 사이의 연속선상에서 범주화하는 방법도 사용되었다. 이는 개인의 자아가 가족 자아집합체에서 얼마나 분화되어 있는가를 사정하기 위한 이론적 척도다. 보웬은 75 정도의 분화 수준이 가장 높은 상태이며, 60을 넘는 사람도 소수에 지나지 않는다고 보았다(Goldenberg & Goldenberg, 2000 재인용). 그러나 이 척도에는 정상이라는 개념은 없다. 자아분화 정도가 낮은 사람이라도 일상생활에서 정서적 평형을 누리고 증상을 드러내지 않고 살아간다면 이는 다른 기준에서는 정상에 속하기 때문이다. 그러나 일반적으로 사람들은 스트레스를 받게 되면 상처를 받으면서 증상을 드러내기 쉽다.

2) 삼각관계

일반적으로 두 사람만의 관계는 지나치게 친밀하거나 과도한 불안을 불러일으킬 위험이 내포되어 있으므로 두 사람의 관계보다 삼자의 인간관계가 안정된 관계라고 일컬어진다. 따라서 사람들은 두 사람의 관계에서 안정을 찾지 못하면 불안을 피하기 위해 다른 사물이나 사람을 끌어들이는 경우가 많다. 삼각관계는 어떤 두 사람이 자신들의 정서적 문제에 또 다른 한 사람을 끌어들이는 형태를 기술하는 개념이다. 삼각관계를 초래하는 요인은 자아분화 수준과 경험하는 긴장 정도다. 즉, 자아분화 수준이 낮고 긴장이 심할수록 그 같은 현상은 현저하다. 삼각관계의 가장 흔한 예는 부부가 자신들의 문제를 해결하지 못한 채 자녀를 끌어들여 그에게 초점을 맞추면서 긴장을 완화해 가는 것이다. 즉, 부부가 자신들의 문제로 반목하는 대신에 그들의 대화와 관심을 자녀에게 쏟는 것이다. 긴장이 심화되면 이 같은 삼각관계화는 부모 한 사람과 자녀 사이의 강한 정서적 융해를 유발한다. 이때 삼각관계에 휘말리는 자녀가 상처받기 쉬운 성향을 가졌다면 이 같은 부담으로 여러 가지 문제증상을 보이게 될 것이다.

가족 내의 풀리지 않는 긴장은 중복된 삼각관계를 초래하기도 한다. 긴장이 더해지면 제3의 인물은 떠나고 네 번째 사람을 끌어들일 수도 있다. 때로는 가족 안에서 더 이상 삼각관계를 만들 수 있는 인물을 찾을 수 없을 때 가족 이외의 사람과 삼각관계를 형성하기도 한다. 그러나 가족 이외의 삼각관계를 형성하려는 인물이 치료자라면 그는 정서적으로 융해되지 않으면서 두 사람과 접촉할 수 있다. 이렇게 중립적이고 객관적인 관계를 의미하는 치료적인 삼각관계는 가족관계를 개선하는 데 유용하다. 가족정서체계 접근에서는 탈삼각관계를 치료의 목표로 삼고 있다. 치료자는 가족이 가진 문제를 직접 다루지 않고 바람직하지 않은 삼각관계의 과정을 지적한다. 치료과정을 통해 가족으로 하여금 삼각관계가 가족문제의 병리적인 안정에 얼마나 지대한 역할을 하고 있는지를 깨닫게 한다. 치료자는 이 같은 과정을 거치면서 가족이 자신들의 삼각관계에서 벗어날 수 있도록 도우며, 궁극적으로는 가족체계의 바람직한 변화를 초래하고자 한다.

3) 핵가족의 정서체계

이 개념은 한 세대의 가족 내에서 보이는 정서적 기능을 설명한 것이다. 원가족과 분화가 이루어지지 못한 부부는 자신의 부모와 정서적 단절을 하고 현재의 가족과 강한 정서적 관계를 유지하면서 안정을 찾으려 한다. 즉, 자아분화가 낮은 사람의 결합일수록 두 사람의 자아가 융해되어 공동자아를 형성한다. 문제는 새롭게 형성된 이와 같은 융해가 불안정하며, 때로는 융해가 부부간의 정서적 거리감을 오히려 증가시켜서 자녀에게 문제를 투사하는 등의 여러 가지 부적응을 초래할 위험이 있다는 것이다.

4) 가족투사과정

부모가 자신의 미분화를 자녀에게 전달함으로써 이것이 세대를 걸쳐서 반복적으로 드러나는 것을 의미한다. 투사대상이 된 자녀는 최소한의 자아분화만을 한 채 부모와 밀착관계를 가진다. 자아분화 수준이 낮은 부모는 미분화에서 오는 불안을 삼각관계를 통해 회피하려고 한다. 이러한 삼각관계화에서 볼 수 있는 공통적인 현상은 어머니가 특정 자녀와 공생관계를 형성해 미분화의 산물인 자기 문제를 투사시킨다는 점이다. 보웬에 따르면 투사는 어느 가정에서나 일어날 수 있지만 분화 수준이 낮은 가정일수록 투사가 심하다. 가족투사과정은 다음 세대를 희생시키면서까지 이전 세대의 미분화에서 발생한 불안을 경감시키려는 것이다.

5) 다세대 전수과정

이 개념은 다세대를 통해 가족의 정서과정이 전수되는 것을 설명한다. 보웬의 다세대 전수 개념은 핵가족에서의 개인뿐 아니라 여러 세대에 걸친 핵가족을 포함하는 정서적 장애를 의미한다. [그림 9-1]과 같이 자아분화의 수준이 낮은 사람이 자신과 비슷한 분화 수준을 가진 사람과 결혼하면 다음 세대인 자녀에게 자신들이 가진 미분화된 특징을 투사하게 된다. 결과적으로 자녀의 자아는 더욱 미분화된 상태에 놓이게 된다. 이러한 투사과정이 여러 세대에 걸쳐 계속되면 3세대 또는 그 이상의 세대에 가서 정신분열증이나 정서적 질환이 발생할 수도 있다. 이처럼 다세대 전수과정은 개인의 자아분화 수준이 대대로 전달되는 것을 의미한다. 이렇게 볼 때 정신분열증이나 역기능의 문제는 개인의 질병이 아니라 가족체계에서 누적된 자아의 미분화, 즉 융해의 산물인 셈이다.

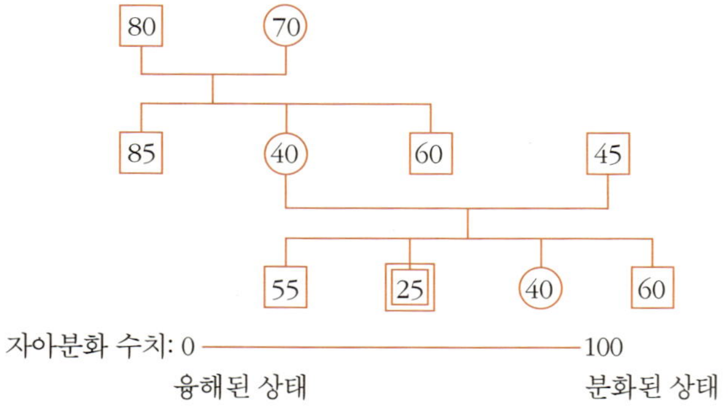

[그림 9-1] 자아 미분화의 전달과정

6) 출생순위

토먼(K. Toman)은 각기 다른 가정에서 태어났음에도 출생순위가 동일한 사람들은 비슷한 성격을 가지고 있다는 사실을 발견하였다. 이러한 사실로 미루어 한 개인이 가족체계 내에서 어떤 기능적 위치에 있는가를 추론할 수 있었다. 왜냐하면 가족체계 내의 정서적 세력이 출생순위에 따라 특정한 방식으로 기능하기 때문이다. 토먼은 생물학적 출생순위만을 염두에 두었으나, 보웬은 이러한 개념을 기능적인 출생순위까지 확대해 적용하였다. 예를 들면, 기대를 걸었던 장남이 사고로 사망하면 부부의 삼각관계 구도에 그다음 순위의 자녀가 휘말릴 가능성이 높다는 것이다.

출생순위의 개념은 특정 자녀가 가족투사과정의 대상으로 어떻게 선택되느냐를 이해하기 위한 새로운 견해를 제공하였다. 더불어 개인이 앞으로의 가정생활에 어떻게 적응할 것인가를 예측하는 데도 도움이 되었다.

7) 정서적 단절

정서적 단절은 한 개인과 자신의 원가족 간의 미분화 및 그것과 관련된 정서적 긴장을 설명한 것으로, 극심한 정서적 분리를 의미한다. 정서적 단절은 세대 간의 잠재된 융해의 문제를 반영하는 것이다. 따라서 세대 간의 정서적 융해가 심할수록 정서적 단절의 가능성 또한 높다. 융해가 심한 사람은 가족과의 정서적 접촉을 회피함으로써 문제를 해결하려고 한다. 그러나 고립된 소외에서 오는 불안으로 다른 사람과 관계를 맺으면 또 다른 융해가 초래된다. 원가족과의 미해결된 문제를 지닌 채 충동적으로 결혼한 사람이 결혼 이후 원가족과 정서적 단절을 하는 것이 좋은 예다. 이러한 사람은 결혼을 통해 원가족에서 벗어난다 하더라도 진정한 독립을 얻은 것이 아니다. 왜냐하면 융해가 심한 사람은 결혼을 해도 새로운 가족과 다시 융해하여 원가족의 문제를 재연시키기 때문이다.

8) 사회적 정서과정

개인에게 거짓연대감을 갖게 하는 사회의 작용으로, 이 작용은 융해를 조장하며 자기분화를 저해한다. 즉, 환경이 가족에게 영향을 미치는 것처럼 사회 내의 정서적 과정이 가족 내의 정서적 과정에 영향을 미친다는 개념이다. 보웬에 따르면 가족은 만성적으로 불안에 휩싸이면 이러한 불안을 감정적으로 억제하지 못한 채 이성적으로 행동할 수 없게 된다. 그 결과 증상이 형성되며 가족의 기능에 퇴행이 일어난다는 것이다. 그러므로 사회적 퇴행은 불안에 의해 사회적 문제 해결 능력을 위태롭게 하는 정서적 과정이다.

2. 치료기법

1) 치료관계

불안은 정서적 융해의 산물이며, 지속적인 변화를 위해서는 차분하고 안정된 분위기에서 이해와 자기분화를 하는 것이 필요하다. 치료자의 역할은 코치와 같다. 그들은 불안을 감소시키면 정서적 역기능이 줄어든다는 믿음을 갖고 있기 때문에 가족 상호작용을 곁에서 지켜보면서 가족에 대한 자신의 관찰을 토대로 각 가족에게 질문이나 암시를 한다. 이때 치료자는 이성적 상호작용의 모델로서의 역할을 해야 하므로 자신들의 정서적인 반응을 드러내지 않고 가족 내의 정서를 다룰 수 있어야 한다. 그것은 치료자가 가족과 바람직하지 않은 정서적 삼각관계를 피하기 위해 안정된 정서상태에서 치료를 진행하는 전문성을 추구해야 한다는 것을 의미한다. 가족정서체계 접근에서는 개입 초기 단계에는 대인관계의 긴장을 극소화하려는 여러 접근과는 달리 치료 초기부터 예민한 논점에 대해 직접적으로 다룬다. 그러나 이런 방식으로 접근할 경우 가족들이 생산적인 관계를 유지하지 못한 채 긴장이 고조될 것이라고 예상되면 다루려는 내용과 유사한 스토리를 사용할 수도 있다.

이들 치료과정은 점진적으로 이루어진다. 자아분화는 개인과 전체 체계를 변형시키기 위한 매개물이다. 따라서 치료과정을 통해 개인의 자아분화가 성취되면 가족체계가 변화하고 이것은 다시 더 높은 수준의 자아분화를 초래하는 순환성을 가진다.

앞에서 언급한 것처럼 정서체계 접근을 지향하는 치료자는 가족 중 한 사람을 선정하여 일정 기간 동안 그 사람을 치료함으로써 가족체계 전체를 변화시킬 수 있다고 생각하기 때문에 어떤 의미에서는 치료대상이 넓다. 예를 들어, 생존하지 않는 할아버지도 치료대상의 범위에 포함될 수 있다. 이들은 독특한 치료기법을 사용하기보다는 치료과정에서 통찰을 위한 질문을 선호한다. 이때 질문은 가족 구성원이 자신의 딜레마를 인식하고 잘못된 관계에서 역할을 수정하기 위한 방법을 유도하기 위한 것이다. 정서체계 접근에서는 치료자의 객관성과 정서적 중립성을 강조하면서 치료자의 역할을 '코치'나 '의논상대'라고 본다.

2) 가계도

가족정서체계 접근에서는 치료 초기에 확대가족을 포함한 가족의 정보를 얻기 위해 가계도를 사용한다. 가계도란 3세대 이상에 걸친 가족들의 구체적인 정보와 그들 간의 관계를 기록해 놓은 일종의 도표다(이영분 등역, 2011). 이것은 가족에 관한 정보를 비교적 간단하게 도식화하였기 때문에 복잡한 가족 유형의 형태를 한눈에 볼 수 있다는 이점이 있다. 다시 말하면, 3세대 이상의 가족에 관한 정보를 도식화함으로써 치료자는 가족 각 개인과 가족관계에서 반복되어 나타나는 가족관계의 유형이나 사건들을 파악할 수 있다. 또한 가족관계나 기능을 도식화함으로써 원가족과 어떤 삼각관계를 형성하고 있는지 체계적으로 생각할 수 있도록 돕는다.

가계도를 활용한 면담은 체계적인 질문을 진행하기가 쉬워서 치료자에게는 좋은 정보를 제공하는 한편, 가족에게도 자신들의 문제를 체계적인 관점에서 볼 수 있도록 한다는 이점이 있다. 가계도는 가족이 자신들을 새로운 시점에서 볼 수 있도록 도와줌으로써 상담의 효과를 높일 수 있다. 이것은 가족 스스로가 시간과 공간을 넘나들면서 가족문제를 추적하도록 함으로써 현재 가족이 보이는 문제와 행동을 체계적 관점으로 볼 수 있게 한다.

가계도는 첫 회기에 어느 정도 완성되고 새로운 정보가 드러날 때마다 수정된다. 가족에게 이전 세대부터의 주제, 신화, 규칙, 정서적으로 부과된 문제 등에 관하여 물어봄으로써 반복되는 유형을 명백히 한다. 또한 가계도의 가족력을 봄으로써 지금까지 가족 내에서 일어났던 일들의 관련성을 알 수 있게 된다.

(1) 가계도 작성방법

치료자가 가계도의 필요성을 가족에게 설명함으로써 가계도 작성은 시작된다. 일반적으로 가족배경이 현재의 가족문제에 어떻게 영향을 미치는지 좀 더 잘 이해하기 위해서 가족 기원에 대한 정보를 얻는 것이 중요하다고 설명한다. 또한 시간은 어느 정도 걸리며 어떤 사건의 순서로 그려가는지에 대해 알려 주기도 한다. 치료자는 누가 먼저 시작할 것인지를 지적하지 않지만 임상적 경험에 따르면 치료에 그다지 열의를 갖지 않은 가족부터 시작하는 것이 도움이 된다. 가계도를 작성할 때 보통 가족 기원을 자세히 기록한다. 칠판을 활용하여 가족들이 시각적으로 함께 보면서 그려 가는 것도 도움이 된다. 가족구조를 도식화하는 것은 가족 전체에게 개입한다는 치료자의 자세를 유지하는 데 유용한 재료가 된다.

가계도 작성 시 유의해야 할 점이 몇 가지 있다.

첫째, 치료자는 모든 가족이 참여하도록 격려하며 개입을 유지하는 것이 필요하다. 즉, 어떤 가족과 이야기를 나눈 후, 다른 가족에게 덧붙일 것이 있는지를 확인하거나 동의하는지의 여부를 물어본다.

둘째, 치료자는 가계도를 그리는 경험이 가족에게 부담스럽게 느껴지지 않도록 배려해야 한다. 가계도 작성은 가족과의 관계가 충분히 이루어지지 않은 치료 초기에 이루어지기 때문에 때로는 가족들이 힘들어하거나 재미없어하는 질문, 답하고 싶지 않은 질문에 도움이 되도록 유머나 재치를 사용할 필요가 있다.

셋째, 가계도를 통해 치료자의 전문성을 발휘할 수 있어야 한다. 가계도를 작성한 후 치료자는 가족에게 자신들의 생각을 서로 나누도록 이끌어 가는 것이 중요하다. 일반적으로 가족들은 자신의 가족에 대해 객관적으로 평가를 받고 싶다는 의지가 강하다. 따라서 가계도를 통한 치료자의 전문적인 분석은 가족들이 자신의 가족에 대한 통찰을 갖게 하는 데 도움이 된다.

가계도를 작성하는 과정은 다음과 같다.

첫째, 가족구조를 도식화한다.

가계도는 각 가족이 한 세대에서 다음 세대까지 생물학적 · 법적으로 어떻게 관련되는지를 도표로 묘사하는 것이다. 그것은 [그림 9-2]와 같이 사람을 나타내는 기호와 관계를 묘사하는 선으로 구성된 지도와 같은 것이다.

둘째, 가족에 관한 정보를 기록한다.

가계도의 뼈대인 가족구조를 도식화하고 나면 그다음에는 가족의 이력, 가족의 역할, 가족생활의 중요한 사건 등에 관한 정보를 덧붙인다. 가계도를 통해 여러 가지 세부사항을 수집할 수 있도록 가능한 한 많은 세대에 걸쳐 결혼일, 죽음, 생일, 가족 구성원의 나이 등을 적도록 한다. 그러나 치료 초기에 가계도를 작성하게 되므로 지나친 정보 수집은 바람직하지 않다는 견해도 있다. 따라서 이혼, 결혼, 죽음 같은 중요한 사건일과 나이 등에 대해 자세히 파악하는 것은 현재 세대와 바로 이전 세대에 머

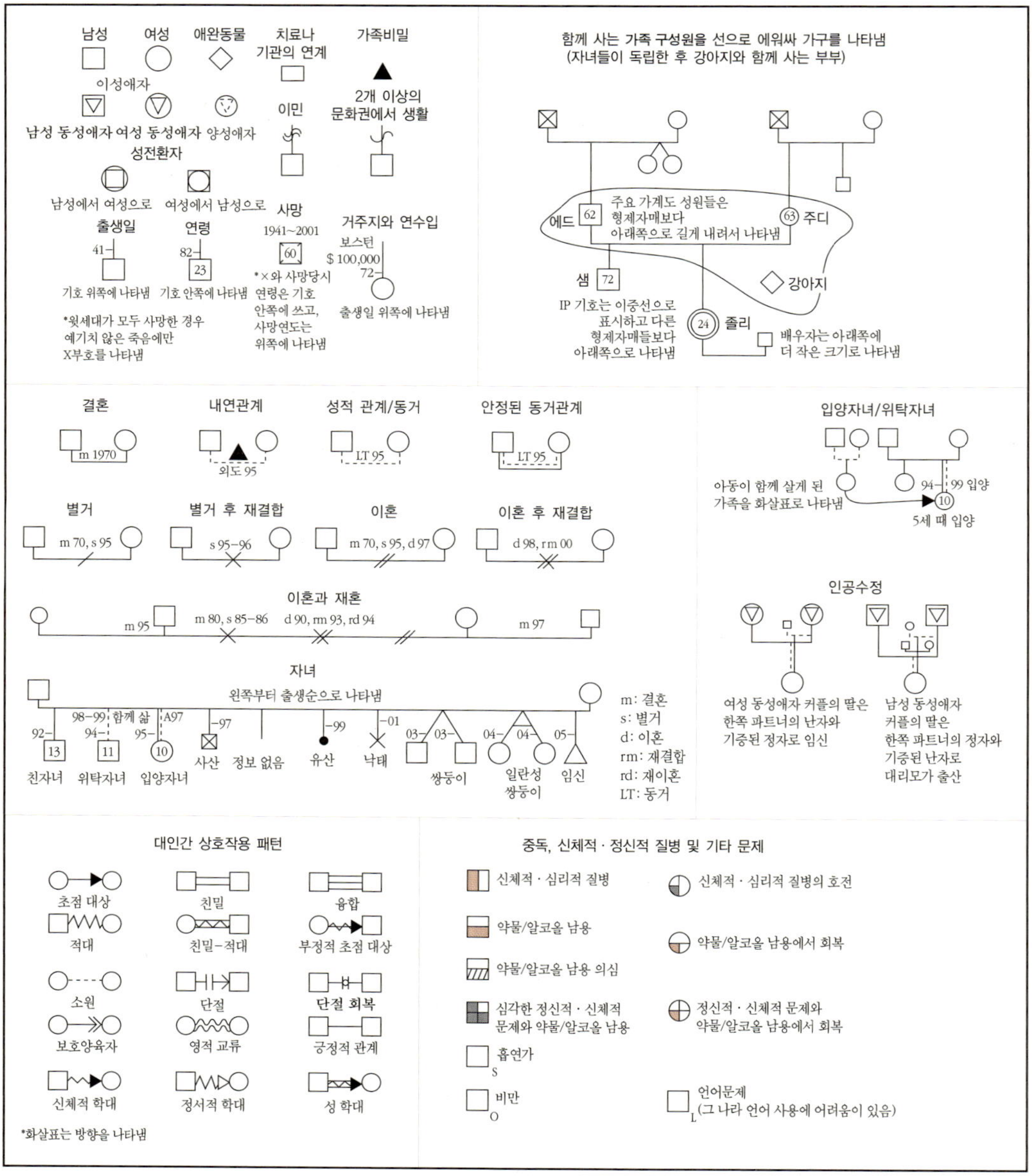

[그림 9-2] 가계도 작성의 기호

출처: 이영분 외 공역(2011).

무르는 것이 일반적이다.

가계도 작성 시 기록해 두면 도움이 되는 사항들은 다음과 같다.

- 각 가족의 이름, 별명, 가족애칭(공주, 우리집 외교사절)
- 출생, 사망, 질병, 결혼에 관한 정보, 그 밖에 승진이나 졸업에 관한 중요 정보
- 각 가족의 종교
- 확대가족과의 접촉횟수 및 접촉방법(우편, 전화, 방문)
- 각 가족이 선호하는 표현체계(시각적 · 청각적 · 행동적 표현체계)
- 가족끼리의 친밀 또는 소원의 정도
- 정서적 단절의 유무(정서적 단절이 있다면 계기와 시기를 기록)

셋째, 가족관계를 표현한다.

가계도가 주는 유용한 정보는 가족구조가 아니라 구조를 구성하고 있는 관계의 본질이다. 치료자는 가족이 그들의 가정생활에 근본적으로 미치는 영향을 이해하도록 해야 한다. 예를 들어, 자신들의 부모의 부부관계를 자신의 결혼 모델로 삼고 있는 부부에게 그 같은 점을 이해시키기 위해 다음과 같은 질문을 할 수 있다. "각자의 부모는 애정을 어떻게 표현했나요?" "부모님의 사회적 삶은 어땠나요?" "서로 의견 차이가 있을 때 부모님은 어떻게 했나요?" "당신은 부모님 중 누구와 많은 시간을 함께 보냈나요?" "당신들은 의견이 다를 때 어떻게 표현하나요?" "당신들은 애정을 어떻게 표현하나요?" 등의 질문을 통해 관계를 추론할 수 있다. 이들로 하여금 현재 자신들의 가정생활 모델이 가까운 부모로부터 발달된 관계 패턴임을 알게 하기 위해서 부모에 대한 질문을 하는 것은 중요하다.

관계의 선을 작성하는 것은 지금까지와는 달리 치료자의 임상적 판단에 근거한 작업이다. 치료자는 가족의 보고와 치료자가 직접 관찰한 것을

근거로 각 가족 구성원의 관계를 여러 가지 선으로 표시한다.

이렇게 해서 완성된 가계도의 예는 [그림 9-3]과 같다.

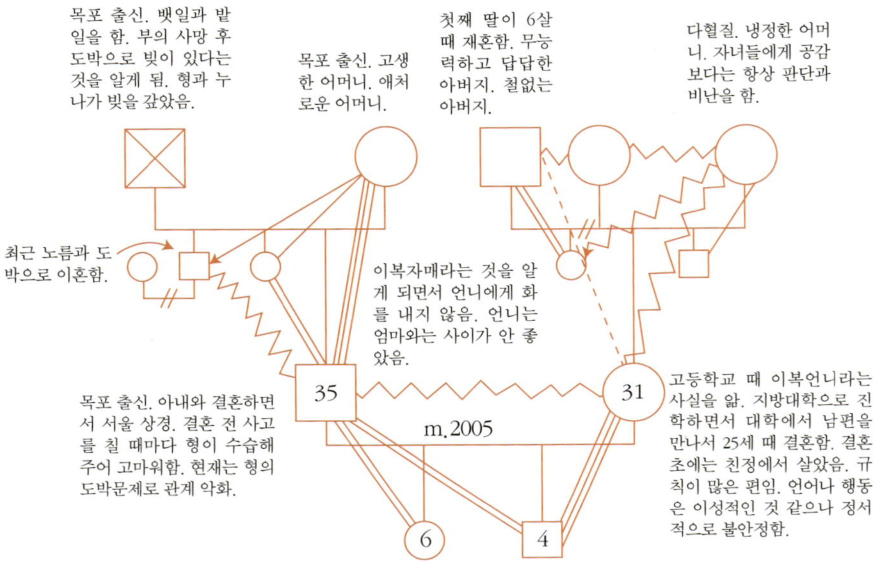

[그림 9-3] 가계도에서 관계의 선의 예

(2) 가계도를 통한 평가

가족 내의 상호작용과 인간관계는 끊임없이 바뀌기도 하지만 어떤 유형을 반복하기도 한다. 가계도는 이러한 유형의 반복을 예측 가능하게 한다.

사람들은 세대, 연령, 성 등의 가장 일반적인 요인에 의하여 가족체계 내에서 조직된다. 가족구조의 어느 부분을 담당하는지에 따라 개인의 기능이나 인간관계의 패턴, 다음 세대에서 형성될 가족관계 유형까지 영향을 받을 수 있다. 한 세대에서 일어난 일은 다음 세대에서도 되풀이된다. 즉, 실제 행동 형태는 여러 가지로 표현된다고 하더라도 같은 문제가 여러 세대에 걸쳐 나타나는 경향이 있다. 가계도에서는 한 세대에서 다음 세대로 계속되거나 또는 바뀌는 가족구조, 관계, 기능을 찾아볼 수 있다.

이러한 체계적 접근은 가족의 현재뿐만 아니라 과거까지도 이해하게 만든다. 역사적 관점에서 볼 때 치료자는 어떤 사건이 우연하게 일치된다는 점에 대해서도 체계론적 견해를 가지는 것이 필요하다. 따라서 가족 내의 여러 부분에서 동시에 일어난 사건을 단순한 우연으로 보지 않고 오히려 체계적으로 상호 관련된 것이라고 봐야 한다. 가계도에서 드러나는 역사와 관계 유형은 문제를 규정하는 데 중요한 실마리를 제공한다. 어떤 가족관계 패턴은 보호하고 다른 가족관계 패턴은 말살시키기 위해서 또는 이전 세대에서 물려받은 유산을 보호하기 위해서 증상이 어떻게 도움이 되는지가 한눈에 드러나기 때문이다.

가계도를 통해 치료자는 가족체계에서의 주요 삼각관계를 파악하여 그러한 삼각관계의 유형이 한 세대에서 다음 세대로 어떻게 계속되는지 살펴볼 수 있다. 이것은 그들을 변화시킬 전략을 설계할 수 있도록 돕는다. 이러한 체계적 접근을 통해 현재의 가족뿐만 아니라 과거의 가족도 이해할 수 있다.

3) 탈삼각관계

가족정서체계 가족치료에서는 증상을 제거하거나 변화시키기 위해 역사적 또는 심리적 요소를 발견해야 한다. 한 개인의 현재 가족기능은 원가족의 경험과 관련되어 있기 때문이다. 따라서 만약 어떤 사람이 현재의 기능에 만족할 수 없다면 원가족에서의 자신의 위치를 이해하는 것이 중요하다. 경우에 따라서는 원가족과 해결되지 않은 문제가 남아 있을지도 모른다. 가족정서체계 가족치료자들은 이처럼 확대가족으로 적절한 여행을 하면서 역사적인 관점에 선 치료방법을 시도하였다. 치료과정을 통해 가족은 자신의 부모, 즉 자녀들 입장에서 조부모와 같은 확대가족과의 관계를 이해하고 받아들이는 것이 중요하다.

치료목표는 다세대에 걸친 삼각관계화(triangulation)에서 개인을 해방시키는 것이다. 따라서 치료목표는 가족 구성원 각각의 통찰력을 높여서 가족체계의 불안을 낮추는 데 있다. 또한 가족체계를 정서적으로 재편성해 각 개인의 자아분화를 촉진하는 것이다. 체계를 바꾸고, 가족 구성원의 높은 분화 수준을 성취하기 위한 변화는 가족 내 중요한 삼각관계를 중심으로 이루어져야 한다. 때로는 이 같은 탈삼각관계를 시도하기 위해 치료자 자신과 가족의 주요인물 두 사람이 함께 새로운 삼각관계를 만들기도 한다. 치료 단위와 상관없이 치료목표는 자기분화에 있다. 즉, 확대가족 내에서의 중립적인 정서적 관계를 갖도록 하는 것이다. 이러한 변화의 첫 단계는 원가족에 대한 이해로부터 시작된다. 치료과정을 통하여 가족이 지금까지 무시해 온 가족사에 대한 기본적인 지식을 조직화해 가는 것이다. 가족을 알기 위한 또 다른 의미 있는 정보는 가족체계 내에서 다양한 집단의 지리적 위치를 파악하는 것이다. 일반적으로 한곳에 모여 사는 가족들은 가족유대가 강하며, 반대로 단절된 가족은 가족들이 지리적으로 떨어져서 지낸다. 직장 등 여러 가지 예외 사항이 있을 수 있으나 거주지의 물리적 거리는 드러나지 않은 정서적 패턴을 알 수 있는 좋은 단서가 되기도 한다. 문화적 · 경제적 · 교육적 수준과 같은 사회관계망도 가족을 설명하기 위한 또 다른 유용한 정보다. 가족에 대한 정보가 많을수록 자아분화가 쉬워지며, 이것은 여러 가족과 대인관계를 확립하는 데 이점도 된다. 궁극적으로 자아분화에서는 자신과 관련된 삼각관계를 인식하고 그것으로부터 탈삼각화하는 것이 중요하다. 이것은 얻어진 정보에 의해 자신들의 삼각관계를 인식하는 것에서부터 시작된다. 보웬의 탈삼각관계를 위한 개입은 감정의 상승 효과를 억제시키거나 장점을 보다 객관화하여 표현하는 것이었다. 때로는 위험한 화제를 해독시켜 묻혀 있는 비밀을 노출시키거나 무효화함으로써 탈삼각관계를 시도하기도 하였다.

치료자 자신도 치료과정에서 탈삼각화를 위해 노력해야만 한다. 치료자는 중립적이고 객관적인 자세로 가족과 적정 수준의 정서적 거리를 두어야 한다. 그리고 치료자는 가족의 토론내용보다는 상호작용과정에 관심을 집중해야 한다. 치료자가 대부분의 토론내용에 관여한다면 그것은 정서적 삼각관계에 휘말리고 있다는 것을 의미한다. 자아분화가 충분히 이루어진 치료자는 정서체계가 어떻게 작용하는지를 가족에게 가르쳐 주며, 그들이 원가족과 원만한 관계를 가질 수 있도록 격려한다. 가족정서체계에 대한 지식을 통해 가족 구성원은 자신의 문제를 분석할 수 있으며, 이것은 그들에게 자신의 변화를 지속시킬 수 있는 뼈대를 제공하는 것이기도 하다.

4) 교육

가족은 종종 자신들의 가족 역사에 뿌리를 둔 상호작용 패턴을 이해함으로써 이득을 얻을 수 있다. 예를 들어, 확대가족을 재방문하는 '옛날로 되돌아가기(going backwards)'를 통해 가족의 삶에 대한 증진을 초래할 수도 있다. 이것은 가족들로 하여금 변화로 인해 혼란스러움이나 자신들 행동에 대한 죄책감을 덜 느끼게 할 수 있다. 가족정서체계 과정에서 가족을 교육한다는 것은 치료자가 삼각관계에 머물면서 자신을 관찰하고 가족 주제를 파악하여 행동을 검토하는 것을 의미한다. 이것은 역기능적이거나 도움받을 단계를 넘어섰다고 걱정하는 가족을 위한 정상화의 전략으로 사용된다. 치료자는 다른 개입을 하는 순간에도 언제 통합된 교육을 할 것인지를 결정하지 않으면 안 된다. 치료자는 가족이 이해할 수 있도록 이 같은 정보를 공유해야만 한다. 결론적으로 치료자는 가족들이 자신의 원가족에게 돌아가도록 지도하는 코치와 같다.

| 제10장 |

구조적 가족치료

개인을 사회적 존재로 이해하여 개인을 둘러싼 구조에 관심을 가진 구조적 가족치료(structural family therapy)는 비교적 짧은 시간에 가족의 문제점, 가족 특유의 패턴을 파악하여 가족구조를 변화시키는 접근이다. 이들은 가족구조가 변하면 동시에 가족의 지위가 변하며, 이를 통해 각 개인의 경험도 변할 수밖에 없다고 보았다. 미누친(S. Minuchin)은 『이상한 나라의 앨리스』를 예로 들고 있다. 앨리스가 경험한 거인과 난쟁이는 앨리스가 변한 것이 아니라, 앨리스를 둘러싼 환경의 변화가 앨리스를 거인이나 난쟁이로 만들었다. 다시 말하면, 그는 환경의 변화가 한 개인의 지각을 변화시킬 만큼 지대한 영향을 미친다는 점을 강조하였다(Minuchin, 1974).

구조적 가족치료를 개발한 미누친은 1950년대 말부터 아동시설에서 가족을 면담하면서 문제가 있는 가족은 그것을 극복할 수 있는 대안이 부족하다는 사실을 알게 되었다. 따라서 기존의 구조에서 벗어나 새로운 구조를 만들 수 있는 치료방법에 관심을 가졌다. 그는 가족구조에 관한 주요한 이론을 발전시켰을 뿐만 아니라 가족에 대한 진단과 치료에 명확한 지침이 되는 개념들을 발전시켰다. 이처럼 구조적 가족치료는 이론적으로 우수성뿐 아니라 실용적인 면에서도 탁월하여 많은 치료자들이 선호하는 모델이다.

미누친은 1950년대 당시 가족을 다루는 치료자들이 대부분 중산층 가족을 대상으로 치료 접근을 했기 때문에 그들이 개발한 접근방법은 빈곤 가족에게는 적당하지 않다고 판단하였다. 빈곤 가족의 대부분은 많은 문제를 가지고 있으며 그러한 문제는 복합적이기 때문에 그는 그들을 위해 새로운 개념과 독자적인 기법을 개발했다.

1. 주요 개념

구조적 가족치료에서 구조란 보이지 않는 일련의 기능적 요구다. 이것은 가족끼리의 상호작용 방식과 연속성, 반복, 예측되는 가족행동 등을 조직한다는 것을 의미하며, 가족이 나름대로 고유한 구조를 가지고 있다고 생각할 수 있다. 그러나 가족구조란 추상적인 개념이므로 이를 이해하기 위해서는 가족 간 인간관계의 규칙을 이해하지 않으면 안 된다. 인간관계의 규칙을 이해함으로써 파악된 가족구조는 가족과 가족의 기능 수준에서 추상적 구조인 경우가 많다. 예를 들어, 안방을 누가 쓰는지, 식탁에서 누가 좋은 자리에 앉는지, 가족의 연령은 어떠한지 등 구체적인 정보로부터 가족의 인간관계 규칙, 즉 구조를 추리하는 것이 가능하다. 그러나 가족체계에서 인간관계의 규칙은 복잡하게 얽혀 있기 때문에 구체적인 정보의 나열만으로는 그것을 이해할 수 없다. 복잡한 인간관계의 규칙을 이해하기 위해서는 가족을 지배하고 있는 규칙을 찾아내는 것이 유익하다. 지배적 규칙이란 가족관계를 규정하는 규칙 중에 영향력이 강한 것을 의미한다. 이러한 추상적 수준에서 가족을 이해하기 위한 매개적 개념으로는 경계선, 제휴, 권력을 들 수 있다.

1) 경계선

경계선(boundary)이라는 말은 하위체계 사이에서 주로 사용되는 말이다. 경계선은 직접 보이지 않는다. 그러나 개인과 하위체계 간, 또는 가족과 다른 가족 간에 허용할 수 있는 접촉의 양과 종류는 이 같은 경계선으로 구분된다. 경계선이란 가족들이 가족 상호작용 과정에 어떤 방식으로 참가할 수 있는가에 대한 규약이다. 그리고 하위체계 간의 역동관계는 이 같은 경계선이 명확한지, 밀착되어 있는지, 분리되어 있는지에 따라서 명료한 경계선, 애매한 경계선, 경직된 경계선으로 구별된다. 명료한 경계선을 가진 가족은 정상적인 가족이다. 애매한 경계선을 가진 가족은 가족체계에 참가하는 것에 대한 규칙이 애매하기 때문에 가족들은 모든 문제에 서로 지나칠 정도로 얽혀서 필요 이상의 관여를 하게 된다. 이러한 가족을 밀착된 가족(enmeshed family)이라고 부른다. 반대로 경계선이 경직된 경우 가족은 뿔뿔이 흩어져 버리는데, 이러한 가족을 격리된 가족(disengaged family)이라고 부른다. 그러나 일반적으로 언급된 세 개의 경계선은 가족 내에서 함께 사용되지만, 어떤 가족의 경우에는 유연성을 상실한 채 가족 간에 밀착된 상태나 격리된 상태라는 양극단을 나타내기도 한다.

2) 제휴

가족은 부부 하위체계, 부모 하위체계, 형제 하위체계의 세 가지 하위체계로 구성되어 있으며, 이러한 하위체계에는 많은 연합이 있다.

하위체계 구성원 간의 관계는 그 안에서 다양한 형태로 상호작용 한다. 제휴(alignment)는 가족의 상호작용 과정으로 가족체계의 한 개인이 다른 협력관계 또는 상반된 관계를 가지는 것이다. 제휴에는 연합(coalition)과 동맹(alliance)의 두 가지가 있는데, 연합은 두 사람이 제삼자에 대항하기 위해 힘을 합하는 것이다. 이와 달리, 동맹은 두 사람이 서로 다른 공동의 목적을 위해 제삼자와 제휴하는 것으로, 반드시 제삼자와 적대관계는 아니다.

3) 권력

권력(power)이란 개개인의 가족이 상호작용의 과정을 통해 다른 사람에게 미치는 영향력이다. 권력은 일반적으로 절대적인 권한을 의미하는 것이 아니라 경우에 따라서 달라진다. 또한 권력은 가족이 서로 적극적인 교류를 하는가의 여부에 의해서도 달라질 수 있다.

미누친은 가족구조를 명료화하기 위해서 [그림 10-1]과 같이 가족지도

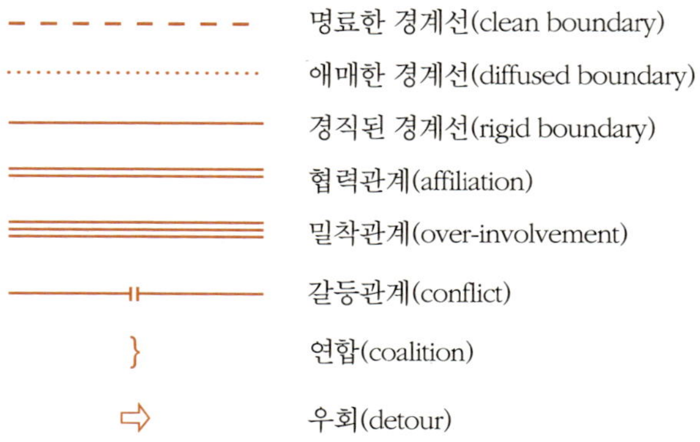

[그림 10-1] 가족지도에 사용되는 기호

출처: Minuchin(1974).

(family map)라고 불리는 도표를 사용했다.

구조적 가족치료에서는 가족의 하위체계 유형, 바람직하지 않은 하위체계 간의 경계, 가족체계와 그것을 둘러싼 생태학적 맥락과의 경계에 관심을 가졌다. 가족지도를 활용하면 [그림 10-2]와 같은 다양한 가족관계를 한눈에 파악할 수 있다. 왼쪽 그림은 부부의 갈등관계로 인한 긴장을 완화하기 위해 자녀라는 제삼자를 부부 사이에 끌어들여 삼각관계를 이룬 것이다. 이들 부부는 자녀가 학교에서 여러 가지 부적응 문제를 가지고 있다고 규정하고 자녀의 문제에 자신들의 관심을 집중함으로써 부부관계를 그대로 유지해 나간다. 오른쪽의 그림은 부부와 형제라는 각각의 하위체계가 협력관계를 유지하면서 세대 간에 분명한 경계선을 가지고 있는 가족의 가족지도다.

구조적 가족치료를 하는 치료자는 가족체계에 합류하면서 가족이 도움을 원하는 IP의 증상 또는 문제행동이 가족의 기능이나 구조와 어떤 관계를 가지고 있는지를 판단한다. 증상이나 문제가 구조와 관계를 가지고 있다는 사실을 발견하면 체계, 하위체계 간의 경계를 수정하거나 가족 내의 연합과 같은 변화가 필요하다는 것을 가족에게 직접 알린다.

구조적 가족치료에서는 문제들이 역기능적 가족구조에 의해 유지된다

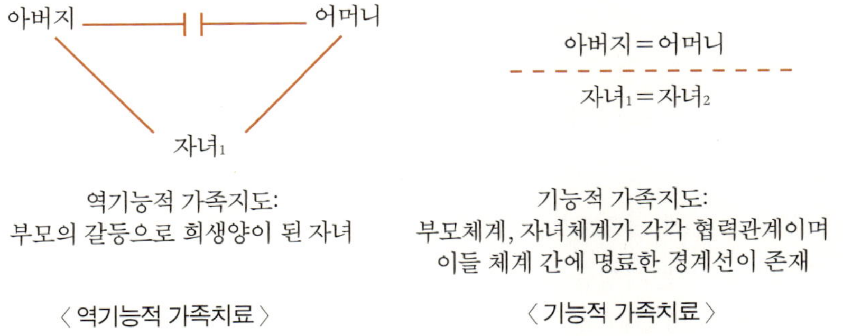

[그림 10-2] 가족지도의 예

고 보았다. 치료는 가족구조를 변화시켜 가족문제를 해결할 수 있도록 하는 것이다. 따라서 치료목표는 구조의 변화이며, 문제 해결은 체계적 목표의 부산물이다. 치료자는 가족구조를 변화시키기 위해 가족체계에 참여하는데, 그들은 경계선을 바꾸거나 하위체계를 재정비함으로써 가족 각각의 행동과 경험을 바꾸려고 노력한다. 그러나 치료자는 가족기능이 변화하도록 도울 뿐, 문제를 해결하는 것은 가족이 해야 할 부분이다.

문제행동의 변화와 향상된 가족기능은 서로 연관된 목표다. 문제행동을 변화시키는 가장 효율적인 방법은 문제행동을 유지시키는 가족 유형을 바꾸는 것이다. 효과적으로 기능하는 가족은 가족 구성원 각각을 지지하는 체계다. 구조적 가족치료의 목표는 가족이 서로 지지하면서 개인이 문제행동을 해결하고 성장하도록 촉진하는 것이다. 이것은 결국 가족체계의 성장으로 이어지게 될 것이다. 이와 같은 목표는 그들이 제시하는 증상과 구조적 역기능의 특성을 근거로 설정할 수 있다. 가족체계의 상호교류 규칙을 재구조화하는 것 역시 구조적 가족치료의 목표다. 가족은 대안적인 방식 및 다른 가족과 보다 만족스럽게 상호작용하는 방식을 배워 미래의 갈등과 스트레스에 보다 잘 대처해야 한다. 이를 위한 세부적인 치료목표는 하위체계 간의 명확한 경계선 설정, 가족 위계질서의 강화, 가족의 현실에 맞는 규칙으로 바꾸는 것 등이다. 새로운 구조의 출현은 전체로서의 가족은 물론 IP에게도 변화를 주기 위해 의도된 것이다. 이러한 관점에서 볼 때 치료자는 가족이 제대로 기능하지 못하는 가족규칙을 새로운 규칙으로 대체하거나 IP가 고정된 역할과 기능에서 벗어나도록 도와야 한다. 이를 통해 가족항상성을 유지하기 위한 문제행동이 더 이상 필요하지 않게 됨으로써 IP의 문제는 사라진다. 이와 같은 가족 재구조화의 결과로서 문제행동이 또다시 나타날 가능성은 줄어들고, 가족이 성장 잠재력을 증가시킬 수 있는 가능성은 커진다. 치료자는 가족이 융통성과 변화의 가능한 영역을 탐색하고 잠재적인 구조적 대안을 활성화시켜 변화하도록 돕는다.

2. 치료기법

가족은 변화를 위해 치료자를 수용하고 치료자의 개입에 반응해야 하는데, 이것은 가족의 입장에서 보면 항상성에 위협을 받고 스트레스가 증가되는 일이다. 그러므로 치료과정에서 가족 내의 구조적 변화가 필연적으로 일어날 수밖에 없다. 치료자는 먼저 가족이 제시하는 문제를 체계적 관점에서 재명명화해 행동의 변화를 유도한다. 즉, 치료자는 가족이 현재 가지고 있는 문제를 개인이나 외부의 힘으로 단정하면서 이것을 가족구조의 기능에 관련된 문제라고 재정의한다. 치료자는 이처럼 동일한 문제를 보다 새롭고 건설적인 방향으로 제시할 수 있어야 한다. 이들은 면담을 하는 동안 가족교류의 구조를 관찰해 그것을 변화시키도록 노력한다. 치료과정에서 드러난 가족역동도 구조적 가족치료에서 다루어야 할 중요한 부분인데, 이를 위해 치료자는 지도자의 입장으로 가족체계에 참여해 가족구조를 그려 보거나 구조 변화를 위한 개입도 한다.

1) 구조적 가족치료 사례

먼저, 자녀의 등교거부 문제로 12회기 동안 가족치료를 받은 사례의 개요를 통해 구조적 가족치료의 치료기법에 대한 이해를 돕고자 한다.

(1) 사례 소개

장녀의 지속되는 등교거부 문제 때문에 상담기관을 찾아왔는데, IP는 초등학교 4학년부터 간헐적으로 학교에 가지 않았다. IP가 학교에 가지 않을 때는 두통, 복통, 발열과 같은 신체증상을 동반했다. 초등학교 6학년 때부터 근처의 신경정신과에서 통원치료를 받은 경험이 있으나 별로 도움이 되지 못했다. 중학교에 진학하면서 학교 가기를 완전히 거부하기

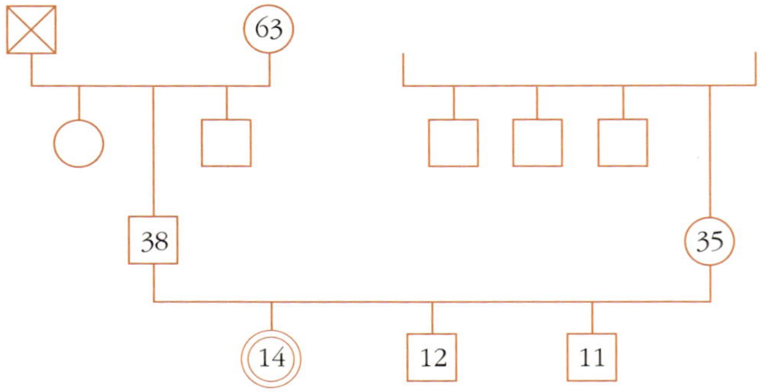

[그림 10-3] 가계도

시작하였으며, 최근 2년간 학교에 가다 말다를 반복하고 있다.

아버지는 38세의 회사원으로 3남매 중 둘째다. 일에 열심인 사람이라서 가족이나 자녀들의 일은 아내에게 맡기고 있다. 또한 아버지는 전근이 많은 직장이어서 IP는 중학교에 입학하기까지 5번의 전학 경험이 있다.

어머니는 35세의 가정주부로 4남매 중 막내다. 전반적으로 나이에 비해 어리며 부모 역할을 충분히 하지 못하고 있다는 인상을 준다. 한 예로 어머니와 IP의 관계는 모녀간이라기보다는 자매간으로 보이는 경우가 많았으며 때로는 공생적 관계로 보인다.

(2) 가족 진단

구조적 가족치료에서는 가족치료를 실시하기 전에 가족구조를 파악하여 그것을 기호로 표시하는 가족지도를 그린다. 가족지도를 그림으로써 치료자는 치료 방향에 대한 중요한 시사점을 가질 수 있다.

가족지도는 구조적 가족치료에서 빈번하게 사용되는 비언어적 기법이다. 이러한 기법은 때로는 교류의 개선뿐만 아니라 사정 목적으로도 사용된다. 가족 구성원이 치료 장면에서 교류하는 경우 각각 어떤 장소에 위치하는가는 그 가족의 구조를 반영하는 경우가 많다.

이 사례의 경우 가족지도는 다음과 같다.

아버지
·······
친할머니
―――――――――
어머니 : 큰딸 : 아들$_1$: 아들$_2$

[그림 10-4] 가족지도

이 가족의 경우에는 다음과 같은 역기능이 존재하였다.

첫째, 아버지는 가정에서 위계상으로는 가장 우위에 있으나 친할머니와 밀착된 채 가족들과는 단절되어 있다.

둘째, 가장으로서 가장 윗자리를 차지한 아버지의 위치 다음이 친할머니라는 점이다. 권위적인 가족의 경우라도 이 자리는 대부분 어머니가 차지한다. 즉, 할머니가 어머니의 위치를 점령한 셈이다. 조부모 세대와 부모 세대 간의 계층상의 혼란이 생긴 것은 어머니의 위치가 분명하게 확립되지 못했기 때문이다. 이와 같은 어머니 위치의 불안정성은 양육 등 어머니가 가족 내에서 가져야 할 권위를 아버지가 전적으로 책임지고 있는 것과 관련이 있다고 판단된다. 이러한 아버지의 행동 배경에는 어머니의 미숙한 성격이 관련되어 있다고 추론된다. 그러나 아버지가 어머니가 해야 할 역할까지 대행한 결과 어머니의 미숙함은 더욱 조장되었으며, 어머니가 가정 내에서 어떤 위치를 확립하는 데 어려움이 있었다고 생각할 수도 있다. 할머니에게 자신의 위치를 내어 준 어머니는 자녀들의 하위체계에 들어가 IP와 연합을 형성하여 할머니에게 대항하고 있다. 이것이 IP의 문제행동을 유지하는 데 기여하고 있다고 판단된다.

셋째, 어머니와 자녀의 하위체계의 문제다. 어머니와 자녀의 하위체계에는 경계가 존재하지만 어머니, 자녀의 출생순위에 따라 위계가 존재한다. 이 가족에서는 어머니와 IP가 거의 횡적인 관계를 맺어 병리적인 연합을 형성하면서 세대 경계 및 하위체계 경계가 무너진 것이다. 또한 IP는 두 동생과도 밀착되어 있어서 IP가 등교거부를 시작한 지 얼마 지나지 않아서 장남도 일시적으로 등교거부를 했다. 이것도 세대 경계의 혼란이나 부모의 병리적 연합을 반영한 것이라고 생각된다.

(3) 치료적 개입

① 치료과정의 초기 단계(1~3회기)

이 가족의 가족구조에서는 아버지가 가장 위에 있기 때문에 첫 면담에서 치료자는 아버지와 합류하려고 하였다. 그 이유는 아버지가 가족구조 내에서 가장 위에 위치한다고 주장하는 이 가족의 구조를 수용하기 위함이었다. 실질적으로 아버지는 가족의 일상생활에는 전혀 관여하지 않기 때문에 그의 관심을 가족에게 돌릴 필요도 있었다. 합류를 통해 아버지와의 치료관계는 순조롭게 이루어질 수 있었다. 합류는 치료자가 가족과 인간적인 관여를 하는 것으로 정의하는데 그중에서도 적응(accomodation)이라는 기법을 많이 활용하였다. 예를 들어, 치료자는 "아버님, 제가 영희 어머니에게 이 부분에 대해 물어봐도 될까요?" 라는 식의 사전 양해를 통해 가족들과 상호작용하도록 노력하였다.

또한 첫 면담에서 할머니가 아버지의 대변자 역할을 하는 것으로 미루어 할머니의 존재가 이 가족에게 커다란 문제가 되고 있다는 인상을 받았다. 가족에 대한 할머니의 지나친 간섭이 가족체계를 상당히 방해하는 요인이 되며 문제를 악화시키고 있다고 생각되었다. 또한 어머니는 면담 중 대화에 거의 참가하지 않았는데 이것은 할머니에 대한 상대적인 반응이라고 생각되었다. 따라서 치료자는 가족 내의 할머니의 위치를 안정시키면서도 동시에 그녀가 가족 외의 일에 관심을 가지도록 하는 것이 다른 가족들에게 도움이 되며, 가족 기능을 향상시킬 수 있다고 판단하였다.

치료자는 아버지에게 할머니가 가족 외의 시간과 에너지를 쓸 수 있는 장소를 찾아보도록 과제를 주었으며 아버지는 그 과제에 적극적이었다. 그리고 어머니도 그 일에 협력하도록 하는 과제를 통해 아버지와 어머니가 협력하여 부부체계를 확고히 하는 부수적인 결과를 얻었다. 결국 할머니가 복지관에서 운영하는 노인대학 활동에 참여하면서 가족체계에 변화가 보였다. 이 단계에서는 체계의 재편성을 시도하였는데, 이는 일차적 환경에서 가족 구성원의 배열을 바꾸어 구조를 변화시키는 기법이다.

② 치료과정의 중기 단계(4~10회기)

두 번째 단계는 가족구조 내에서 어머니의 위치에 중점을 두었다. 가족 내에서 중심적 권위를 가지지 못하는 어머니는 자녀들과 거의 같은 위치에 있었다. 따라서 치료목표는 어머니가 어머니의 위치를 강화하며 어머니로서 적절한 기능을 회복하는 것이었다. 그러나 이 시점에서 갑자기 어머니에게 적절한 기능을 기대하는 것은 어렵다고 판단하였다. 따라서 지금까지 자녀들과 떨어져 있던 아버지를 일시적으로 아이들과 함께하도록 한 후, 그 모습을 어머니에게 관찰하도록 하였다. 그 전략의 목표는 아버지와 자녀의 관계 강화, 어머니와 자녀의 분리 촉진, 그리고 어머니의 부모로서의 기능 학습 기회 제공 등이었다. 치료자는 구체적인 과제로 아버지에게 자녀와 함께 목욕하기, 학교생활에 대한 이야기 듣기, 숙제를 봐주기 등을 내주었다. 그 결과 자녀들에 대한 어머니의 지나친 관여가 줄고 아버지는 자녀들과 관여가 늘어나면서 부모 하위체계가 명확하게 형성되었다.

③ 치료과정의 종결 단계(11~12회기)

부모의 하위체계가 보다 견고해져서 어머니와 자녀들 간의 지나친 밀착관계는 수정되고 아버지와 자녀 간의 관계는 강화되었다. 이후 자녀들과의 관계에서는 어머니가 중심이 되고 아버지는 제2의 위치에서 어머니를 원조, 보조하는 역할을 하도록 하였다. 이러한 목표를 달성하기 위해서는 어머니가 적절한 부모로서의 기능을 배우는 것이 중요하였다. 면담과정에서는 실연화 등을 통해 어머니가 배운 기능을 가족체계 내에서 실행할 수 있도록 도왔다.

치료과정에서 부모 하위체계는 확실한 변화를 보여 어머니는 자녀의 양육에 관해 자신의 확실한 의견을 말하며 아버지는 그것을 지지하는 것을 볼 수 있었다. IP의 등교거부 문제도 호전을 보였으며 가족이 다음과 같이 재구조화되었다.

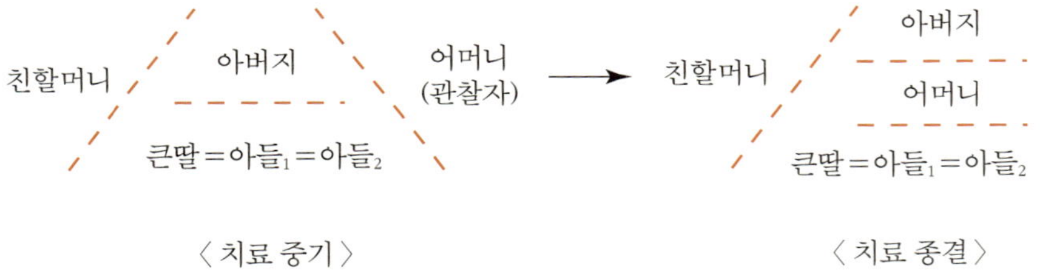

[그림 10-5] 치료회기에 따른 가족지도의 변화

2) 치료과정

구조적 가족치료에서는 사정을 위한 면담과정을 별도로 가지지 않는다. 일반적으로 가족구조의 사정은 가설이며, 이러한 가설에 따라 치료목표가 설정된다. 치료목표를 향해서 치료적 개입이 행해지며 그 결과는 다시 가족구조를 사정하기 위한 자료로서 피드백되는 과정을 거친다. 이러한 과정을 도표화하면 [그림 10-6]과 같다. 구조적 가족치료에서는 한 회기의 면담 중에도 이러한 과정을 여러 번 반복하면서 가족구조의 변화를 시도한다.

(1) 문제의 정의

↓

(2) 문제에 관한 정보의 수집

↓

(3) 가설설정(구조의 사정)

↓

(4) 치료목표의 설정(단기/장기목표)

↓

(5) 치료적 개입

↓

(6) 2번으로의 피드백

[그림 10-6] 가족구조의 평가 및 목표설정의 과정

여기서 알 수 있듯이 사정-목표설정-치료적 개입은 하나의 과정이다. 그러나 실제 치료과정에서는 일반적으로 치료자가 전체 과정을 염두에 두고 치료적 개입을 시도한다.

구조적 가족치료 기법은 가족이 보다 바람직한 교류 유형을 발달시킬 수 있는 맥락을 만들어 내는 것이 중요하다는 이론적 근거를 가지고 있다. 따라서 구조적 가족치료 기법은 목적에 따라 가족 상호작용의 합류, 가족 상호작용의 재구성, 가족 상호작용의 창조 등 세 가지 범주로 나눌 수 있다. 가족 상호작용의 합류는 치료목표에 도달하기에 앞서 치료자가 추구하는 가족과 인간적인 교류를 하는 기법이다. 가족 상호작용의 재구성은 보다 기능적인 가족구조를 만들기 위해 가족 간의 상호작용에 변화를 시도하는 기법이다. 가족 상호작용의 창조는 치료자가 치료효과와 연결될 수 있는 가족 간의 상호작용을 의도적으로 만들어 내는 기법이다(Minuchin & Fisherman, 1981). 그러나 이러한 세 가지 범주의 기법은 서로 독립된 것이 아니라 보완적인 역할을 한다. 실제로는 새로운 가족구조를 만들기 위해 몇 개의 다른 범주의 기법이 동시에 또는 연속적으로 사용되기도 한다.

3) 가족 상호작용의 합류

가족 상호작용의 합류는 가족의 구조를 재구성하거나 새로운 상호작용을 만들어 내기 위한 중요한 정지작업인 셈이다. 치료자와 가족 간의 원활한 상호작용이 전제되지 않는다면 치료적 변화는 기대할 수 없기 때문이다. 가족과 치료자가 신뢰 속에서 서로 협력하여 치료를 계속하기 위해서 합류(joining)는 중요한 요소다. 합류는 치료자가 가족과 인간적인 관여를 하는 것으로 정의된다. 즉, 라포와 비슷한 개념이지만 라포가 치료관계의 정서적인 면을 의미한다면, 합류는 치료자의 행동을 표현하는 용어라고 말할 수 있다. 합류는 의도된 행동적인 기법이지만 치료자의 자연스러우면서도 배려 깊은 공감적 이해가 선행되어야 한다. 합류를 촉진하기 위한 기법으로는 추적, 적응, 모방이 있다.

(1) 추적

추적(tracking)이란 치료자가 가족이 지금까지 해 온 의사소통이나 행동을 계속하도록 지지하여 가족이 보이는 기존 상호작용의 흐름에 거슬리지 않고 들어가는 것이다. 다시 말하면, 가족과정의 흐름에 합류하는 것이다. 추적 기법의 실천으로는 치료자의 지지적 언급, 내용을 명료화하기 위한 질문, 가족이 말한 핵심용어 반복하기, 흥미를 가지고 열심히 듣는 태도 등을 들 수 있다.

(2) 적응

적응(accomodation)이란 치료자가 가족과 합류하기 위해서 자신의 행동을 가족의 상호작용에 맞추는 것이다. 즉, 치료자는 가족 상호작용의 법칙을 존중하고 그것에 따르려고 노력한다. 미누친은 유지라는 단어를 사용해 적응의 중요성을 묘사하고 있다. 이것은 치료자가 가족이 가지고 있는 기존의 구조를 유지해 나갈 수 있도록 존중하는 것이다. 치료 초기에 관계를 성립할 때 유용한 기법이다.

(3) 모방

모방(mimesis)이란 치료자가 가족의 언어적 또는 비언어적 행동을 활용해 합류를 촉진하는 것이다. 치료자는 판토마임처럼 가족의 흉내를 낸다. 의식적 또는 무의식적으로 모방하고자 하는 대상의 언어 사용, 동작, 감정의 표현, 비유적 표현 등에 주목하는 것이다.

4) 가족 상호작용의 재구성

구조적 가족치료의 치료목표는 가족의 상호작용 패턴을 변화시켜서 더 이상 IP가 문제행동을 보이지 않는 바람직한 가족구조를 만들어 내는 것이다. 이러한 목표를 달성하기 위해 기존의 가족 간 상호작용 패턴을 변화시키려는 시도가 가족 상호작용의 재구성이다.

이것을 실현하기 위해 구체적으로 활용되는 기법으로는 크게 체계의 재편성, 증상의 초점화, 구조의 수정 등을 들 수 있다. 체계의 재편성은 가족을 바람직한 위치로 직접 움직여 가족의 상호작용에 변화를 시도한다. 증상의 초점화는 증상을 바라보는 가족의 시각을 달리하여 상호작용 유형을 변화시키려고 한다. 또한 구조의 수정은 구조적 가족치료의 독특한 기법으로, 가족의 상호작용 유형에서 나타나는 경계선, 제휴, 권력에 직접 개입하여 변화를 초래하려는 시도다.

(1) 체계의 재편성

체계의 재편성은 기존의 가족환경에서 가지고 있던 가족들의 배열을 바꾸어 구조를 변화시키는 기법이다. 예를 들어, 자신의 원가족과 분리하기 어려워하는 아내가 결혼 후부터 친정어머니와 함께 살면서 남편과 친밀한 관계를 유지하지 못하는 경우를 생각해 볼 수 있다. 치료자는 친정어머니를 독립하도록 권유함으로써 핵가족에서 친정어머니를 물리적으로 배제시키기도 한다. 이를 통해 부부와 자녀관계에 바람직한 상호작용이 일어날 수 있다고 보기 때문이다.

(2) 증상의 초점화

증상의 초점화는 가족이 호소하는 증상에 직접 관여해 가족 상호작용 유형을 변화시키려는 기법인데, 이때 증상은 역기능적 가족구조의 반영이라고 본다. 치료자는 증상의 기능을 무력화시켜서 더 이상 가족 상호작용에서 증상이 필요하지 않도록 만든다. 증상의 초점화를 통해 가족 상호작용의 개선을 시도하기 위한 기법은 가족치료의 여러 기법에서도 사용되고 있으나, 구조적 가족치료의 목표는 증상의 제거뿐만 아니라 가족구조의 변화다. 증상의 초점화를 위해서는 다음과 같은 방법이 활용된다.

첫째, 증상의 강조다. 일반적으로 IP의 증상은 자신을 힘들게 하지만, 한편으로는 이차적인 이득이 있다. 증상은 IP에게 고통스럽지만 주위 사람의 관심을 끌거나 책임회피를 할 수 있는 이점도 있다. 가족의 입장에서도 IP의 문제는 서로 대화하지 않던 부부가 자녀의 문제를 계기로 자주 이야기하는 등의 이차적인 이득을 가져온다. 따라서 증상의 강조란 IP나 가족이 얻을 수 있는 이차적인 이득이 일어나지 못하도록 증상을 과장하는 것이다.

둘째, 증상의 축소화다. 이는 증상의 강조와는 반대로 가족들이 인식하고 있는 IP 증상의 중요성을 경감시키는 기법이다. 이것의 목적은 증상의 강조와 마찬가지로 IP 증상 위주의 가족 상호작용 유형을 변화시키려는 것이다. IP의 증상을 다른 문제와 비교해 다른 문제를 더욱 부각시킴으로써 상대적으로 현재의 증상을 경시하도록 만드는 것이다. 예를 들어, 가족이 둘째 아들의 도벽이 문제라고 호소하는 경우 치료자는 첫딸의 무기력에 대해 염려를 드러냄으로써 증상을 축소할 수 있다.

셋째, 증상에 대한 새로운 의미 부여다. 자녀의 문제행동으로 그동안 소원했던 부부간의 의사소통이 활발해졌다는 점을 부각시킬수 있다. 이와 같은 증상의 재정의는 학파에 따라 재명명화, 증상에 대한 긍정적 의미 부여로 소개되는데, 한마디로 말하면 증상에 붙이는 라벨을 바꾸는 것이다. IP의 증상에 대한 의미는 보는 시각에 따라 다양하므로 이 같은 시도가 가능한 것이다. 가족이 가진 상식적인 관점에서는 증상이란 부정적인 것이지만 실제로는 그로 인한 이차적인 이득도 있다. 이처럼 증상의 재정의 목적은 새로운 증상의 이행과 마찬가지로 새로운 가족 상호작용을 창조하는 것이다.

(3) 구조의 수정

구조의 수정은 구조적 가족치료의 독특한 기법으로, 가족체계의 경계선, 제휴, 권력에 직접 관여해 가족구조를 변화시키는 것이다. 구조적 가족치료를 지향하는 치료자는 계획적 또는 의도적으로 기능적 구조를 목표로 하면서 다양한 치료적 개입을 시도한다. 구조의 수정 기법에는 가족지도, 가족 상호작용의 분해, 가족 상호작용의 강화, 가족 상호작용의 재조직이 있다.

첫째, 가족지도는 구조적 가족치료에서 빈번하게 사용되는 비언어적 기법이다. 이러한 기법은 때로는 가족 상호작용의 개선뿐 아니라 사정의 목적으로도 사용된다. 가족이 치료과정에서 상호작용하는 경우, 각각 어떤 위치에 있는가는 가족의 구조를 반영하는 셈이다. 이러한 가족지도는 가족 사정의 수단이 될 뿐 아니라 치료자가 지도를 다시 만들어서 구조를 수정하는 치료적 기법으로도 사용될 수 있다. 미누친은 가족지도를 자주 사용하는 치료자이며, 상담과정 동안 가족에게 계속 좌석이동을 요구하는 것으로도 유명하다.

둘째, 가족 상호작용의 분해는 가족이 역기능적인 구조를 지속하지 못하도록 치료자가 제지하는 기법이다. 가족치료를 필요로 하는 가족은 보통 IP의 증상을 중심으로 상호작용하기 때문에 가족이 IP의 증상에 대처하는 방법은 지금까지의 가족구조를 반영하고 있다. 따라서 가족이 IP의 증상에 경직된 상호작용을 하거나 IP나 가족이 자신만의 능력으로는 빠져나오지 못할 때 가족의 상호작용을 분해해 버림으로써 가족에게 새로운 상호작용을 시도하도록 한다. 미누친은 상호작용의 분해를 스트레스의 증가라고도 불렀다. 상호작용을 분해하는 기법의 하나로 가족 상호작용의 차단을 들 수 있다. 이것은 치료자가 가족에게 익숙한 상호작용 유형을 방해하는 것이다. 차이의 강조는 치료자가 가족 사이에 존재하는 태도의 상이점을 강조함으로써 협력체계를 이룬 상호작용을 분해시키는 것이며, 잠재적 갈등의 표면화는 치료자가 가족의 협력관계 이면에 숨어 있는 갈등을 표면화하도록 자극하는 것이다. 가족이 증상 위주로 상호작용을 하면 가족은 어느 정도의 스트레스를 경험하게 된다. 이러한 스트레스는 새로운 상호작용을 시도한다는 미지의 결과에 대한 불안이라기보다는 스트레스의 정도가 낮기 때문에 기존의 상호작용에 고착하는 것이다. 이러한 해석에 근거해 기법을 고려한다면 치료자가 가족의 고착된 상호작용에 스트레스를 증가시킴으로써 새로운 가족 상호작용에 대한 불안이나 스트레스를 상대적으로 줄일 수 있다.

셋째, 가족 상호작용의 강화는 가족구조의 개선을 목적으로 가족 상호작용의 여러 가지 유형 중 일부분을 강조하는 기법이다. 가족들은 상담과정에서 문제라고 이해된 가족의 상호작용에만 초점을 맞추는 경향이 있다. 예를 들어, 부모에게 반항하는 청소년 자녀의 경우 치료자는 이와 같은 관계보다는 형제들을 잘 보살피는 관계 유형에 초점을 맞추는 것이다.

넷째, 가족 상호작용의 재조직은 가족구조의 변화를 추구하는 기법이다. 일반적인 경우에는 가족 상호작용의 유형 자체가 계속되기 때문에 상호작용의 재구성이나 수정이 필요하지 않다. 그러나 갈등으로 인해 각각의 유형이 지닌 가능성을 충분히 발휘하지 못하게 되면 체계 갈등과 상호작용의 유형을 재조직함으로써 서로의 갈등을 배제하여 상호작용이 잘 기능하도록 시도하는 기법이다.

5) 가족 상호작용의 창조

치료를 필요로 하는 시점에 있는 가족들이 주로 사용하는 상호작용이 역기능적이라는 전제를 한다면, 역기능을 보이는 가족구조는 변화해야 한다. 그러나 가족의 입장에서 보면 가족치료에 오게 된 동기는 IP의 문제를 개선하기 위해서이므로 가족구조에 문제가 있다는 사실은 좀처럼 인정하기 어렵다. 치료자에게는 이처럼 가족이 가진 기대의 차이에서 상담에 필요한 정보를 어떻게 끌어내어 그것을 치료적으로 활용할 수 있는가가 중요하다. 가족이 의미 있다고 생각하지 않거나 또는 치료 장면에서 가족이 자발적으로 드러내지 않는 정보를 수집하기 위한 기법을 가족 상호작용의 창조라고 부른다. 물론 가족 상호작용은 가족이 치료자를 찾아오기 전부터 존재하는 것이다. 여기서는 치료에 유익하다고 생각되는 정보를 얻기 위해서 치료자가 의도적이고 계획적으로 가족 간에 어떤 상호작용을 촉진시키는 것을 의미한다. 동시에 가족 상호작용의 창조는 가족 상호작용을 재구성하기 위한 기초가 된다. 가족 상호작용의 창조를 위한 기법으로는 가족구조화, 실연화, 가족 내의 과제 설정이 있다.

(1) 가족구조화

치료자는 가족 상호작용에 어떤 영향을 주기 위해 가족에게 관여하는 방법을 의도적으로 가족구조화(family structure)하는 경우가 있다. 이처럼 가족구조화는 치료자가 치료목표에 도달하기 위해서 의도적이고 계획적으로 시도하는 치유적 관여를 의미한다. 따라서 치료자는 가족과 관여하는 방법이 항상 가족구조의 개선에 직접 또는 간접적으로 영향을 줄 수 있도록 고려하는 것이 중요하다.

(2) 실연화

실연화(enactment)는 면담 중에 가족에게 역기능적인 가족 구성원 간의 교류를 실제로 재연시키는 것이다. 이것은 언어로 문제를 설명하는 방법과는 달리 행동을 중시하는 것으로 구조적 가족치료의 독특한 기법이다. 가족들의 설명을 통해 이해하려는 종래의 방법과는 대조적으로 실연화에서는 치료자 앞에서 가족이 문제에 관한 실연을 하는 것이다. 문제를 언어로 설명할 때는 IP가 문제라는 전제 속에서 가족이 인식한 것을 언어화하기 쉬우므로 치료자 역시 가족의 생각을 근거로 해석할 수 있는 위험성이 있다. 그에 비해 실연화는 직접적이어서 가족의 실생활의 상호작용이 그대로 드러날 가능성이 있으므로 가족구조를 이해하는 데 효과적이다. 또한 실연화는 치료자에게 정보의 양과 질을 향상시키는 것 이외에도 다음과 같은 몇 가지 이점을 지니고 있다.

첫째, 치료자가 적극적으로 가족과 관여하게 됨으로써 치료적 관계 형성에 기여할 가능성이 크다.

둘째, 가족이 자신들의 문제에 관여하는 방법을 재연함으로써 그들 스스로가 가족체계라는 맥락 속에서 문제를 관찰할 수 있는 기회를 갖게 된다. 이를 통해 가족에 대한 기존의 이해, 즉 문제파악이 절대적 진실이 아니라는 것을 깨닫게 될 가능성도 높아진다. 실연화의 경험은 문제를 가진 IP 중심의 발상에서 가족이 역기능적인 상태에 있다는 발상으로 이행하는 데 도움이 된다.

셋째, 가족이 문제에 대해 서로 이야기하는 것이 아니라 실연화에 의해 문제를 실제로 경험하면서 각각 관여해 가기 때문에 구조 개선이 일어날 가능성도 있다.

실연화의 기법은 3가지 단계로 나누어진다. 제1단계에서는 상담자가 가족 상호작용을 관찰함으로써 어떤 역기능적인 부분에 초점을 맞출 것인가를 결정한다. 제2단계에서는 치료자가 가정한 역기능적인 상호작용의 차단을 중심으로 가족에게 연기를 요구한다. 제3단계에서는 가족에게 기존의 방법과는 다른 상호작용을 시도하도록 촉진시킨다.

(3) 가족 내의 과제 설정

가족 내의 과제(task) 설정은 치료자가 가족이나 어떤 특정 상호작용에 관여하는 과제를 내주는 것이다. 지시된 과제는 언제, 어디서, 누구와, 어떻게 상호작용해야 하는 것인가를 명확히 설명해야 한다. 이러한 과제는 치료과정에서도 요구될 수 있지만 '매일 저녁 7시부터 7시 30분까지'라는 식으로 치료과정 이외의 시간이나 공간에서 실행하도록 요구하는 것이 일반적이다. 이러한 과제의 목적은 구조적 가족치료 기법의 목표와 관련된 정보를 수집하고 상호작용의 개선을 다지는 것이다. 실연화도 과제와 비슷하지만 과제 설정에서는 시간, 장소, 상호작용 유형이 명시된다는 점이 다르다.

| 제11장 |

경험적 가족치료

가족문제를 둘러싼 통찰이나 설명을 가족에게 해 주기보다는 그들의 특유한 갈등과 행동양식에 맞는 경험을 제공하려고 노력하는 것이 경험적 가족치료(experiential family therapy)의 핵심이다. 이때 가족이 드러내는 역기능의 패턴이 다양한 만큼 치료자가 가족에게 제공하는 경험 또한 다양하다. 치료자가 제공하는 경험이란 가족들이 자발적으로 자신을 열어 보일 수 있는 기회, 표현의 자유, 개인의 성장 등을 의미한다. 경험적 가족치료를 지향하는 치료자들은 치료과정에서 경험하는 대인관계 자체가 성장에 주요한 자극이 된다는 믿음을 가지고 있다. 이때 치료자는 어떤 경험을 제공하든지 간에 과거를 들추기보다는 현재에 초점을 맞춘다. 즉, '지금 여기'에서 치료자와 가족 간에 일어나는 과정을 중시하는 것이다. 가족과 치료자 간의 상호작용은 만남에 참여하는 가족이나 치료자 모두가 함께 성장할 수 있는 계기가 된다고 여기기 때문이다.

휘태커(C. Whitaker)는 뛰어난 경험적 가족치료자로 치료과정에서 놀이와 같은 신체적 상호작용을 자주 활용하였다. 신체적 상호작용을 하면 가족 각각의 경험을 통해 서로 배우며 '마치 ……인 양'의 표현을 하면서 다양한 의미를 이해할 수 있다고 보았기 때문이다. 그러나 그의 뛰어난 임상기법은 체계화되지 못해서 새로운 치료자들이 뒤를 이어 가기 힘들었다. 그에 비해 인본주의적 개념을 바탕으로 성장기법을 개발하는 데 많은 관심을 가졌던 사티어(V. Satir)는 자신의 이론과 실제적 방법을 잘 정리하였다. 따라서 성장지향적인 그녀의 경험적 가족치료는 지금도 반맨(J. Banman) 등의 제자에 의해 꾸준히 발전하고 있다. 여기서는 우리나라에서도 많이 알려진 사티어 모델을 중심으로 경험적 가족치료를 소개하고자 한다.

사티어는 인간은 근본적으로 잘되고 싶다는 잠재력과 생명력을 가지고 태어나므로 적절하게 양육되면 건강한 성인으로 성장할 수 있다고 주장하면서, 이것을 나무의 속성에 비유해 종자 모델이라고 불렀다. 그녀는 자신의 치료 접근을 치료자와 가족이 함께 힘을 모아 가족의 건강한 교류를 촉진하여 성장을 자극하는 데 목표를 둔 성장 모델이라고 설명하였다. 사티어는 대학에서 교육학을 전공한 뒤 초등학교 교사로 교편생활을 한 것이 계기가 되어 가족에 관심을 가졌으며, 그 후 가족치료자로서의 길을 걷게 되었다. 이 같은 젊은 시절의 경험을 토대로 그녀는 치료과정에서 가족에게 따뜻한 교사로서의 역할을 즐겨 했다. 그녀의 치료는 감정표현을 중점으로 하며, 접근방법은 치료기간 동안 가족을 연습과 활동에 참여시키는 경험적인 것이다.

1. 주요 개념

경험적이라는 용어에서부터 알 수 있듯이, 치료자는 가족과 깊은 교류를 가짐으로써 가족을 변화시킬 수 있다는 신념을 가지고 치료에 임한다. 경험, 만남, 직면, 성장, 존재, 자발성, 행동, 지금 여기 등은 경험적 가족치료를 지향하는 치료자가 즐겨 사용하는 개념이다. 경험적 가족치료자는 이론적 이해를 통해 문제를 이해하기보다는 경험을 중시한다. 치료적 변화는 경험의 증가에서 비롯된다고 보는 것이다. 치료는 가족과 치료자 간의 친밀한 관계를 통해 이루어지며 그것은 개개인의 가족뿐만 아니라 전체 가족 체계의 성장을 촉진하는 과정이다(Nichols, 2009).

경험적 가족치료는 현상학적 기술, 심리극, 내담자 중심의 만남 등을 활용하는데, 이것은 1960년대 개인치료에서 많은 인기를 얻었던 방식이다. 치료자는 선택, 자유의지, 특히 자기결정과 자기달성을 위한 인간의 능력을 강조하였다. 혼란스럽고 역기능적인 행동은 성장과정 중의 일시적인 실패이며, 단지 그들의 능력과 가능성을 표현하는 데 무엇인가 부족한 결과의 부산물이다. 환경적 요인에 의해 개인의 충동이 부정되고 감정이 억제되는 것에서 역기능이 생기며, 이로 인해 성장은 지연된다. 따라서 각 개인은 독특하기 때문에 당면한 문제를 해결하는 과정에서도 획일적인 이론에 근거하기보다는 각 개인이 가진 잠재력을 깨닫고 개발하도록 도와야 한다. 그러므로 치료는 치료자와 가족의 실질적이며 진실되려고 노력하는 인간적인 만남 속에서 이루어져야 한다.

경험적 가족치료를 지향하는 치료자는 합리적인 사고보다 경험의 우수성을 강조하면서 활동적이고 자기 노출을 하며 내담자들의 감정이나 내면적인 경험에 보다 가까워지도록 다양한 방법을 사용한다. 그들이 목표로 하고 있는 '지금 여기' 에서의 감수성, 생활에서 겪은 경험은 치료를 통해 고무된다. 그러므로 치료자는 현실적이면서도 진정한 마음을 가지고 치료에 임해야 한다. 치료자는 가족과의 직접적인 만남을 통해 치료자 자신의 경험을 넓히기 때문에 치료과정에서 자신의 부족한 부분을 솔직히 드러내는 경우도 있다.

사티어 역시 경험적 가족치료를 지향하는 다른 치료자와 마찬가지로 행동이론보다 현상학적 이론의 영향을 많이 받았다. 그녀의 가족치료에서 사용하는 주요 개념은 가치체계, 자존감, 가족규칙, 의사소통 유형이다. 사티어의 치료는 4개의 전제를 기초로 한다.

첫째, 모든 행동에는 합리적 또는 적절한 동기가 있다. 어떤 상황에서 사람들이 하는 행동은 그 상황에서 할 수 있는 최선의 행동이다.

둘째, 모든 사람은 치유될 수 있으며, 치유는 치료과정에 내재되어 있다. 따라서 내용보다는 과정이 치료에 도움이 되는 중요한 요소다.

셋째, 마음과 신체는 체계의 한 부분이다. 따라서 신체적 활력과 정서적 안녕은 서로 연결되어 있다. 그러므로 치료를 할 때는 인간이 가지고 있는 모든 신체적 또는 정신적 회로를 이용하는 것이 바람직하다.

넷째, 자존감과 효과적인 의사소통은 서로 관련이 있다. 이러한 자존감은 한 개인의 배우자 선택, 부부관계의 방식, 부모-자녀관계의 요구, 스트레스 반응, 사물에 대처하는 능력, 유연성, 차이나 애매함을 처리하는 능력, 성장하면서 자유를 즐기는 것에 영향을 준다. 사티어는 자존감과 효과적인 의사소통을 하는 능력이 비례한다는 점을 강조하였다(Woods & Martin, 1984).

정상 가족이란 가족 구성원들이 서로의 성장을 돕는 가족이다. 정상 가족의 구성원들은 서로의 의견을 귀담아 들으면서 사려 깊게 존중한다. 그리고 그들은 자신들이 모두 가치가 있고 사랑받고 있다고 느끼며 자유롭게 애정을 주고받는다. 또한 가족은 융통성과 건설적인 문제 해결 능력을 가지고 있다. 치료과정 속에서 성장하는 부모는 변화의 불가피성을 깨닫고 그것을 받아들이고 창조적으로 사용하려고 노력한다. 우리 인간의 행동은 [그림 11-1]의 빙산탐색에서 보듯이 수면 아래에 존재하는 감정, 지각, 기대, 열망 등에 따라 결정된다. 따라서 치료자는 내담자가 과거에 자신과 다른 사람에 대해 가졌거나 다른 사람이 자신에 대해 가졌던 감정, 자각, 기대, 열망 가운데 현재에도 해결되지 못했거나 충족되지 못한 것이 있는지의 여부에 초점을 두어야 한다. 치료자는 치료과정에서 이러한

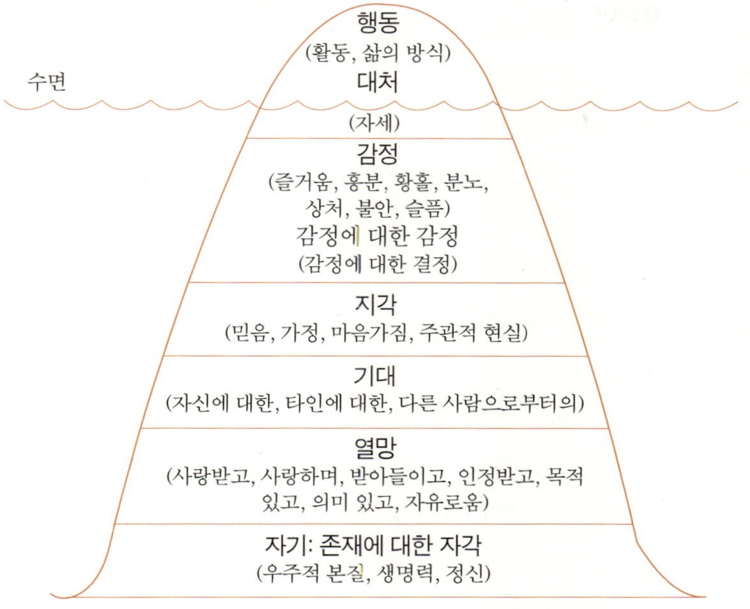

[그림 11-1] 사티어 모델의 개인 빙산탐색

출처: Banman(1995).

미해결과제를 직접 그리고 '지금 여기'에서 경험하게 하면서, 적절한 개입방법을 사용해 내담자가 성장하고 과거의 상처를 치유해 나가도록 돕는다(Satir, 1972).

사티어는 인간의 역기능의 근원이 되는 부분으로 자존감, 가족규칙, 의사소통의 방식, 지역사회와의 연계를 언급하였다. 그 중에서도 가족체계 내에서 가족들이 자신과 다른 가족에 대해 어떻게 느끼며 반응하는가라는 정서적 수준과 인간의 잠재적인 능력에 많은 관심을 가졌다. 다시 말하면, 사티어는 정직하고 직접적으로 의사소통하는 방법에 관심을 가지면서 가족들이 솔직하게 의사소통할 수 있도록 도왔다. 동시에 가족들이 자존감을 향상시킬 수 있도록 융통성 있으며 합리적인 가족규칙을 갖게 하였다. 이와 같은 경험을 통한 성장을 도모하기 위해 조각기법, 비유, 심리극, 유며, 접촉 등의 기법을 사용하였다. 그러나 그녀는 이러한 기법에만 의존하지 않고 내면에서부터 우러나오는 정서적 지지와 따뜻함을 내담자에게 전달하는 능력을 가지고 있었다. 이러한 지지에 힘입어 가족들은 직접적이며 정직한 의사소통을 하면서 감정을 나눌 수 있었다. 그녀는 이 같은 직접적이며 '지금 여기'에서의 만남을 통해 성숙해진다고 믿었다. 특히 사티어는 가족의 자존감 향상에 많은 관심을 가졌다. 자존감이란 한 개인이 자신에 대해 가지는 일종의 평가 개념으로, 자신의 사고, 가치관 그리고 행동에 많은 영향을 미친다. 우리 내면에는 항상 사랑과 인정을 받고자 하는 욕구가 있다. 어린 아동의 경우 이러한 욕구를 충족시켜 줄 수 있는 최초의 사람은 부모이며, 이것은 점차 가족과 친구 그리고 주위의 사람들로 확대되어 간다. 또한 이 모든 관계는 사랑과 신뢰를 기초로 한다. 자존감의 형성은 가족구조와 부모-자녀관계가 중요하게 부각되는 어린 시절의 관계 형성 과정에 중요하다. 부모가 자녀에게 적절하게 반응하지 못했거나 자녀가 자기가치와 자존감을 학습하고 발전시킬 수 있는 기회를 제공받지 못했을 때 결과적으로 자존감이 낮게 형성된다. 그뿐 아니라 부모가 역기능적 의사소통 모델이 되고 의사소통의 내용이 부정적일 경우에도 자녀의 자존감이 손상될 수 있다. 자신에 대해 가지고 있는 감정은 에너지를 만드는 중요한 요소다. 우리가 자기 자신을 사랑하고 감사함을 느낄 때 에너지가 만들어지기 때문에 자존감은 인간의 기본욕구라고 할 수 있다. 그리고 에너지를 조화롭고 긍정적으로 사용할 때 에너지는 더욱 강하고 유용해지며 주어진 현재 상황을 창조적이고 현실적인 것으로 이끌 수 있다.

경험적 가족치료의 목표는 가족을 안정된 상황에 머무르게 하는 것이 아니라 성장시키는 것이다. 감수성, 감정표현, 자발성과 창조성, 확실성의 성장이 치료의 전형적인 목표다. 그들은 증상의 감소나 사회적인 적응도 중시했으나 내면의 경험이나 그러한 경험의 확대를 치료의 기본적인 목적으로 삼았다. 치료적 개입은 독자적이고 도전적이며 때로는 상식을 뛰어넘는 특유한 것이다. 치료자는 가족이 자기인식, 자기신뢰, 인간적인 성장을 할 수 있도록 돕는다. 사티어는 만약 이러한 치료적 개입이 성공할 수 있다면 내담자와 치료자 모두의 성장이 촉진된다고 믿었다.

사티어의 성장지향적 가족치료는 자신의 자존감을 높이고 자기 인생에 대한 선택권을 스스로 갖도록 돕는 개인 성장을 최대의 목표로 삼았다. 사티어는 각 개인의 자존감의 중요성을 다음과 같은 그녀의 자작시 '나는 나다(I am me)' 를 통해서도 강조하였다.

한 개인의 성장은 가족체계의 건강과 통합됨으로써 이루어진다. 따라서 이를 위해서는 우선 가족이 희망을 찾고 미래에 대한 꿈을 가지도록 도와야 한다. 그녀는 이와 같은 궁극적인 목적을 달성하기 위해 가족들이 서로 협력하는 과정과 기술을 강화하도록 도왔다. 또한 각 개인은 스스로가 선택할 수 있으며 선택의 결과를 책임질 수 있다는 것을 인식시킴으로써 가족 개개인과 가족체계의 건강을 증진시키려 하였다. 사티어는 치료를 통해 개인의 낮은 자존감을 회복시켜 자신의 가치를 인정할 수 있는 감정과 자원을 발견하도록 도왔다. 그리고 이를 활용하여 문제 상황에 잘 대처할 수 있도록 도왔다. 그녀는 이러한 치료목표를 달성하기 위하여 가족체계에 다음과 같은 변화가 일어나도록 시도하였다.

첫째, 각 가족 구성원이 다른 가족 구성원에게 자기 자신과 다른 사람에 관해 보고, 듣고, 느끼고, 생각한 것을 명확히 표현할 수 있게 한다.

둘째, 각 개인이 자신의 특징적인 것에 관해 말할 수 있게 하며, 그것이 존중되도록 한다. 그리고 의사결정은 강요에 의해서가 아니라 탐색과 협상을 통해 이루어지도록 한다.

셋째, 서로의 차이점을 인식하도록 하고 이것을 성장하는 데 활용하도록 한다.

나는 나다(I am me)

나와 똑같은 사람은 이 세상 아무 데도 없다.
나로 인한 모든 것은 나만의 것이다. 왜냐하면 내가 선택하였기 때문에.
나는 나의 모든 것—몸, 느낌, 입, 목소리—의 주인이다.
나에게, 또 다른 사람에게 하는 모든 행동도 나의 것이다.
나는 나의 환상, 꿈, 희망, 두려움을 지니고 있다.
나의 모든 승리, 성공, 실패, 실수까지 모두 나의 것이다.
나는 나의 모든 것의 주인으로 나 자신을 알고 친해질 수 있다.
나 자신을 알 수 있다.
나는 나를 사랑할 수 있고 나의 모든 부분과 친구가 될 수 있다.
물론 나는 나 자신에 대해 당황해하기도 하고, 모를 때도 있다.
그러나 내가 나를 사랑하고 나와 친하기만 하면 나 자신을 격려할 수 있다.
나에게는 문제에 대한 해답과 나 자신을 더 잘 알 수 있는 희망이 있다.
내가 어떤 순간에 보고, 듣고, 말하고, 행동하고, 생각하고, 느끼는 것은 비록 부분적으로는 잘 안 맞는 것이 있더라도 전부 나의 것이다.
나는 잘 안 맞는 그 부분만 던져 버리고 나머지는 지킬 것이다.
그리고 던져 버린 것에 대해서는 새로운 것을 만들어 낼 수 있다.
나는 보고, 듣고, 느끼고, 생각하고, 말하고 할 수 있다.
나는 생존할 수 있는 방법을 가지고 있고 다른 사람과 가까이 지낼 수 있으며 생산적이 될 수 있다.
나는 내 밖에 있는 것들, 사람들, 세상에 존재하는 질서를 찾을 수 있다.
나는 나 자신의 주인이기 때문에 나는 나를 움직이게 할 수 있다.
나는 나이고 나는 괜찮다.

출처: 한국버지니아사티어연구회 역(2000).

2. 치료기법

1) 초기과정

사티어는 부모와 10세 아들과 7세 딸이 함께 온 가족과 면담을 시작하였다. 부모는 아들이 학교에서 문제도 일으키고 성적도 나쁘다고 호소하였다. 사티어는 자녀들에게 부모로부터 어떤 설명을 듣고 이곳에 왔는지에 대해 물음으로써 회기를 시작하였다(Satir, 1967).

딸 : 엄마가 가족에 대해 말하러 간다고 했어요.
치료자: 아버지는 뭐라고 했니? 같은 이야기를 하셨니?
딸 : 음…….
치료자: 아버지가 뭐라고 말해 주었니?
딸 : 아빠는 우리가 드라이브를 간다고 했어요.
치료자: 그렇구나, 넌 여기 온 이유를 엄마나 아빠한테 그렇게 들었구나. 존, 너는 어떤 정보를 가지고 있지?
아 들: 기억나지 않아요.
치료자: 누가 네게 말해 줬는데 기억하지 못한다는 거니?
어머니: 내가 존에게는 말하지 않았던 것 같아요. 가만히 생각해 보니 존에게는 아무 말도 하지 않았어요. 그때 존은 없었던 것 같아요.
치료자: 아버지는 어떠세요? 존에게 뭔가 이야기를 했나요?
아버지: 아니요, 아내가 말했다고 생각했어요.
치료자: (존에게) 그렇다면 누구도 네게 말하지 않았으니까 넌 기억하고 있다고 말할 수 없었겠구나.
아 들: 동생이 우리집에서 일어난 일 때문에 어떤 여자를 만나러 간다고 말해 줬어요.

치료자: 그래, 동생은 엄마나 아빠한테 확실한 이야기를 들었는데 너는 동생으로부터 들은 게 전부이구나.

(치료자는 부모에게 자신들이 보낸 메시지의 차이를 어떻게 이해하는가에 대해 물었다.)

치료자: 어머니는 어떠세요? 어떤 식으로 아이들에게 설명할 것인가를 남편과 함께 의논할 수 있나요?

어머니: 글쎄요. 그게 우리들의 문제 중 하나라고 생각해요. 아이들에 대해 남편이 하는 것과 제가 하는 것은 따로따로예요.

아버지: 그건 그렇게 걱정할 정도는 아니라고 생각하는데…….

치료자: 물론 어떤 의미에서는 그래요. 그렇지만 전 그걸 이해하면서 가족이 여러 가지 메시지를 서로 어떻게 전하는지를 알 수 있었어요. 전 가족이 어떻게 의사소통하는지, 모두 자신이 말하는 걸 어떻게 확실하게 전하는지에 관심이 있어요. 전 아이들이 확실한 메시지를 받기 위해서는 부모가 어떤 식으로든 서로 협력해야 한다고 생각해요.

(그 후 간단하게 덧붙였다.)

치료자: 두 분이 왜 여기 왔는지 서로 이야기해 보도록 해요. 두 분은 집에서 일어난 일에 만족할 수 없기 때문에 좀 더 즐거운 가정생활을 하려고 여기 왔다고 생각해요.

이런 간단한 실례를 통해 사티어가 치료과정에서 자신이 이해한 것과 의사소통의 개념을 가족에게 어떻게 설명해 주었는지 알 수 있다. 그녀는 가족들이 각자의 견해를 가족에게 말하고 그것을 다른 가족이 이해하도록 촉구했다. 또한 그녀는 각 개인이 모두 자의식을 가지고 있기 때문에 가족 중 누군가가 다른 사람의 견해를 대변하지 않도록 치료과정을 이끌었다.

2) 치료목표

경험적 가족치료는 다른 가족치료 모델과는 달리 치료과정에서 가족의 상호작용을 촉진하는 것만으로는 충분치 않다고 생각했다. 오히려 이 접근을 지향하는 치료자는 가족의 경험 수준을 성장시킴으로써 보다 정직하고 친밀한 가족 상호작용을 만들어 낼 수 있다고 보았다.

사티어는 치료자가 제공해야 하는 것은 인간적인 성숙이라는 일관된 생각을 가지고 있었으나, 그녀의 접근방법은 시간의 흐름에 따라 달라져서 치료기법을 요약하기란 그다지 쉬운 일이 아니다. 사티어는 정확하고 민감한 의사소통을 할 수 있는 능력을 지니고 있었다. 그녀는 첫 치료부터 가족의 변화를 시도하면서 자신이 의도한 방향으로 가족을 이끌었다. 그녀는 이처럼 가족의 자발성과 개인적 노출에만 의존할 만큼 소극적이지 않았다. 의사소통을 명확히 하도록 활발하게 행동했으며, 가족의 관점을 그들의 과거 사건에 대한 불평에서 문제 해결로 바꾸려고 노력하였다. 또한 모든 가족들의 자존감을 지지하고 그들에게서 긍정적인 의도를 찾아내어 확대시킴으로써 가족이 서로 긍정적으로 바라볼 수 있도록 도왔다.

그녀의 치료과정은 [그림 11-2]와 같이 나타낼 수 있다.

첫 단계는 자신들의 가정생활이 불균형하다고 인식한 가족들이 정체된 상태에서 치료에 온다. 치료가 시작되는 두 번째 단계에서는 치료자가 가족 스스로가 명확한 치료목표를 설정하기를 기대한다. 따라서 가족 개개인에게 치료에서 무엇을 기대하며 왜 여기에 와 있는지 분명히 언어화하도록 촉구한다. 그녀는 가족 개개인에게 표현하게 함으로써 가족 간에 개인차가 있음을 깨닫게 하였다. 이런 과정을 거치면서 가족들은 세 번째 단계인 혼돈을 경험하는데, 이때 치료자는 가족이 같은 상황에 있어도 견해와 지각이 다를 수 있다는 사실을 받아들이도록 돕는다. 특히 의사소통의 불일치에 관심이 많기 때문에 가족들의 의견 불일치를 노출시키기

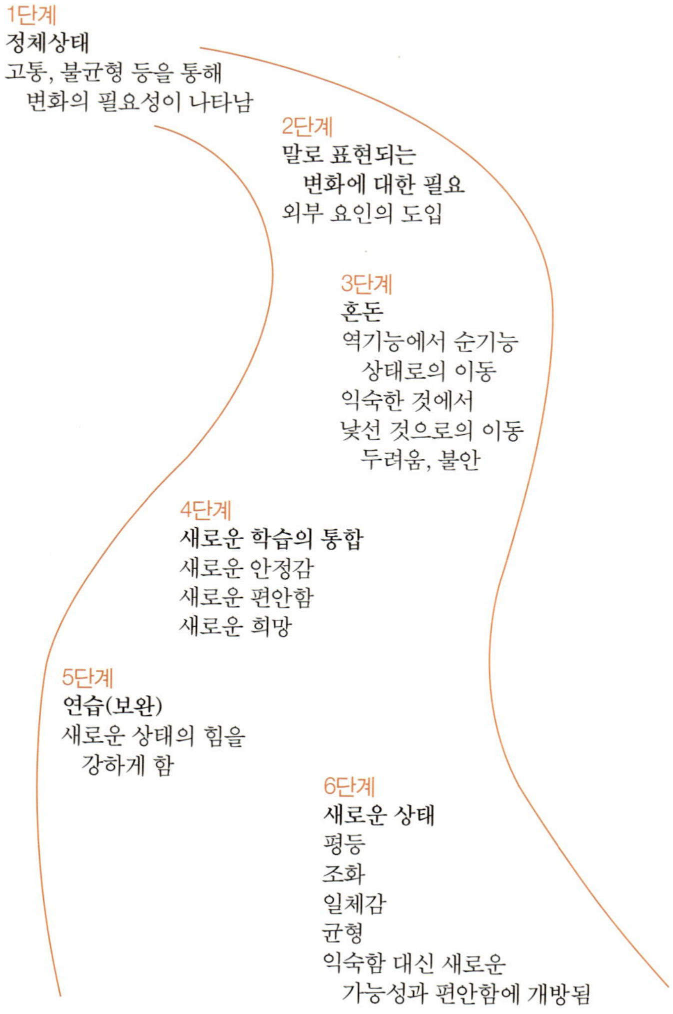

[그림 11-2] 사티어의 치료과정

출처: 한국버지니아사티어연구회 역(2000).

위해 각자가 생각한 바를 언어화하도록 요구한다. 그녀는 가족 개개인에게 자존감을 심어 주면서 모두 독특한 존재이므로 다른 사람이 대신해서 대답하기를 기다리지 말고 자신의 견해를 직접 표현할 것을 강조했다. 치료자는 인본주의에 입각한 따뜻하고 온정적인 태도로 유지하면서 전체 가족의 성장을 위해 친밀한 가족관계가 필요하다고 역설한다. 그녀는 부드럽고 사실적인 질문을 통해 부모에게 어떻게 자녀들의 말을 경청하는지의 자세를 보여 줌과 동시에 자녀들에게는 어떻게 부모의 관점과 행동을 이해해야 하는지의 방법을 가르쳐 주었다. 이와 같은 치료자의 도움을 통해 가족들은 네 번째 단계인 새로운 학습과 다섯 번째 단계인 그것의 학습으로 이어진다. 그녀는 이와 같은 과정에서 치료자의 주요 역할은 변화하는 가족의 모델이 되는 것이라고 생각하였다. 이것을 통해 여섯 번째 단계인 가족기능의 향상이라는 거대한 목표가 달성되며 가족 구성원 각자의 성장과 감수성도 증진된다. 사티어는 이와 같은 치료적 과정에는 경험의 가치가 중요한 역할을 한다고 보았다.

경험적 가족치료는 치료적 변화에는 행동적인 것만이 아니고 내면 과정도 중요하다고 생각하여 정서적 경험이 치료적 변화를 일으키는 중대한 요소라고 보았다. 정서적 경험은 치료자와 내담자의 참 만남에서 시작된다. 이러한 참 만남은 서로 협조적이어야 한다. 치료자들은 전문가의 역할을 상실하지 않으면서도 가족과 가까운 거리를 유지하며 가족에 대한 자신의 개인적인 영향을 활용하여 변화를 촉진하는 진실한 사람이 되어야 한다. 면담 중 경험하게 되는 감정표현과 친밀감은 중요하다. 경험적 가족치료를 지향하는 치료자는 정서적 강도를 자극하기 위해 면담에서 가족조각기법, 안무, 은유, 재정의, 유머, 접촉, 의사소통, 나를 주어로 한 표현 등을 사용한다. 특히 부정적인 문제나 상황을 긍정적인 것으로 전환시키는 재정의를 자주 사용한다.

3) 의사소통 유형

사티어는 의사소통 이론을 바탕으로 하고 있으나, 이와 같은 이론 역시 경험적인 방법과 접목시켰다.

역기능적 의사소통은 표현하는 언어적 메시지와 비언어적인 메시지의 의미가 불일치하는 이중 메시지로 전달된다는 점이 공통적이다. 이러한 이중 메시지는 자존감이 낮으며 타인의 감정을 상하게 하는 것을 두려워하는 사람들이 자주 사용하기 때문에 사티어는 치료를 통해 그들의 자존감을 높이려고 노력하였다. 또한 스트레스 상황에서 가족이 자주 사용하는 의사소통에 많은 관심을 두고 그것을 경험적 기법과 연결시키려고 노력하였다. 사티어는 사람들이 스트레스 상황에 놓이면 자주 사용하게 되는 의사소통을 유형화하여 [그림 11-3]과 같이 회유형, 비난형, 초이성형, 산만형, 일치형으로 나누어 설명하였다.

먼저, 회유형은 자기가치 감정을 무시하고 다른 사람에게 자신의 힘을 넘겨주며 모두에게 동의하는 말을 한다. 회유하는 사람은 다른 사람과 상

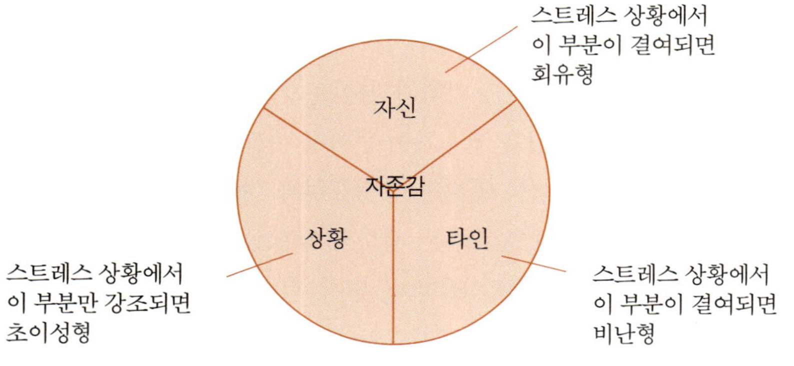

• 스트레스 상황에서 모든 부분이 불일치하면 산만형
• 스트레스 상황에서 모든 부분이 적절하게 고려되면 일치형

[그림 11-3] 사티어의 의사소통 유형

호작용하는 상황을 존중하지만 자신의 진정한 감정은 존중하지 않는다. 즉, 회유형은 자신의 안정을 유지하는 방법이 자신이 느끼는 감정보다 상대방에게 "예"라고 대답함으로써 가능하다고 생각한다.

둘째, 비난형은 약해서는 안 된다는 의지를 나타내면서 자신을 보호하고 다른 사람이나 환경을 괴롭히고 나무란다. 비난하기 위해 다른 사람의 가치를 격하시키고 자신과 상황에만 가치를 둔다. 비난형의 사람은 다른 사람에게 자신을 힘이 있고 강한 사람으로 인식시키고자 노력한다.

셋째, 초이성형은 자신이나 다른 사람을 과소평가한다. 지나치게 합리적으로 상황만을 중요시하며 기능적인 것에 대해 언급하고 대부분 자료와 논리를 중요시한다. 초이성적으로 의사소통할 때는 가능한 한 결함을 보이지 않으려고 애쓰기 때문에 뜻을 알 수 없는 말로 장황하게 설명한다. 즉, 감정에 초점을 두는 것에서 상황에 초점을 두는 것으로 바꾸는 것이다.

넷째, 산만형은 즐거워하거나 익살맞은 것이 뒤엉켜서 혼란스러워한다. 산만형의 의사소통을 사용하는 사람은 위협을 무시하고 마치 위협이 존재하지 않는 것처럼 행동하므로 주위를 혼란시킨다. 자신이 하는 행동과 말은 다른 사람의 행동과 말과는 무관하다. 아무 곳에도 초점을 두지 않기 때문에 말의 의미나 내용이 없이 혼자 바쁘다. 기능적이며 원만함, 책임감, 정직성, 친근감, 능력, 창의성이 낮고 현실적 문제를 제대로 해결할 수 있는 능력을 가지지 못한 사람들의 의사소통을 말한다.

다섯째, 일치형은 자신이 중심이 되어 다른 사람과 관계를 맺을 때 자신, 타인, 상황에 대한 고려를 충실히 하면서 접촉한다. 이들은 자신과 다른 사람을 돌보고 현재의 상황을 아는 위치에서 반응하기를 원한다(Nichols, 2009).

경험적 가족치료를 지향하는 치료자들은 치료과정 중 가족조각기법을 활용해 이 같은 의사소통 유형을 경험하도록 하여 바람직한 의사소통으로의 변화를 시도한다.

4) 가족조각기법

치료자들이 진단과 치료적 수단으로 함께 사용하는 가족조각기법(family sculpting technique)을 소개하고자 한다.

가족조각기법은 1973년 칸터(D. Kantor)와 덜(F. Duhl)에 의해 개발된 이래 팹(P. Papp)이 광범위하게 사용하였다. 가족조각기법은 가족의 관계나 서로의 상호작용 형태를 나타내는 위치나 자세를 만드는 데 가족들을 배치하는 것이다. 예를 들면, 가족기능 가운데 친밀함이나 힘과 같은 측면도 조각할 수 있다.

가족관계에 있어서 감정적 관여는 무척 중요한 요소다. 그러한 감정적 관여는 다른 사람과의 거리라는 은유적인 표현으로 묘사되는 경우가 많다. 즉, 가족이 서로를 "매우 가깝다"라든지 "지나치게 멀다"라고 표현하기도 한다. 그리고 "영희와 철수는 매우 가까운 사이"라든지 "어제 대화로 우리의 틈을 좁혔다"라는 문장도 자주 사용된다. 이처럼 가족을 상징하는 이미지를 객관적으로 표현하려는 노력의 하나가 가족조각기법이다.

또한 가족조각기법이란 가족 중 한 사람이 자신의 이미지에 따라 다른 가족을 공간에 배열한 후 신체적 표현을 요구함으로써 가족관계를 나타내는 무언의 동작표현이다. 즉, 공간 개념을 활용해 가족체계를 상징적·비유적으로 묘사하는 것이다. 가족조각기법은 현실 공간에 인간을 놓고 자세나 표정을 사용하여 조각을 만든 가족이 가진 특정한 대인관계에 대한 그들의 인식이나 감정을 나타낸다.

가족조각기법을 시행하려면 우선 조각가, 모니터, 연기자가 필요하다. 이때에는 조각가가 가족을 어떻게 보고 있는지에 따라 작품이 만들어진다. 모니터의 역할은 치료자가 담당하는데, 치료자는 조각가와 그 과정에 참여하고 있는 다른 가족을 도와주고 지도한다. 그리고 조각이 만들어지는 역할을 하는 연기자는 일반적으로 조각가 이외의 가족이 담당하게 되는데, 이때 조각가의 이미지를 충실히 반영한 가족체계를 묘사하는 것이 중요하다. 모니터가 있는 경우도 있지만 가족치료의 경우에는 가족과 치료자가 앞에서 언급한 각자의 역할을 하면서 모니터가 된다.

가족조각기법은 아동이 치료에 참가하고 있을 때 도움이 된다. 아동은 자신의 감정이나 지각을 언어보다 비언어적으로 표현하는 것에 좀 더 익숙하기 때문이다. 또한 이 기법은 가족에게 자신들의 문제를 언어 이외의 방법으로 표출하거나 자신의 감정을 깨닫도록 원조하는 데 유용한 방법이다. 이 기법은 때로 치료과정에 대한 가족의 저항을 해결하기 위해서도 사용된다.

가족조각기법은 구체적으로 다음의 단계를 거쳐 실시된다.

첫째, 가족의 동의를 얻는 단계다. 치료자는 치료관계를 맺고 있는 가족에게 면담 중에 가족을 보다 잘 이해하기 위해서 좀 색다른 것을 시도해도 괜찮냐고 묻고 동의를 구한다. 동의를 얻으면 가족 전원을 일어나게 한다. 일반적으로 가족들은 지금까지 경험하지 않은 새로운 것을 해야 한다는 부담이 있어서 앉은 채로 실시방법에 대한 설명을 들으면 부담이 더 커질 수 있다. 이때 가족은 지금까지 경험해 보지 못한 것이라는 점 때문에 주저하는 경우가 있으므로 이 기법이 가족을 이해하는 데 유용한 방법이라는 사실을 부각시킬 필요가 있다.

둘째, 조각가를 선정하는 단계다. 가족 중 한 명을 조각가로 정하게 되는데, 일반적으로는 문제를 가지고 있는 가족 구성원이 조각을 하게 되지만 이 제안을 기쁘게 받아들인 가족 구성원부터 시작해도 좋다.

셋째, 조각을 만드는 단계다. 만들 사람이 정해지면 치료자는 조각가를 나머지 가족 앞에 서게 한 후 "지금부터 가족은 진흙 덩어리입니다. 가족의 몸이나 얼굴을 마음대로 움직여서 당신이 생각하는 가족의 이미지를 나타내 주세요."라고 지시한다. 이때 특별한 규칙은 없지만 치료자는 가족에게 조각가의 지시를 따르도록 강조하는 것이 좋다. 모든 가족의 배치를 끝내면 조각가도 이 작품의 어딘가에 들어가 자신의 모습을 만들도록 지시한다. 사람들은 어떤 상황에서 웃거나 이야기하면서 자신을 드러내지 않으려는 자기방어를 할 수도 있으므로 조각을 만드는 동안 가족들이 이야기하거나 웃지 않도록 이끈다. 그리고 이러한 과정은 처음부터 시간을 가지고 천천히 진행하도록 배려하는 것이 좋다.

넷째, 자신들의 감정을 나누는 단계다. 조각으로서의 가족 배치가 끝나면 치료자는 모든 가족에게 그 자세를 그대로 유지하면서 잠시 동안 정지하도록 요구한다. 이것은 가족에게 자신들의 내면에 있는 감정과 만날 수 있는 기회를 주기 위한 시도다. 그 후 치료자는 가족 개개인에게 조각하는 동안 어떤 느낌이 들었는지 물어본다. 이때 치료자는 가족 개개인이 감정적 차원에서 피드백을 할 수 있도록 도와주어야 한다. 예를 들면, 아버지가 "내 역할은 한가운데 우뚝 서 있어야 하는 것 같다."라는 이성적 수준에 근거한 피드백을 한다면 "우뚝 서 있었더니 주위가 허전했다."라고 자신의 감정을 드러낸 표현을 하도록 격려한다.

가족조각기법은 여러 가지 변용이 가능하다. 일반적으로 경직된 가족이나 가족 전체의 힘이 미약한 가족에게는 은유적 기법이 사용된다. 이 같은 은유적 표현의 사용은 매우 효과적이다. 대부분의 사람들은 걱정과 근심 때문에 치료에 오기는 했지만 치료과정에서 자신들의 문제를 노출하는 것에 불편해하는 경우가 많다. 따라서 치료자는 가능하면 가족에게 편안한 경험을 제공하는 것이 중요하다. 은유의 사용은 이것을 돕는 효과적인 방법이다. 은유적인 표현은 치료과정에서 가족들이 가족의 이미지를 은유적으로 표현하는 데서 시작된다. 즉, 치료자가 가족을 은유적으로 표현한다면 무엇인가를 물으면 그들은 자신의 이미지에 따라 동물원, 자동차, 침몰해 가는 배로 표현할 것이다. 치료자는 가족에게 다른 가족을 이용하여 그것을 조각하도록 요구한다. 감정을 나누는 단계에서는 가족의 구성원으로서가 아니라 조각한 가족이 부여한 엔진으로서 자신의 감정을 표현하도록 돕는 것이 중요하다. 마지막으로 역할해제라는 의식을 행함으로써 경직된 가족이 가족조각기법을 통해서 받을 수 있는 충격을 줄일 수 있다. 그러나 가족조각기법은 매우 상징적이고 은유적인 것이므로 이러한 과정은 잘 훈련된 전문가에 의해 신중하게 이루어져야 한다.

치료자는 시작할 때 가족조각기법에 의해서 무엇을 이룰 것인지에 대하여 생각해야 한다. 즉, 치료의 목표를 달성하기 위한 원조로서 가족조각기법을 어떻게 이용할 것인가라는 문제에 나름대로 해답을 가지고 있는 것이 바람직하다.

| 제12장 |

해결중심 가족치료

해결중심 가족치료(solution focused family therapy)는 내담자의 문제보다는 해결에 초점을 둔 접근이다. 이 접근을 지향하는 치료자는 내담자 스스로가 문제 해결의 방향과 해결의 능력을 가지고 있다고 여긴다. 따라서 치료자는 내담자가 문제중심에서 해결중심으로 의식을 전환할 수 있도록 돕는다. 이 접근은 치료과정에서 문제의 원인이라고 생각하는 부적응을 고치거나 제거하려고 노력할 필요가 없다고 주장한 최면치료자 에릭슨(M. Erickson)의 영향을 받은 드 셰이저(S. de Shazer)와 김인수(Insoo K. Berg)에 의해서 개발되었다. 이들은 1980년대 초부터 체계이론을 중심으로 받은 가족치료의 훈련과 경험을 근거로 밀워키 단기가족치료센터에서 임상활동을 해 왔다. 이들은 임상경험을 통해 가족이 일상생활을 하면서 드러낸 욕구를 충족하기 위해 치료에 가지고 오는 문제를 활용하는 것이 바람직하다고 생각하였다. 따라서 이들은 가족에 대한 긍정적 시각을 가지고 문제보다는 그 가족이 적용해 왔던 또는 적용 가능한 해결방법을 탐색하는 데 초점을 맞췄다. 이처럼 해결중심 가족치료는 기존의 관점과는 다른 입장에서 문제 해결을 시도하였다. 그들은 문제 해결을 위해 반드시 원인을 밝힐 필요는 없다고 생각했으며 문제가 무엇인가를 찾기보다는 가족이 원하는 해결이 무엇인가에 초점을 두었다. 즉, 이들은 치료를 통해 가족이 기대하는 미래가 어떤 것인가를 분명히 표현하는 것이 가족에게 도움이 된다고 보았다.

이처럼 해결중심 가족치료의 원리는 건강한 것에서 시작한다. 내담자가 현재 어려움을 겪고 있긴 하지만 치료자는 그 문제에 집중하기보다는 가족이 언급하지 않는 건강한 것을 찾으려는 시도가 이 치료의 중심축이다. 이 접근은 우유가 반 잔 들어 있는 우유 컵을 보면서 우유가 반 잔밖에 없다고 생각하는 것이 아니라 컵에 우유가 반 잔이나 남아 있다고 바라보는 접근이다. 또한 이들 치료에서는 내담자를 인간행동의 이론적 가설의 틀에 맞추어 평가하지 않는다. 이것은 내담자가 겪고 있는 문제에 대해 어떤 특정 가정을 하지 않음으로써 치료자 중심의 해결방법을 제시하기보다는 내담자 중심의 치료를 하기 위함이다. 즉, 정형화되고 규범적인 해결방법을 제시하기보다는 내담자의 견해를 그대로 수용하고 내담자가 원하는 해결방법에 방향을 맞추고자 하는 접근이다.

1. 주요 개념

해결중심 가족치료는 인간에 대한 긍정적인 철학에서 출발한다. 따라서 치료자는 가족이 일상생활에서 성공한 여러 가지 경험을 가지고 있다고 믿는 것이 중요하다. 이러한 믿음을 근거로 가족은 문제를 해결할 수 있는 잠재능력이 있다는 사실을 인정하고 그것을 확대하거나 강화함으로써 가족 스스로가 자신의 실체를 완성해 나갈 수 있다고 보았다. 해결중심 가족치료를 지향하는 치료자는 문제보다는 해결중심의 입장을 지지하기 때문에 문제가 어떻게 발생되었는가라는 원인에 관해서는 그다지 관심을 두지 않는다. 이들은 인간관계에서는 분명한 원인과 결과란 없기 때문에 문제의 원인을 밝히기보다는 문제가 해결된 것을 어떻게 알 수 있는가를 인식할 수 있는 것이 더욱 중요하다고 본다. 즉, 문제의 내용보다는 문제에 대한 어떤 해결방법이 있으며 어떻게 새로운 행동 유형을 만들어 낼 수 있는지에 초점을 둔다. 그들은 가족에게 치료에 왜 왔는지에 대한 다양한 정보를 요구하기보다는 가족이 적용할 수 있는 해결방법을 모색하도록 돕는 데 초점을 맞춘다. 그러므로 해결중심 가족치료에서는 가족과 치료자가 함께 해결방법을 발견하고 구축하는 과정을 중시한다. 어떤 증상이나 불평을 일으키는 유형에도 많은 예외는 존재한다. 그런데 내담자들은 [그림 12-1]과 같이 이미 잘 지내고 있었던 많은 경험을 가지고 있다. 기존의 치료자들은 잘 적응한다고 여기는 범주를 넘어서 당황해하는 내담자가 현재 드러나고 있는 여러 가지 문제만을 언급하기 때문에 자칫 호소문제가 내담자의 전부인 것처럼 오해하기 쉬웠다. 그러나 해결중심을 지향하는 치료자들은 내담자의 잘못을 고치려는 노력보다는 그들이 잊고 있는 과거의 성공이나 장점을 찾아내어 키우는 것이 치료적인 의미

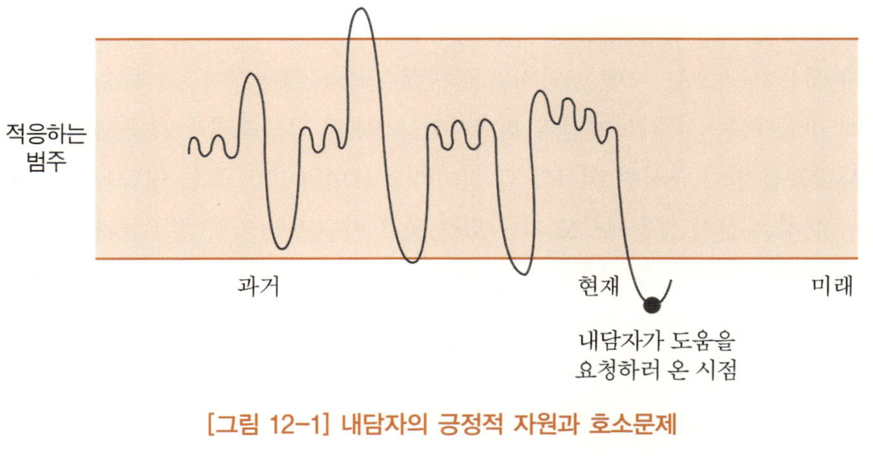

[그림 12-1] 내담자의 긍정적 자원과 호소문제

가 있다고 보았다.

해결중심 치료의 기본 원리와 철학을 간단히 정리하면 다음과 같다.

첫째, 병리적인 것보다는 건강한 것에 초점을 맞춘다.

둘째, 내담자에게서 강점, 자원, 건강한 특성, 탄력성을 발견해 치료에 활용한다.

셋째, 탈이론적이고 내담자의 견해를 중시하므로 인간행동에 대한 가설에 근거해 내담자를 사정하지 않는다.

넷째, 해결방법의 간략화를 추구해 작은 변화부터 시도한다.

다섯째, 예외적인 상황을 탐색하면서 문제 상황과의 차이점을 발견하여 문제가 발생하지 않는 상황을 증가시킴으로써 내담자의 긍정적 부분을 강화한다.

여섯째, 과거의 문제보다는 미래와 해결방법 구축에 관심을 집중함으로써 현재와 미래의 상황에 적응하도록 돕는다.

일곱째, 치료자와 내담자는 해결방법을 발견하고 구축하는 과정에 함께 협력한다.

드 셰이저는 시카고로 여행해야 한다고 고집하는 사람의 예를 들어 해결중심 가족치료의 치료과정을 설명하였다. 여행을 원하는 사람에게 여행에 앞서 준비해야 하는 것은 무엇이며 어떤 방법으로 갈 것이며 그곳에 얼마 동안 머무를 것인가에 대한 질문을 하지 않는다. 오히려 그가 가고자 하는 시카고는 어떤 곳인지를 설명해 달라고 부탁한다. 그 물음에 대해 답을 하는 사람은 자신의 희망사항, 기대를 탐색하면서 그곳에 가면 사람들을 만나 근사한 식사를 할 것이라고 표현하였다. 그는 대답을 하면서 현재 자신의 생활에서도 자주 있는 일은 아니지만 가끔 친구들과 즐겁게 식사했던 사소한 기억을 찾아냈다. 이런 잊혀진 기억을 확장해 가는 동안 그는 반드시 시카고에 가야 한다는 자신의 주장은 잊은 채 좋아하는 사람들과 어떻게 많은 시간을 보낼 수 있는가라는 해결방법을 위해 탐색을 하게 되었다. 이것이 문제의 목표, 자원, 기대에 초점을 둔 해결중심 가족치료의 특성이다. 내담자는 시카고로 여행한다는 근본적인 문제 해결방법을 발견하려고 했지만, 친구와 함께했던 시간이 부족했다는 부수적 문제를 발견하고 이에 대한 해결방법을 탐색하게 된 것이다(de Shazer, 1988).

해결중심 가족치료에서는 한 부분의 변화가 전체 체계의 변화를 가져온다는 체계론적 입장을 지지한다. 따라서 그들은 살아 있는 생물체로서의 인간에게는 항상 변화가 있으며 인간은 스스로 새로운 것을 창조할 수 있다고 믿는다. 따라서 치료자들은 내담자에게 정상적이라고 생각되는 것을 강요하지 않고 가족이 현재 가지고 있는 불만에 관심을 집중한다. 해결중심 가족치료를 지향하는 치료자는 가족이 잠재적인 변화의 욕구를 가지고 있으며 진심으로 변화를 원한다고 가정한다. 드 세이저는 가족이 진심으로 변화하고 협조하기를 원하고 있다고 가정했기 때문에 가족이 변화과정에서 저항을 보인다는 개념을 부정하였다. 만약 가족이 저항을 보인다면 그것은 치료자의 개입방법이 자신에게 적합하지 않다고 느끼기 때문이라고 보았다. 따라서 해결중심 가족치료에서 치료자의 역할은 내담자가 성취할 수 있는 목표를 함께 협상하여 그들이 그 목표를 추구함으로써 긍정적인 변화가 일어나도록 조장하는 것이다.

해결중심 가족치료를 지향하는 치료자들은 복잡한 문제라고 해결방법이 반드시 복잡한 것은 아니라고 보았다. 오히려 작고 성취할 수 있는 목표를 추구함으로써 가족이 성취감을 맛볼 수 있게 하는 것이 중요하다고 여겼다. 작은 변화는 눈덩이처럼 뭉쳐져서 큰 변화를 초래하는 모체가 되며, 해결을 위한 출발이라고 믿었다. 작지만 긍정적인 변화를 경험한 사람들은 낙관적 감정을 느끼면서 미래의 변화에 대해 더욱 자신감을 가지게 되기 때문이다.

해결중심 가족치료의 목표는 도움을 받으러 온 가족으로 하여금 자신의 생활을 보다 만족스럽게 하기 위해서 현재까지 해 온 것과는 다른 것을 하거나 생각해 내도록 함으로써 현재 호소하는 문제들을 해결하는 데 있다. 치료자는 모든 사람은 이미 자신의 문제를 해결할 능력을 가지고 있다고 믿는다. 따라서 그들은 가족 스스로 설정한 목표에 도달하기 위해서 가족이 가진 자원을 활용한다. 때로는 가족이 자신들이 가지고 있는 능력에 대해 상실감을 느낄 때도 있는데, 이것은 문제가 지나치게 확대되었기 때문이다. 크게 부각된 문제로 인하여 잘 기능할 수 있는 능력을 일시적으로 상실하게 되면 가족은 혼란에 빠진다. 가족은 이러한 이유 때문에 자신들이 가진 해결 능력을 잘 활용하지 못할 뿐이다. 그러므로 치료자는 가족이 지금까지 사용하지 못한 능력을 찾아 주어야 하며, 나아가 그들의 문제를 다루어 나갈 보다 나은 기술을 이끌어 내 줄 수 있어야 한다. 성공하지 못한 해결방법보다는 과거에 이미 성공했던 해결방법에 관해 이야기함으로써 가족에게 희망을 줄 수도 있다.

2. 치료기법

1) 문제중심 치료와 해결중심 치료

해결중심 치료기법을 이해하기 위해 먼저 해결중심 치료자가 개입한 청소년 내담자의 면담과정을 소개하고자 한다. 청소년은 부모가 자신을 학대한다고 이미 여러 차례 경찰에 신고한 경험이 있는 고등학교 여학생이었다. 이전의 조사결과를 통해 이 청소년은 부모와 다투면 상습적으로 부모가 자신을 학대한다고 경찰에 신고한다는 사실을 알게 되었다. 사회사업가에 의해 진행된 문제중심의 대화와 해결중심 치료자에 의해 진행된 해결중심의 대화를 비교해 보면 이 치료방법을 이해하는 데 도움이 될 것이다(사례는 노혜련, 허남순(2008)의 『해결을 위한 면접』에서 발췌).

〈문제중심의 대화〉

치료자A: 지난밤에 부모님과 크게 다툰 일이 있었다고 들었는데, 부모님이 너에 대해 무척 당황해하고 계시더구나. 무슨 일이 있었니?

청소년: 그건 내 잘못이 아니에요. 아버지가 이유 없이 날 벽 쪽으로 밀쳤어요. 아버진 늘 날 그렇게 거칠게 다뤄요. 내 친구도 거기 있었는데, 그 애도 아버지가 그러는 걸 봤어요. 그 애에게 물어보세요. 엄마는 늘 아버지 편이지만 난 지금 사실을 말하고 있는 거예요. 아버지가 날 아무런 이유 없이 벽 쪽으로 밀쳤어요. 내가 한 말이라곤 나가고 싶다는 거랑 돈이 필요하다는 것뿐이었어요. 내 머리가 깨질 정도로 그렇게 세게 밀칠 이유는 없었어요. 난 이게 아동학대라고 생각해요.

치료자A: 경찰 보고서에는 그렇게 쓰여 있지 않던데? 좋아, 그럼 왜 너희 아버지가 널 때렸다고 생각하니?

청소년: 그것 봐요. 아무도 날 믿지 않잖아요. 모두들 내 잘못이라고 해요.

치료자A: 너도 알겠지만, 넌 네 머리에서 피가 났다고 하지만 경찰과 병원 보고서에도 네 머리가 깨졌다고 할 만한 의학적 증거는 없었어.

청소년: (두 손으로 머리를 감싸며 울기 시작하면서) 모두들 날 미워해요. 날 믿는 사람은 아무도 없어요. 심지어 할머니까지도 내 잘못이라고 얘기하고 있어요. 하지만 아버지가 날 밀쳤단 말이에요. 내 친구한테 물어보세요. 그 애도 거기에 있었고, 모두 봤단 말이에요. 아버진 그 애까지 밀쳤어요.

치료자A: 글쎄, 나는 널 믿기가 어렵구나. 넌 항상 사실을 얘기하지 않았고, 지금 병원 기록을 보면 어디에도 혈흔이 없었다고 나오는 걸. 음……, 지금은 네가 집으로 갈 수는 없고, 우리는 네가 잠시 거처할 장소를 알아봐야 할 것 같아.

청소년: (계속 울면서) 모두가 날 미워해요. 난 이제 갈 곳이 없어요. 그리고 난 다시 위탁가정으로 가진 않을 거예요. 그들은 날 애완동

물쯤으로 여겼단 말이에요.

치료자A: 무슨 일이 일어났는지에 대해 좀 더 정직해져야 한다는 생각이 들지 않니? 네 거짓말에 얼마나 많은 문제가 일어났었는지를 생각해 봐. 어떤 일이 있었는지에 대해 정직해지는 게 더 낫지 않을까? 자, 정말로 무슨 일이 있었니?

청소년: 아무도 날 믿지 않아요. 난 지금 사실을 이야기하고 있다고요. 아버지가 날 너무 세게 밀쳤고 내 머리가 찢어졌어요. 난 머리에 수건을 갖다 댔는데, 수건에 피가 묻었어요. (자신의 오른쪽 머리를 가리키며) 아버진 이쪽 머리를 주먹으로 때렸어요.

치료자A: 그건 보고서 내용하곤 다른데……. 경찰 보고서에는 아버지가 손바닥으로 널 때렸다고 네가 진술했다던데…….

청소년: 거짓말이에요. 절 믿어야만 해요. 난 머리에 수건을 대야만 했어요. (오른손을 자기 오른쪽 머리에 갖다 대며) 내가 수건을 떼었을 때 수건엔 피가 흥건히 묻어 있었어요.

치료자A: 넌 이런 것들에 대해 정직해져야 해.

청소년: (또다시 울기 시작하며) 보세요, 모두가 절 미워해요. 아무도 날 믿지 않지만 난 사실을 말하고 있어요. 그러니까 날 믿어야만 해요.

치료자A: 더 이상 뭘 믿어야 할지 모르겠구나. 내가 어떻게 하는 게 네게 가장 좋은지를 알 수 있을 때까지 네가 임시로 거처할 장소를 찾아야 해.

청소년: 난 집에 가고 싶지만, 집에서 날 받아주지 않을 거란 걸 알아요. 난 내 권리를 주장했을 뿐인데 모두들 내게 화를 내고 있어요. 난 경찰을 부를 수밖에 없었는데 할머닌 그것 때문에 화가 많이 났어요. 할머닌 지금 내게 말도 안 하세요. 지금 모두들 날 비난하고 아무도 날 사랑하지 않아요.

치료자A: 난 너를 위해 최선을 다하려고 노력 중이야. 부모님은 더 이상 널 집에 두고 싶지 않으시다고 해. 그건, 우리가 너를 위해 있을 만한 곳을 알아봐야 한다는 것을 의미하지.

청소년: 난 위탁가정엔 절대 안 갈 거예요. 만약 다시 위탁가정에 보낸다면 도망치거나 자살할 거예요!

뒤를 이어 해결중심 치료를 하는 치료자가 면담을 이어 갔다.

〈해결중심의 대화〉

치료자B: 나는 여기에 앉아서 네가 얼마나 좌절하고 있는지에 대해 듣고 있었어. 만약 지금 네 마음대로 할 수 있다면 어떻게 달라지길 원하니?

청소년: (발끈 화를 내며) 난 집에 가고 싶다고 이미 말했어요. 모두 날 집에 가지 못하게 해요.

치료자B: 난 좀 혼란스러운데. 집에 가는 게 어떤 면에서 네게 그렇게 중요하니?

청소년: 함께 살고 싶어요. 위탁가정이 아니고요. 내겐 엄연히 집이 있다고요.

치료자B: 그렇구나, 집에 가는 게 너에게는 매우 중요하구나. 네 부모도 그걸 알고 있다고 생각하니? 내 말은 부모님들과 함께 사는 것이 너에게 얼마나 중요한지를 부모님들도 알고 있냐는 말이야.

청소년: 나는 가족을 사랑해요. 그들도 그걸 알아야 해요.

치료자B: 부모님들이 그것을 안다고 생각하니? 잘 모를 것 같은데. 네가 부모님을 얼마나 사랑하고 얼마나 함께 살고 싶어 하는지를 부모님이 알기 위해서는 어떤 일이 있어야 할까?

청소년: 난 집에 가고 싶어요.

치료자B: 그래, 네가 진짜 집에 가고 싶어 한다는 것을 알 수 있어. 어떻게 하면 네가 집에 갈 수 있을까? 네 생각에는 네가 집에 가기 위해서 먼저 어떤 일이 있어야 할까?

청소년: 부모님이 내가 집에 와도 된다고 해야겠죠. 그렇지만 어제 일 때문에 화가 나서 그런 말을 안 할 거예요.

치료자B: 나도 부모님이 너에게 얼마나 화가 났는지를 알 수 있을 것 같아. 그럼, 부모님들은 네가 집에 돌아오려면 무엇이 달라져야 한다고 말씀하실까?

청소년: 그게 전부 내 잘못이라고 생각해요. 하지만 아버진 정말 날 때렸다고요.

치료자B: 난 네가 아버지가 널 정말 때렸다고 믿고 있다는 걸 알 수 있어. (진정한 호기심을 가지고) 그럼, 네가 집에 가기 위해 어떤 일이 일어나야 할까?

청소년: 내가 잘못을 빌고 말을 잘 듣겠다고 약속해야겠죠.

치료자B: 만약 네가 잘못을 빌고 말을 잘 듣겠다고 약속한다면 부모님이 널 믿을 가능성이 얼마나 있니?

청소년: 아버지가 내게 정말 많이 화가 났다는 걸 알아요.

치료자B: 그렇구나. 그래서 부모님이 너를 집에 다시 오도록 허락하기 위해서는 어떤 일이 일어나야 한다고 말씀하실까?

청소년: 난 아버지 화가 가라앉을 때까지 며칠간 기다려야 할 거고, 그러고 나서 잘못을 빌어야 할 거예요.

치료자B: 네가 부모님의 마음이 가라앉을 때까지 며칠 동안 기다리고 그분들께 용서를 구할 필요가 있다고 한 건 참 좋은 생각인 것 같다. 그럼, 적절한 시기를 기다리는 며칠 동안 무엇을 해야 할까?

청소년: 매일 학교에 가고, 규칙을 지키고, 부드럽게 이야기하고, 아무것도 요구하지 않아야 할 거예요. 난 친구 엄마와 잘 지내는 방법을 알아요. 그 친구네 집에 있는 동안 자질구레한 일들을 도와 드렸어요. 걔네 엄마는 필요하다면 계속 있어도 좋다고 했어요.

치료자B: 와, 그것 참 굉장하구나. 그분들이 너를 현명한 아이라고 생각하는 것은 맞는 것 같아. 그럼, 친구 어머니가 어떻게 해서 너를 집으로 오라고 했고 가족들과 함께 있을 수 있게 했는지 말해 주겠니? 누구도 집안에 15살짜리를 또 하나 데리고 있기를 원치 않을 텐데 말이야.

청소년: (둘 다 웃음을 터뜨리며) 그분은 참 좋은 분이세요. 난 그분을 좋아해요. 난 종종 설거지도 돕고, 식탁도 정리하고, 여러 가지 일을 해요. 친구네 집에 있을 땐 무척 편안하고 좋아요. 그 애 엄마는 내가 일을 많이 도와줬다고 필요하면 얼마든지 와서 있어도 좋다고 하세요.

치료자B: 정말? 난 믿을 수가 없구나. 10대라면 대개 어질러 놓기 일쑤라고 생각돼서 말이야.

청소년: (웃으면서) 나도 마찬가지예요. 하지만 난 내 친구 집에 있을 때 어떻게 행동해야 할지를 알아요.

2) 치료과정

해결중심 가족치료는 가족과 치료자의 치료관계를 몇 가지 유형으로 나누어 그 유형에 맞는 접근을 시도하였다. 또한 가족이 해결방안에 관한 풍부한 사고를 할 수 있도록 돕기 위해 정교한 질문기법도 개발하였다. 그리고 각 회기를 끝낼 때는 가족에게 주는 메시지 전달도 구조화했기 때문에 기법을 이해하기 쉽다.

그들은 일방경을 통해 자문을 위한 치료팀과 함께 치료하는 팀 접근 방식을 선호한다. 치료팀은 관찰실과 치료실로 연결된 인터폰을 이용해 치료 도중에도 치료자와 연락함으로써 치료에 동참할 수 있다. 이것은 치료팀이 문제의 다양한 관점, 즉 해결의 다양한 관점을 제공해 줄 수 있다는 생각에 근거한 것이다. 통상 한 시간으로 예정된 치료는 [그림 12-2]와 같이 이루어진다. 면담이 시작된 지 45분이 지나면 가족과 만나는 치료자는 5~10분 정도 치료실을 나와 치료팀과 의논하는 시간을 갖는다. 치료자

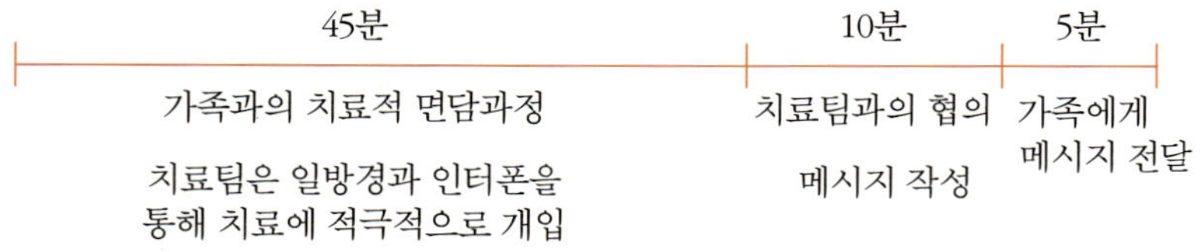

[그림 12-2] 해결중심 가족치료 회기 구성의 예

는 치료팀과 치료과정을 검토하면서 가족의 강점, 탄력성을 중심으로 메시지를 작성한다. 치료자는 다시 치료실로 돌아가서 이렇게 만들어진 메시지를 가족에게 전달함으로써 한 회기의 면담을 종료한다.

(1) 치료자와 내담자의 관계 유형

치료자는 처음 가족을 만나면 내담자로서 각 가족의 유형을 나누려고 노력한다. 치료자는 가족이 치료에 오게 된 동기와 상황 등과 관련하여 가족과 치료자의 관계를 고객형, 불평형, 방문형의 세 가지로 구분한다. 이러한 세 가지 관계 유형은 가족의 개인적 특성을 의미하는 것이 아니라, 가족과 치료자 간에 일어나는 상호작용을 서술한 것이다. 해결중심 가족치료에서는 치료과정은 가족과 치료자 간의 상호작용이라고 믿기 때문에 이것을 강조한다. 치료효과가 가족에게 달려 있다고 보는 전통적 모델의 관점은 '당신이 회복되고 싶으면 이렇게 저렇게 해야만 한다'라고 가족에게 지시를 하는 것이 일반적이다. 이 경우 도움이 필요한 사람이 치료자에게 다가갈 기회를 빼앗는 결과를 초래할 수도 있다. 이와는 달리 해결중심 가족치료에서는 치료효과가 내담자로서의 가족과 치료자 모두에게 달려 있으므로 내담자와 치료자가 맺는 관계의 영향이 크다고 보았다. 물론 가족과 치료자가 맺는 관계 유형은 유동적이므로 치료자는 변화하는 여러 가지 상황에 따라 그에 맞는 반응을 해야 한다.

첫째, 고객형의 가족은 문제를 해결하기 위해서 어떤 것이든 시도하려는 동기를 가지고 있다. 다시 말하면, 고객형은 자신이 해결방법의 한 부분이라고 인식하며 문제 해결을 위해서 무엇인가 하려는 의지를 보인다. 이러한 관계의 가족은 수용적이며 치료 동기가 높기 때문에 치료자는 이러한 관계 유형을 원하지만, 실제로 고객형의 비율은 그다지 높지 않다.

둘째, 불평형의 가족은 치료목표가 자신을 위해서가 아니라 다른 사람을 위해서라고 인식한다. 일반적으로 불평형은 자신들의 불평이나 치료목표를 상당히 구체적으로 기술하지만 자신이 해결방법의 실마리를 가지고 있다고는 생각하지 않는다. 불평형 가족은 증상을 보이는 가족 때문에 자신이 희생되었다고 생각하여 자신의 어려운 입장과 역할에 관해 이해받기를 원한다. 그들은 자신의 위치나 역할을 변화시켜야 한다고 생각하지 않는다. 따라서 치료자는 불평형의 가족을 치료를 받아야 할 대상으로 인식하기보다는 치료에 활용할 수 있는 자원으로 인식하는 것이 바람직하다. 치료자는 불평이나 목표에 대해 불평형의 가족과 함께 탐구하기로 합의하며, 그 과정에서 해결방법을 가져올 수 있는 새로운 관점을 찾아나간다.

셋째, 방문형의 가족은 치료를 받아야 한다는 필요성이나 문제 해결의 동기가 약한 사람들이다. 이들은 왜 치료를 받아야 하는지를 이해하지 못하기 때문에 치료에 대해 무관심하거나 이끌려 온 것에 불평을 한다. 이들은 배우자나 부모, 또는 교사에 의해서 의뢰되는 것이 일반적이다. 이들이 다른 사람의 요구와 결정에 따르는 것이 얼마나 힘들었는지를 치료자가 인정해 줄 때 이들은 자신이 이해받고 있다는 감정을 가지게 될 것이다. 이러한 과정을 통해 치료자에 대한 신뢰가 생기게 되며, 이를 계기로 치료를 시작하고 치료목표를 협상할 수 있는 관계로 발전할 수 있다.

(2) 목표설정하기

해결중심 가족치료에서는 해결방법과 관련된 치료목표를 가족 스스로 설정하도록 돕는 것이 중요하다. 그들은 바람직한 치료목표를 설정하는데 필요한 몇 가지 원칙을 가지고 있다.

첫째, 가족에게 중요한 것을 목표로 삼는다. 치료목표가 가족에게 중요한 것일 때 가족은 목표를 성취하기 위하여 더 많은 노력을 한다. 가족은 자신들에게 어떤 변화가 일어나야 하는지 모르는 것이 아니라 단지 자신의 목표를 명확한 언어로 표현하는 것이 어려울 뿐이다. 그러므로 치료자의 역할은 이들이 자신들의 목표를 언어화할 수 있도록 돕는 것이다. 또 다른 어려움은 내담자와 나머지 가족 간에 서로 다른 목표를 가지는 경우다. 이 경우 각자의 견해를 자유롭게 표현하는 과정을 통해 서로 이해하고 가족 간에 동의할 수 있는 영역을 찾아낼 수 있도록 돕는 것 또한 치료자의 역할이다.

둘째, 작고 성취할 수 있는 것을 목표로 한다. 가족은 목표가 작을 때 쉽게 성취할 수 있으며, 이와 같은 경험은 가족에게 성공하고 있다는 느낌을 주기 때문이다. 동시에 희망을 갖게 해 주어서 변화해야 하는 동기를 증가시킨다.

셋째, 구체적이고 명확하며 행동적인 것을 목표로 한다. 목표를 명확하게 설명해 주었을 때 가족과 치료자는 진행과정을 쉽게 평가할 수 있으며 목표의 확인도 가능하다.

넷째, 목표를 설정할 때는 없는 것보다 있는 것에 관심을 가진다. 가족에게 현재 하고 있는 어떤 행동을 금지시키는 것보다 새로운 행동을 시작하도록 도울 때 목표는 실현될 가능성이 높다. 따라서 치료자는 있는 것에 관심을 두며 부정적인 단어를 사용하지 않은 목표가 보다 효과적이라는 사실을 알아야 한다. 즉, 목표는 내담자가 하지 말아야 하는 것 대신에 해야 하는 것에 관해 긍정적으로 서술하는 것이 바람직하다.

다섯째, 가족에게 목표는 끝이 아니라 뭔가를 시작하는 첫 단계라고 인식시킨다. 대부분의 가족들은 치료를 받으러 올 때 최상의 상태를 목표로 삼는다. 그러나 치료자는 이러한 목표를 성취하기 위해서 가족이 목표를 향해 한 단계씩 나가도록 도움을 주지 않으면 안 된다. 가족이 표현하는 목표에 대한 견해를 수용하는 한편, 원하는 결과를 성취하기 위해 처음 단계에서 그것을 명확하고 구체적으로 설명하도록 돕는다.

여섯째, 가족생활에서 현실적이고 성취 가능한 것을 목표로 삼는 것이 중요하다. 어떤 가족에게는 현실적이고 성취 가능한 목표를 설정하는 것이 어렵지만, 대부분의 가족은 자신에게 필요한 현실적인 자원을 찾을 수 있는 힘이 있다. 따라서 치료자는 가족이 실제로 실행할 수 있는 목표를 설정하도록 도와야 한다.

일곱째, 목표를 수행하는 것은 힘든 일이라고 인식시킨다. 가족들에게 변화의 어려움을 이해시키면 그들이 변화를 성취했을 때 느끼게 되는 자기가치와 자존감이 증대될 수 있다. 또한 가족이 목표에 도달하지 못할 경우 이것은 앞으로 열심히 해야 한다는 신호일 뿐이라며 여유를 가질 수 있다.

(3) 해결을 향한 질문기법

해결중심 가족치료에서는 가족이 문제를 해결하는 과정에 능동적으로 참여하도록 개입하는 치료적 대화가 치료과정이라고 본다. 이들은 가족에게 하는 질문이 문제 해결에 도움이 된다는 가정과 믿음을 가지고 있기 때문이다. 그러므로 치료자는 치료과정을 통해 가족이 해결방법을 찾아내고 과거에 성공적이었던 경험을 근거로 자신의 능력을 인정하도록 도와야 한다. 따라서 치료자는 치료과정에서 성취하고 있다고 느낄 수 있는 질문을 하고자 노력해야 한다. 이처럼 목표를 성취하기 위해 치료자와 가족이 해결방법을 구축해 나가는 것에 관심을 둔 해결중심 가족치료에서는 문제 해결방법을 구축하는 데 유용한 질문을 개발하고 발전시켜 왔다. 해결중심 가족치료자들은 치료 이전의 변화를 묻는 질문, 예외 질문, 기적 질문, 척도질문, 대처 질문이라는 5가지 질문을 자주 사용한다.

❖ 치료 이전의 변화를 묻는 질문

사람들은 문제가 심각해져서야 주변 사람이나 치료기관에 도움을 요청하는 경향이 있다. 도움을 청하고 며칠 또는 1주 후에 약속을 한 후 치료를 받으러 왔을 때는 긴장이나 불안이 감소되었거나 문제의 심각 정도가 완화된 경우가 있다. 해결중심 가족치료에서는 이러한 치료 이전의 변화를 관심 있게 탐색한다. 이것을 근거로 가족의 잠재능력을 발견하고 가족 스스로가 발견하지 못한 해결방법을 찾아낸다. 치료자는 가족에게 심각했던 문제가 어떻게 완화되었는지를 파악할 수 있는 질문을 하여 의식적 또는 무의식적으로 그들이 실시한 방법에 관해 인정하고 칭찬해 준다. 그리고 누구의 도움 없이 스스로 노력했다는 점과 해결 능력을 인정하면서 그러한 사실을 강화하고 확대할 수 있도록 격려한다.

❖ 예외 질문

가족은 자신들이 많은 성공 경험을 가지고 있으며 현재도 잘하고 있다는 것에 대한 인식이 없다. 가족은 자신이 지금 겪고 있는 어려움에 집착하여 현재 상황을 부정적인 방향으로만 보기 때문이다. 따라서 치료자는 예외적인 상황을 찾아 가족에게 인식시키고 가족이 가지고 있는 자원을 이용해 그들의 자존감을 강화하려고 노력한다. 한마디로 말하면 예외 질문은 일상생활에서 성공적으로 잘하고 있으면서도 의식하지 못하는 것을 발견하게 하고 성공했던 행동을 의도적으로 시행하도록 강화시키는 기법이다. 해결중심 가족치료를 지향하는 치료자는 치료과정에서 문제의 예외를 발견하고 그것을 강화시킬 수 있는 전략을 찾을 수 있다면 치료는 단기적으로 이루어진다고 주장한다.

❖ 기적 질문

기적 질문은 문제가 해결된 상황을 상상해 봄으로써 자신들이 해결하기 원하는 것들을 구체화하고 명료화하는 데 도움을 준다. 여기서는 질문과정을 통해 해결 상황에 대한 그림을 작은 것부터 점차로 확대해 나가도록 한다. 가족은 치료자의 질문에 대답하는 동안 기적을 만드는 사람은 자기 자신이며 작은 일에서부터 시작해야 한다는 것을 인식한다. 또한 변화된 상황을 구체적으로 상상해 보고 그것 자체가 자신의 치료목표라는 사실을 깨닫게 된다. 이러한 내적인 과정은 변화의 근거가 된다.

일반적으로 기적 질문은 다음과 같이 서술한다. "오늘 저녁에 집에 가셔서 주무시는 동안 기적이 일어나 지금 겪고 있는 문제가 모두 해결되었어요. 그러나 잠자는 동안에 기적이 일어났으니까 무슨 일이 생겼는지 아무도 모르지요. 아침에 눈을 떴을 때 뭘 보면 지난밤에 내게 기적이 일어났다는 것을 알 수 있을까요? 그리고 다른 가족들은 당신에게 기적이 일어났다는 것을 무엇을 보고 알 수 있을까요?"

가족이 긍정적으로 대답하도록 질문하는 것이 중요하며, 질문을 통해 기적을 현실화하기 위해서는 가족 스스로가 새롭게 행동해야 한다는 것을 암시해야 한다.

❖ 척도 질문

척도 질문은 가족이 해결방법을 찾는 것과 관련된 보다 많은 정보를 제공한다. 이는 변화에 대한 동기를 강화하고 다음 단계로 발전하기 위해서는 무엇을 해야 할지 탐색하기 위해 만들어진 질문이자, 가족에게 문제의 심각 정도, 치료목표, 성취 정도 등을 수치로 표현하게 하는 질문이다. 예를 들어, "어머님이 무척 어려운 상황에 처해 있다는 걸 저도 공감할 수 있습니다. 0이라는 숫자는 자녀와의 관계가 최악일 때를 의미하고 10은 모든 것이 해결되어 자녀와 아무런 문제가 없는 안정된 상태라면 지금 어머니는 0과 10 사이 어디에 계십니까?" 라고 질문하는 것이다. 이와 같은 질문은 변화 정도를 사실적으로 설명하고 구체적인 목표를 세우는 데 용이하다.

❖ 대처 질문

대처 질문은 만성적인 어려움과 위기에 관련된 질문이다. 때로는 가족이 매우 낙담하고 좌절하여 비관적인 상황에 있을 때 치료자는 "모든 것이 잘될 테니 걱정하지 마라." "염려하지 마라." "긍정적인 것만 보라" 등의 말로 위로하려고 한다. 그러나 이런 격려는 가족을 더 비관적으로 이끌며 난처하게 만드는 경우도 있다. 어려운 상황에 있는 가족에게 필요한 것은 성공했다는 감정을 갖도록 하는 대처방법에 관한 질문이다. 이것은 가족에게 새로운 힘을 갖게 하며 가족이 자신의 자원과 강점을 발견하도록 하는 데 도움이 된다. 그리고 어려운 상황을 견뎌 내고 더 나빠지지 않았다는 사실을 강조하게 만들며, 위기에서 살아남기 위해서 지금까지 해 온 것을 발견하고 그것을 확대하도록 돕는다.

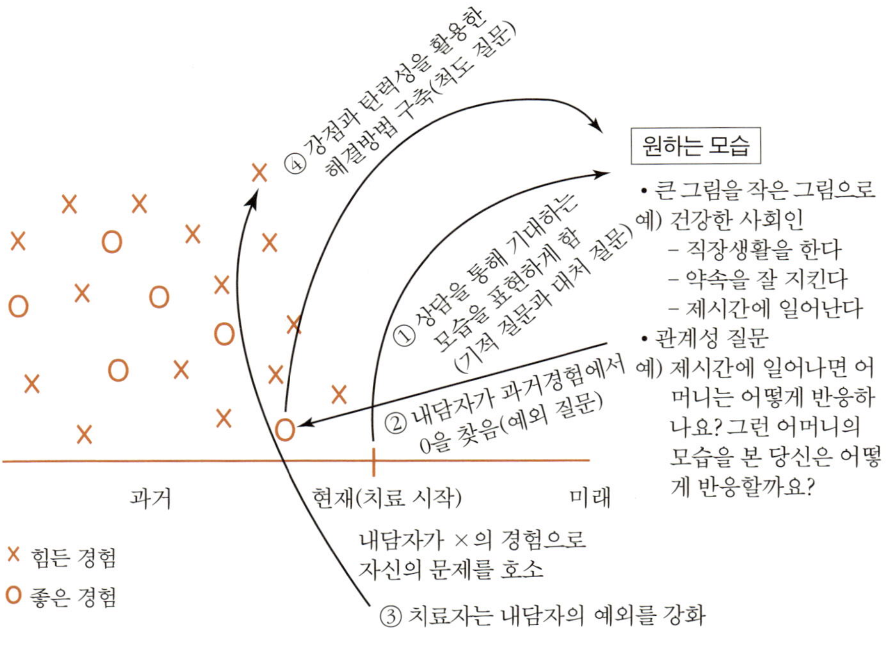

[그림 12-3] 면담에서 해결중심 질문기법의 활용

두 번째 면담에서 가족을 만나게 되면 치료자는 우선 지난번 치료 이후 어떤 것이 변화했는지를 찾아내는 질문을 한다. 그들의 일상생활에서 긍정적인 변화가 있었다면 누가, 언제, 어디서, 어떻게 일어났는지에 대하여 자세하게 질문한다. 또한 치료자는 가족이 긍정적인 방향으로 변화하고 있다는 것을 인정하면서 이를 강화한다. 그리고 변화의 정도와 의지 등에 대한 척도 질문을 한다. 지금까지 설명한 질문기법을 면담과정에서 어떻게 활용하고 있는지를 정리하면 [그림 12-3]과 같다.

(4) 메시지 전달하기

해결중심 가족치료에서는 가족에게 전달하는 메시지를 중요하게 여긴다. 이 메시지는 칭찬, 과제에 대한 이론적 근거를 제시하는 연결문, 과제의 세 부분으로 이루어진다.

첫째, 칭찬은 가족과 치료자 간의 관계 유형에 상관없이 모든 예에서 사용된다. 칭찬이 갖는 효과는 크다. 칭찬은 가족의 자존감을 높일 수 있다. 문제가 있는 가족은 자신들이 현재 뭔가를 잘못하고 있다고 생각하기 쉬운데, 치료자에게서 칭찬을 듣는 것은 가족의 자존감을 높이는 데 도움이 된다. 가족에 대한 칭찬은 추상적인 것보다는 면담과정에서 드러난 구체적인 것일 때 더욱 효과적이다. 가족은 자신들의 관점과 이야기가 수용되며 실패조차도 인정받고 있다고 느끼면 더욱 협조적이 되기 때문이다. 그러나 이러한 칭찬은 가족의 파괴적 행동을 눈감아 주는 것과는 다르다.

둘째, 연결문이란 지금 어려움을 겪고 있는 문제를 일반화시키거나 가족에게 필요하다고 판단되는 사실들을 교육하는 것을 말한다. 이러한 과정은 가족에게 이어서 제시하는 과제에 대한 이해를 돕기 위한 것이다. 치료자가 가족에게 과제에 대한 이론적 근거를 제시하면 과제에 대한 이해가 보다 명확해지며 따라서 과제를 실천할 가능성도 높아진다.

셋째, 가족에게 구체적인 과제를 지시한다. 그러나 치료자는 [그림 12-4]와 같이 면담과정과 가족과의 관계를 고려해 과제 형태를 선택한다. 예를

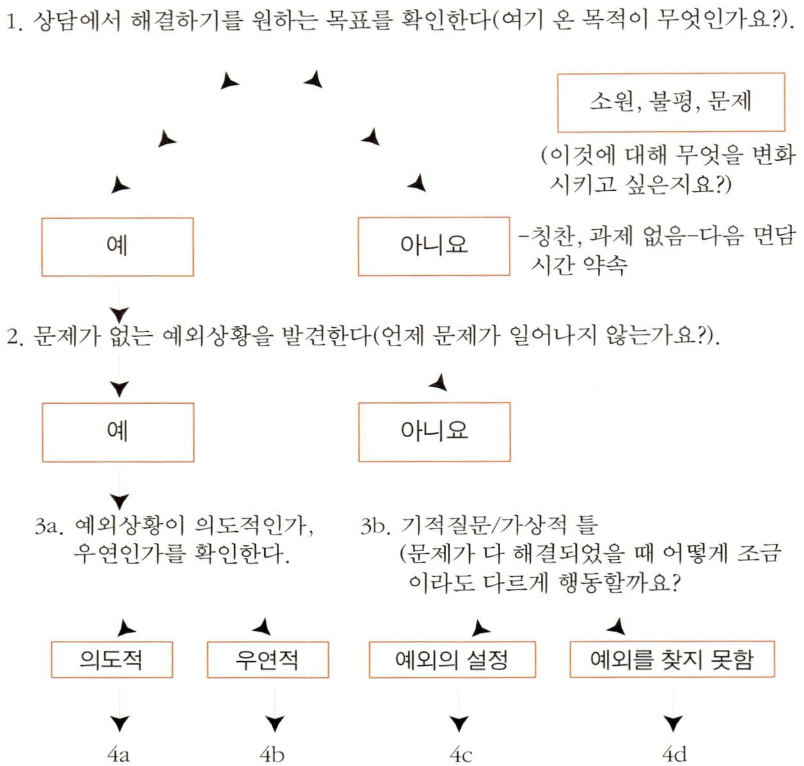

〈부과할 수 있는 과제〉

4a. 같은 것을 더하기
  내담자에게 예외적인 상황이 일어날 수 있는 행동을 더 많이 하게 하는 과제를 준다.

4b. 어떻게그렇게 되었는지 발견하기
  1) 내담자에게 예외적인 상황이 언제, 어떻게 전개되는지를 관찰하게 한다.
  2) 지금부터 다음 면담 때까지 예외가 얼마나 있을 것인가를 예상하도록 한다.

4c. 아주 작은 부분을 실행하기
  기적이 일어난 것처럼 행동하게 하고, 무엇이 달라지는가를 관찰하게 한다.

4d. 대처방법에 대해 관찰하기
  1) 다음 면담 때까지 상황이 왜 더 나빠지지 않는가를 관찰하게 한다.
  2) 다음 면담 때까지 내담자의 생활에서 더 일어나기를 원하는 것이 무엇인가를 관찰하여 보고하도록 한다.

[그림 12-4] 과제부여의 기저선

출처: 가족치료 연구모임 역(1996).

들어, 방문형이라고 생각되는 가족에게는 칭찬만 하고 다른 과제는 주지 않는다. 어떤 변화를 추구하는 과제를 제시하기보다는 내키지 않았음에도 그들이 올 수 있었던 점을 높이 평가함으로써 자신을 이해해 주는 치료자로 남는 것이 중요하다. 이것은 이들이 진정으로 도움을 필요로 할 때 다시 찾을 수 있는 여지를 남겨 두는 셈이다. 불평형의 가족에게는 뭔가를 관찰하라는 과제가 적당하다. 그들은 자신들이 변화해야 한다는 의지는 적지만 다른 가족에게 기대하는 부분이 많으므로 문제를 둘러싼 다양한 관찰을 할 수 있는 가능성을 가지고 있다. 이때 중요한 것은 치료자가 그들이 지금까지 해 온 문제중심의 관찰에서 벗어나 긍정적인 관점에서 관찰할 수 있도록 돕는 과제를 주어야 한다는 것이다. 과제를 제시할 때는 문제중심에서 벗어난 다른 관점의 시도가 왜 필요한지를 설명해 줄 수 있는 연결문의 역할이 중요하다. 변화의 의지가 있는 고객형이라고 판단된 가족에게는 변화를 향해 실천할 수 있는 과제를 준다. 그들은 해결방법을 모색하고 그것을 수행하는 데 있어서도 적극적인 역할을 할 것이다. 결론적으로 자기결정을 증진시키기 위해 과제를 실천하는 데 충실할 것이다.

| 제13장 |

이야기치료

사람들은 이야기를 통해 자신의 정체성을 말한다. 이야기를 함으로써 자신을 남들에게 이해시키고, 동시에 자신을 이해한다. 따라서 사람들은 이야기를 만드는 동시에 그 이야기에 의해 살아가고 있다. 이야기치료(narrative therapy)는 이런 이야기적 관점을 기초로 하여 출발하였다. 사람들은 자신들이 가진 신념체계에 따라 스스로 경험한 것에 대해 의미를 부여하고 해석한다. 그런데 개인을 둘러싼 환경은 다양하기 때문에 자신들이 지닌 믿음에 따라 제각기 다른 이야기를 서술한다. 또한 이렇게 서술된 이야기에 의해 개인은 행동한다. 이야기치료는 사람들이 어떤 예상이나 선입관 없이 사물 자체를 파악하는 것은 불가능하다는 후기 구조주의와 관련이 있다. 그들의 관점에 따르면 사람들이 가지고 있는 사물에 대한 지식은 자신들의 경험에서 유래한 것이다. 즉, 다른 사람의 경험을 자신의 관점에서 나름대로 해석하는 것에 지나지 않기 때문에 인간이 어떤 사물에 대해 안다는 것은 필연적으로 한계를 가질 수밖에 없다. 사람들은 자신의 경험과 상상력을 활용해 다른 사람이 언어화한 경험을 자신의 입장에서 해석한다. 이 같은 전제를 가지고 출발한 이야기치료는 개인이나 가족이 변화를 추구할 수 있는 새로운 버전의 이야기를 다양하게 창조할 수 있도록 길을 열어 준 혁신적인 접근이었다.

이야기치료의 발전에 중요한 영향을 미친 사람은 호주의 화이트(M. White)와 뉴질랜드의 엡스턴(D. Epston)이다. 화이트는 1970년대 후반에 베이슨의 인지적인 사고의 측면과 신념체계의 지배로부터 사람들을 해방시키는 것에 관심을 가진 푸코(M. Foucault)에게 영향을 받아서 문제의 외재화라는 독특한 방법을 구상하였다. 외재화는 내담자의 병리적인 문제가 단지 사회의 지배적 스토리에서 벗어난 주변의 스토리일 뿐이라는 것을 배경으로 하고 있다. 이러한 관점에서 본다면 내담자가 현재 보이는 문제 자체보다 그 문제에 어떤 의미를 부여하는가가 더욱 중요하다. 또한 뉴질랜드의 오클랜드에서 가족치료센터를 운영하는 엡스턴은 치료적인 편지기법과 새로운 삶의 목표 추구에 필요한 대화 확대를 위한 다양한 질문을 개발하였다.

이야기치료는 기법보다는 치료자의 태도에 대한 패러다임의 혁신에 중점을 두고 있다. 기존의 치료 분야에서 본다면 혁신적 패러다임의 변화는 상당히 도전적이다. 이야기치료를 지향하는 치료자는 내담자가 자신의 삶 속에서 문제와 더불어 깊숙이 스며든 주도적인 이야기를 찾아내고 그들이 더 이상 그런 삶의 이야기에 머물지 않도록 돕는다. 더 나아가 이야기의 재진술 과정을 통해 내담자의 삶의 이야기에 대한 대안적 의미를 창조하고 동시에 행동에서도 대안적 방법을 추구하도록 돕는다. 이 접근에서는 호소하는 문제의 이야기에 타당성을 부여해서 가족이 자신들의 삶에 전문가라는 점을 인정하도록 하는 것이 중요하다. 이것은 치료자로 하여금 내담자나 가족을 존중하는 협력적 자세를 가지게 하며, 내담자 자신이 대안적 이야기를 찾아낼 수 있도록 힘을 실어 줄 수도 있다.

1. 주요 개념

1) 이야기의 본질

인간은 이야기적 존재로 태어났으며 우리는 자신의 이야기의 주체가 되고 그 이야기는 주제가 있는 우리 삶의 역사적 기록이다. 또한 우리는 이야기에 따라 자신의 삶을 살아가는데, 그 이야기는 단지 우리가 알고 있는 것을 나열하는 데 그치지 않고 더 나아가 우리가 알고 있는 것을 새롭게 구성해 준다.

이야기치료에서는 이야기가 어느 한 개인이 어떤 사건에 줄 수 있는 의미를 결정하는 데 관여할 뿐 아니라 그 사람의 삶 자체를 구성하는 데 실질적인 힘을 미친다고 본다. 이것은 어떤 경험을 이야기의 소재로 선정하는가에 따라 개인의 삶에서 중요시하는 주제가 달라질 수 있다고 보기 때문이다. 개인은 이야기의 주체, 즉 이야기의 주인공이 되어 삶을 살아간다. 이처럼 우리가 삶의 어떤 경험에 집중하여 이야기를 만드는가에 따라 그 사람의 삶은 전혀 다르게 나타난다.

인간의 삶은 시간대가 다른 여러 가지 사건들로 구성된, 그 사람만이 경험하는 유일한 개인의 기록이며 역사다. 이야기치료는 이야기의 근원을 현재의 세계로 가져와서 이야기하도록 한다. 그리고 열려진 세계에서 그 이야기를 가능한 한 새로운 방법으로 인식하도록 하는 예술과 같은 창조적인 작업이다. 이 같은 삶의 이야기는 내담자에게 과거와 현재, 그리고 미래에 대해 어떤 의미를 제공하며 더 나아가 개인의 역사와 정체성에 대해서도 의미를 제공한다.

이야기에는 주제가 있다. 개인의 이야기는 각기 다른 경험에 의해 전개되고 구성된다. 따라서 이야기치료는 기억의 자물쇠를 열어 삶 속에서 일어난 사건들을 적절한 순서로 배열하고 그 사건을 주제가 있는 핵심적인 이야기로 만들어 가는 창조과정이다. 사람들이 이야기를 하거나 그 이야기를 재구성할 때 그 배후에는 주제가 존재한다. 그러므로 사람들의 행동과 증상은 대부분 어떤 주제와 동기가 있으며 그와 같은 주제와 동기는 개인의 이야기에서 드러나지 않은 뿌리에 근거한다. 그런데 사람들은 주제에 의해 임의로 자신의 경험을 선택하기 때문에 숨겨진 삶의 경험은 언제나 남아 있다. 치료과정에서는 그것을 바탕으로 내담자가 보다 만족스럽고 자신에게 적절한 이야기를 구성해 나가도록 돕는다. 이야기치료에서는 어떤 현상에 대해 의미를 부여하는 해석학적인 입장을 가진다. 따라서 치료 상황에서 중요한 도전은 내담자가 경험에 대한 대안적인 해석에 눈을 돌리고 제한된 구성으로부터 다양한 관점의 세계관으로 자유롭게 탐색할 수 있도록 도와주는 것이다.

[그림 13-1]처럼 사람들은 말하고 듣는 사이에 존재하는 이야기를 하나의 스토리인 것처럼 착각하지만 본문(text)의 이야기는 여러 요소로 구성되어 있으므로 다양한 이야기로 표현될 수 있다. 사람들은 자신이 경험한 무수히 많은 사건 중에 어떤 것을 끌어낼 것인지를 결정하는 줄거리에 의해 이야기를 선택한다. 때로는 개인이 의식하지 못하는 심층구조에서 일련의 사건을 의미 있게 연결하여 어떤 주제를 만들어 내며 그것에 의해 이야기하기도 한다. 또한 사회적 담론도 이야기의 본문을 만드는 데 중요한 역할을 한다. 프랑스의 사회철학자 푸코는 어떤 사회에서

스토리(=사건의 연속)
이야기함(narrating)

말하는 자(narrator) → 이야기의 본문(text) ← 듣는 자(narratee)

표층구조의 줄거리(plot)
심층구조의 주제(theme)
담론(discoursing)을 통해 이야기함

[그림 13-1] 이야기의 구성

힘 있는 사람들에 의해 형성된 지배적인 이야기가 그 사회의 특정 집단을 배제시킬 수 있는 힘이 있다고 주장하였다. 즉, 사람들은 전문가 집단에 의해 확립된 기준을 바탕으로 만든 사회의 지배적인 이야기를 자신에게 내면화시키고 진실로 받아들여 모든 사물을 판단한다는 것이다. 이야기가 다양하게 표현될 수 있다면 치료자는 사람들의 삶에 대한 이야기를 들으면서 내담자의 이야기를 새롭게 들을 수 있다. 예를 들어, 요즘 들어 거짓말이 늘어난 자녀에 대해 걱정하는 부모의 이야기를 들으면서 '아이가 어른들이 뭘 기대하는지, 뭘 좋아하지 않는지를 이미 알고 있는 아이구나. 이런 가치관은 누구에게서 배웠지?'라는 생각을 할 수 있다. 치료자는 이렇게 들은 것을 부모에게 전해서 부모로 하여금 자녀에 대한 새로운 이야기를 서술할 수 있도록 돕는다. 치료과정에서 이것이 가능하다면 치료자와 내담자 두 사람의 이야기 공간은 넓어질 것이다.

자신에게 일어났던 것을 어떻게 표현하는가는 스토리텔링에 달려 있으며 그것은 삶의 방식이나 인간관계의 형성과 연결되어 있다. 때로는 우리의 삶의 방식이 자신이나 다른 사람이 등장하는 스토리의 해석과정에 의해 만들어지고 구성되기도 한다.

사람들은 경험을 스토리로 엮으며, 그렇게 만들어진 이야기를 연기함으로써 자신의 삶에 스토리를 정착시킨다. 그런데 어떤 스토리가 비슷한 결론을 가진다고 하더라도 각자의 스토리는 다른 사람이 언급하지 않은 요소를 포함하고 있다. 따라서 우리의 삶의 방식이나 등장인물이 한정되어 있음에도 모든 사람의 스토리는 동일할 수 없다.

2) 이야기치료의 기본전제

이야기치료는 이야기가 개인의 삶에 미치는 힘과 실제적인 효과가 매우 크다는 점에 주목하여 치료방법을 발전시켰다.

이야기치료에서는 이야기를 사용하여 사람들의 삶을 스토리로 생각하고 그들이 삶의 이야기를 의미있는 것으로 경험하도록 함께 작업한다. 또한 각 개인의 대인관계와 사회적 현실은 다른 인간이나 사회적 관습에 의해 구성된다는 사회구성주의 가정을 가지고 개인의 삶의 의미에 사회적 실재가 어떻게 영향을 미치는지에 초점을 둔다.

이야기치료는 모든 이야기가 가지고 있는 허술한 틈새를 공략하는 것이다. 이야기에는 항상 새롭게 보충되고 변형되어야 할 많은 틈새들이 있다. 이러한 허술한 틈을 메꾸어 감으로써 한 사람의 이야기는 변화되어 새롭게 만들어진다. 이 틈새를 공략하는 여러 가지 방법이 이야기치료의 치료기법이다. 치료자가 만일 작은 틈새라도 찾아낸다면 새로운 이야기를 만들어 낼 수 있다. 이것을 통해 이야기치료가 목표하는 것은 삶을 억압하거나 불만족스럽게 하는 이야기를 버리고 만족스러운 이야기를 얻는 것이다.

이야기치료는 사람들이 의미나 가치를 느낄 수 있는 이야기 속에 자리잡을 수 있다면 그들이 자신을 바라보는 시각이나 선택과 행동 역시 그 이야기에 따라 바뀔 수 있다고 가정한다. 따라서 치료자의 관심은 이야기의 비유, 즉 어떻게 사건과 경험을 의미 있는 형태로 구성하고 이해할 수 있는 패턴으로 만들어 가는가에 집중된다.

이야기치료는 다음과 같은 전제를 한다.

첫째, 우리의 삶을 이야기의 조형물로 생각한다. 삶에서 일어난 어떤 사건이나 경험들은 이야기로 만들어져서 그 안에서 서로 연결되어 삶을 형성한다.

둘째, 이야기치료에서 문제를 드러내는 이야기는 내담자에 관해 어떤 진실을 밝히는 이야기가 아니라 그에 대한 여러 가지 이야기 중의 하나일 뿐이다.

셋째, 사람이 문제가 아니라 문제가 문제일 뿐이다. 따라서 문제를 개인과 분리하여 이해하는 것이 필요하다. 문제에 대한 사람들의 믿음이 문제이므로 이야기치료에서는 문제를 보는 시각을 바꾸는 데 주력한다.

넷째, 내담자를 자기 삶을 이야기하는 저자 또는 전문가로 보기 때문에 자신이 삶에 대한 해결방법을 가지고 있다고 믿는다.

다섯째, 사람들이 문제를 드러내는 이야기는 그 줄거리가 낡았거나 그들의 삶과 모순되어 만족을 주지 못하는 것이다. 이야기치료에서는 사람들이 바라는 삶에 대한 이야기를 할 수 있도록 줄거리를 수정한다. 또한 사람들이 문제가 주축이 된 이야기를 버리고 이를 대체하는 새로운 방식의 이야기를 활용할 수 있게 하기 위해 여러 가지 질문과 치료기법을 사용한다.

구성주의 관점에서 출발한 해결중심 치료와 이야기치료를 비교해 보면 미래에 초점을 둔 해결중심 치료와 달리 이야기치료는 [그림 13-2]와 같은 과정을 거친다.

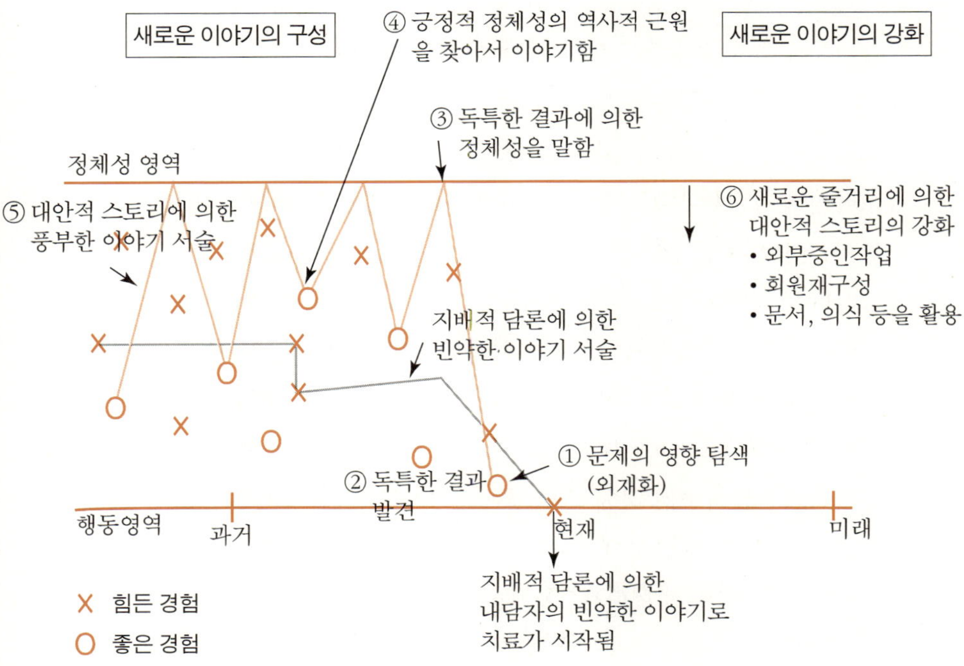

[그림 13-2] 이야기치료의 진행과정

2. 치료목표

이야기치료의 목표는 사람들이 문제에 빠져 있는 이야기를 버리고 자신에게 힘과 만족을 주는 새로운 대안적 이야기를 가지도록 돕는 것이다. 즉, 사람들을 문제중심의 지배적 이야기로부터 분리시켜서 문제와 사람들의 관계를 새롭게 정의하는 것이다. 화이트는 이야기치료의 목표를 다음과 같이 정리하고 있다(White, 1995).

첫째, 사람들이 자기 자신에 대한 부정적인 사실을 다시 구성하도록 격려한다.

둘째, 사람들이 자신의 생활과 정체성에 대해 가지고 있는 빈약한 서술(thin description)에서 벗어나도록 돕는다.

셋째, 사람들이 자신의 생활과 정체성에 대해 풍부하게 서술(thick description)하는 대화를 하도록 지지한다.

넷째, 풍부한 서술을 할 수 있는 생활패턴을 탐색할 수 있는 이야기 속으로 사람들을 끌어들인다.

다섯째, 그들이 과거에 어떤 사람이었느냐에 관심을 가지기보다는 그들이 어떤 사람이 되기 원하는가에 대한 선택권을 준다.

따라서 이야기치료 치료자들은 호기심 어린 자세로 내담자의 이야기를 경청하는 것이 필요하다. 내담자가 어떤 경험을 이야기하면 그것에 대한 의미를 탐색하여 그 이야기가 가지고 있는 강점이나 탄력성을 발견하는 것이 중요하다.

이야기치료를 지향하는 치료자에게 있어 치료과정이란 문제를 해결하는 것이 아니라 내담자가 자신을 둘러싼 문화가 그들로 하여금 문제중심의 삶을 받아들이게 했다는 사실을 깨닫도록 돕는 것이다. 따라서 치료자는 목표형성에 대해 소극적이다. 그들은 내담자가 낡은 문제에서 자유로워져서 그들 삶의 스토리를 다시 쓸 수 있는 공간을 제공하는 데 주력한다. 이야기치료를 지향하는 치료자는 내담자의 이야기가 무엇이든 간에 그것은 지배적인 줄거리에 의해서 구성되는 것이며, 본질적이거나 영구적인 특질은 아니라고 생각한다. 따라서 치료자는 내담자가 새로운 스토리를 만들어 내도록 돕는 공동저작자가 될 수 있다고 생각한다. 또한 이와 같은 경험은 내담자의 자기개념과 생활 내의 변화를 일으킬 수 있다고 본다. 다시 말하면, 치료자는 억압에 의해 지배당하는 개인과 가족에게 내면화된 스토리로부터 그들을 벗어나게 하려는 것이다. 이야기치료를 지향하는 치료자는 문제는 그 사람이 아니며 단지 문제일 뿐이라고 생각하므로 내담자가 문제로부터 어떻게 분리될 수 있는가에 관심이 있다. 이야기치료의 목표는 문제 해결보다는 내담자가 내면화된 담론에 지나치게 의존하고 있다는 사실을 깨닫게 함으로써 문제를 해소하는 것이다. 이것은 내담자가 선택의 폭을 넓힐 수 있도록 돕는 것과 맞물려 있다. 더 나아가 내담자와 협력하면서 내담자와 다른 사람들을 연결하는 데 도움이 되는 방법을 강조한 새로운 이야기를 공동저작하는 것이다.

3. 치료기법

이야기치료의 치료기법은 내담자가 상실한 스토리를 되살려 자신을 지배해 온 문제로부터 분리되도록 고안되었다. 이야기치료에서는 다양한 기법을 통해 자신과 문제, 관계에 대한 내담자의 이야기를 다시 쓰도록 촉진한다. 이야기치료 치료기법의 특징은 질문형식에 있지만 그것은 정형화된 범주를 가지고 있지 않다. 치료자는 면담과정에서 어떤 것을 주장하거나 해석하지 않고 단지 질문과 대답만을 반복한다. 또한 그들은 내담자의 재능과 성취에 관심을 가지며, 보다 협동적인 분위기를 조성하기 위해 내담자도 치료자에 대해 질문할 기회를 준다.

1) 사례: 비열한 푸

닉은 6세의 남자아이로 유분증의 진단을 받고 여러 치료자의 도움을 받았지만 성공하지 못했다. 사고나 사건이 없는 날은 거의 없었고 대부분 속옷에 흔적을 남기고 있었다. 더욱이 닉은 그것을 벽이나 식탁에 묻히거나 서랍 속에 넣어두면서 놀았다.

화이트는 우선 이러한 문제에 대해 '비열한 푸(sneaky Poo)' 라는 이름을 붙이고 이 문제가 닉이나 가족에게 어떤 영향을 초래하는지에 대한 질문을 하였다. 먼저 비열한 푸가 가족들에게 어떤 때 찾아오고 어떻게 영향을 미치는지 탐색하였다. 푸는 닉을 다른 친구들과 멀어지게 하였고, 학교에서 수업을 할 때 영향을 주었으며, 그의 삶을 흔들어 자신이 어떤 사람인지 알 수 없게 만들었다. 또한 푸는 엄마에게도 좋은 부모가 되기 위한 능력에 대해 의문을 가지게 하였으며 엄마를 비참하게 만들었다. 푸는 아버지도 당황하게 만들어서 그 결과 아버지는 비참한 비밀을 숨기기 위해 친구나 친척들과 소원해졌다. 이렇게 푸는 가족 모두에게 영향을 주었다. 푸 때문에 닉과 부모 사이에는 틈이 생겼으며 부부의 대화 중심에는 언제나 푸가 있어서 두 사람은 서로에게 관심을 갖기가 어려워졌다는 점을 알 수 있었다.

이 사례를 통해 이야기치료의 특징을 언급하면 다음과 같다.

첫째, 문제에 '비열한 푸' 라는 이름을 붙인다. 그때까지 무엇이 문제이며 누구에게 책임이 있는가를 잘 알지 못한 상태였다. 문제는 닉에게 있는 것처럼 보이기도 하고 부모에게 있는 것처럼 보이기도 했다. 하지만 '비열한 푸' 라는 이름을 붙임으로써 문제는 닉이나 부모에게서 분리되었다. 즉, 문제가 외재화된 것이다.

둘째, 그 문제가 닉이나 부모에게 어떤 영향을 주는 것인지 질문을 명확히 한다. 그것을 통해 문제가 닉이나 부모와 함께하면서 여러 가지 영향을 끼치고 있다는 것을 분명히 이해할 수 있었다.

셋째, 이러한 문제가 끼치는 영향은 하나가 아니라 복수이며 닉과 부모에 대해 각각 별개의 영향을 끼치고 있다는 것을 명확히 한다.

이와 같은 치료과정을 거치면서 〈표 13-1〉처럼 비열한 푸에게 대항한 작은 사건들을 찾아내기 시작하였다.

〈표 13-1〉 유분증 소년의 이야기치료 과정

비열한 푸	
• 가족의 삶과 인간관계에 있어서 푸의 영향은? 1. 푸는 닉을 다른 아이들로부터 떼어놓아 학교공부에 영향을 주고 그의 인생을 엉망으로 만들고 있다. 2. 푸는 닉의 어머니 수의 일반적 능력과 좋은 부모가 되기 위한 역량에 대해 의문을 품게 하여 그녀를 비참하게 하고 있다. 3. 푸의 비협력적 태도는 닉의 아버지 론을 상당히 당황스럽게 하고 있다.	• 푸의 영향에 가족들은 어떻게 대응했는가? 1. 푸가 닉을 놀이상대로 하려고 꾀어내도 닉은 푸에게 '허를 찔리지 않은 채' 끝난 적이 몇 번 있다. 2. 수는 비참한 생각에 저항하여 음악을 틀었던 적이 있다. 3. 푸가 자기에게 무언가를 요구하고 있다는 것을 알게 된 후, 그는 이 요청에 대항하고 싶다는 생각에 흥미를 가지게 되었다.

화이트는 닉 가족의 삶에서 그들이 푸에게 대항했던 사건을 통해 그들의 강점이나 유능했던 점을 찾아내었다. 2주 뒤 수와 론은 푸의 책략에 넘어가지 않겠다는 결정에 성실하게 임하게 되었다. 이를 통해 가족이 또 다른 삶의 이야기를 쓸 수 있도록, 즉 '우리 가족은 닉의 유분증에 모두 엉망이다' 라는 지배적인 이야기로부터 분리될 수 있도록 도왔다. 이처럼 이야기치료에서는 내담자를 진단명에 의해 분류하는 것이 아니라 그들을 독특한 개인적인 삶의 역사를 가진 존재로 취급한다. 즉, 치료자는 해결해야 할 문제나 치료받아야 할 증상에 관한 용어로 사람을 객관화하기보다는 내담자들이 능력을 가진 사람으로 삶의 이야기를 발전시킬 수 있도록 도왔다.

2) 문제 탐색을 위한 질문기법

(1) 해체 경청(deconstructive listening)

내담자들이 가져오는 문제를 중심으로 만들어진 이야기를 해체시키려는 의도를 가지고 듣는 것이다. 해체 경청의 목표는 내담자의 이야기를 축소시키거나 그가 겪고 있는 고통을 외면하지 않으면서 이러한 지배적 문제 이야기의 틈새를 볼 수 있도록 하는 것이다. 해체 경청으로 듣기 위해서는 사람들이 하고 있는 이야기가 하나의 의미가 아니라 여러 가지 다른 의미도 가질 수 있다는 것을 가정해야 한다. 즉, 이야기의 허술한 틈새나 모호한 의미들을 가려내어 새로운 이야기를 시작하는 출발점으로 생각하면서 이러한 가능성을 포착해야 한다.

이때 치료자는 내담자가 또 다른 삶의 이야기를 쓸 수 있도록, 즉 자신의 내면화된 지배적인 이야기로부터 분리될 수 있도록 돕는다. 또한 억압에 의해 지배당하는 개인과 가족에게 내면화된 담론에 의해 만들어진 이야기로부터 그들이 해방되도록 돕는다. 그리고 이야기가 어떻게 구성되었는지를 명백하게 보면서 사람들이 자신들의 이야기를 풀어 놓거나 다른 시각으로 볼 수 있도록 도와준다. 해체질문들은 사람들이 자신들의 이야기를 더 큰 체계와 시각에서 바라볼 수 있는 틈을 제공한다.

(2) 문제의 외재화(externalizing conversation)

사람들은 종종 병리적이거나 역기능적인 표현을 활용하여 자신들의 문제에 이름을 붙여 주면서 그러한 문제가 자신들의 성격적 결함이나 유약함 때문에 발생하거나 유지된다고 비난한다. 문제의 외재화는 이러한 것에 도전하여 만들어졌다. 내담자나 가족이 문제가 아니라 단지 문제가 문제일 뿐이라는 생각을 가져 문제를 내담자로부터 분리시킴으로써 내담자의 삶에 관한 이야기를 재정의하도록 도왔다. 치료자는 내담자에게 문제의 원인이 아니라 문제의 영향으로 인한 결과에 대한 질문을 한다. 그리고 문제가 누군가에 의해 소유된 것이 아니라 문제가 그들을 소유하려 한다고 암시한다. 예를 들어, “남편의 거짓말이 당신을 괴롭히고 있군요.” 보다는 “거짓말이 남편으로 하여금 두 사람 사이의 갈등을 일으키게 했군요.”라고 말한다. 문제를 외재화한다는 것은 내면화된 증상을 인격화시키는 작업이다. 이와 같은 외재화의 질문을 계속하는 동안 내담자는 문제가 자신들 밖의 것이라고 생각하게 된다. 문제를 외재화하는 작업은 내담자나 가족을 문제에서 분리하여 건강한 하나의 개체로 볼 수 있게 한다는 점에서 유리하다.

(3) 문제의 역사 탐색

개입 초기단계에서는 문제를 지지해 온 상호작용의 패턴에서 벗어나게 해야 한다. 그러기 위해서는 개인이나 가족의 삶과 관계 안에서 이러한 문제와 영향을 상세하게 탐색하는 것이 바람직하다. 치료자는 가족들에게 어떤 것이 부정적인 영향을 초래한다는 편견을 갖지 않은 채 그들을 둘러싼 문제나 영향에 대해 상세한 질문을 한다. 이처럼 한 개인이나 가족을 둘러싼 지도를 그리는 과정을 통해 각 개인은 어떤 사건과 다른 사건이 연결되어 있음을 인식하게 된다. 그리고 이 같은 지도는 각 개인에게 강요되거나 통제되었던 사건의 탐색으로까지 확대된다.

문제를 알게 된 것은 언제였는가, 문제가 당신의 삶에 들어오기 이전에 대해 무엇을 기억하고 있는가, 문제가 강력한 힘을 가지고 있던 것은 언제였는가를 질문함으로써 문제의 역사를 살펴본다. “그때 문제는 당신 자신의 삶에서 몇 퍼센트를 지배하고 있었나요?”와 같은 영향 탐색 질문을 함으로써 문제의 영향을 알아본다.

그리고 그 문제가 자기 자신과 주위 사람들에게 어떤 영향을 끼치고 있는지에 대해 질문한다.

(4) 독특한 결과(unique outcome) 발견

내담자가 예외적인 사건이 자신들에게 중요하다는 사실을 받아들이면 독특한 결과에 의한 새로운 스토리작업을 시작한다. 예외는 스토리가 아니라 하나의 사건에 지나지 않은데, 이것을 이야기로 어떻게 끌어 들이는가가 중요하다. 다시 말하면, 예외적인 사건을 스토리화하는 것이다. 예외적인 사건이 이야기 속으로 들어오기 위해서는 내담자와 가족이 그 같은 사건이 중요하다는 것을 인식해야 한다. 따라서 치료자는 내담자의 이야기를 경청해 가면서 문제의 영향에서 벗어날 수 있었던 독특한 결과를 강조하고, 어떻게 해낼 수 있었는지에 대한 노력에 관해 묻는다. 만약 가족들이 문제중심이나 구조화된 지배적인 이야기에 압도당했다면 이 같은 독특한 결과에 의한 성공은 지배적 이야기에 의해 가려져 있을 것이다. 이때 치료자는 지배적인 문화적 담론에 의해 쓰여진 경험과는 다른 삶의 경험에 대해 질문을 함으로써 독특한 결과나 특이한 사건들을 새롭고 자존감을 높이는 이야기로 거듭 태어나게 할 수 있다.

이 같은 면담과정은 지금까지 비어 있던 사건 밖의 이야기들을 채워 넣을 수 있는 사건을 내담자가 인식하도록 하는 방법이다. 아무리 작은 것일지라도 성공적인 사건을 강조하면 내담자나 가족들의 역사와 연결되는 새로운 이야기가 만들어질 수 있다. 독특한 결과나 특이한 사건들을 이끌어 내기 위한 질문의 예는 "아내에 대한 분노가 당신을 지배하려고 할 때 그렇게 하지 못하도록 했던 때를 기억할 수 있나요? 어떻게 그렇게 할 수가 있었나요?" 등의 간단한 것이다.

이처럼 예외적 역사를 찾아내기 위한 질문으로 치료자는 다음과 같은 형태를 자주 활용한다.

- 그것을 어떻게 성취할 수 있었나요?
- 자신에게 다르게 행동하라고 스스로 조언한 적이 있나요?
- 그것이 어떤 결과를 가져왔나요?

예외적 사건에 새로운 의미나 중요성을 부여하기 위해서는 다음과 같은 질문을 할 수 있다.

- 이 같은 발견은 당신이나 당신 삶에서 무엇이 중요하다고 당신에게 알려 주고 있나요?
- 당신의 성공을 충분히 인정한다면 당신은 자신이 했던 태도에 도달하기 위해 어떤 결론을 가져야 하나요?

이야기치료에서는 다양한 질문 양식을 많이 사용하고 있다. 또한 해체 질문은 새로운 이야기가 만들어지는 과정에 다가가는 기회가 되기도 한다. 이것은 한 이야기의 제한점과 그 이야기가 다르게 만들어질 수 있음을 시사해 준다.

이처럼 독특한 결과는 평소에는 잘 인식할 수 없지만 자세히 들여다보면 찾을 수 있는 예외적인 경험들이다. 지배적인 이야기 밖에 존재하고 있는 잊혀진 삶의 경험 중에서 자신에게 매우 중요한 의미를 가질 수 있는 경험들인 셈이다. 이런 독특한 결과는 대안적인 이야기를 만드는 재료들로 사용될 수 있다.

3) 재구성하는 대화

새로 찾은 독특한 결과들을 가지고 이야기를 만들어 가는 과정을 통해 새로운 의미가 형성된다. 치료자는 새로운 이야기를 뒷받침할 보다 많은 증거를 찾기 위해 문제를 드러낸 현재 사건에서 벗어나 내담자의 시야를 과거로 확대한다. 예를 들어, "당신이 어떻게 화를 잘 통제할 수 있었는지에 대해 내가 이해할 수 있도록 당신의 지난날에 대해 이야기해 줄 수 있나요?" 등의 질문을 던지는 것이다.

치료자는 새로운 이야기의 윤곽이 잡히면 초점을 미래로 옮겨가며 내담자가 새로운 이야기를 채울 수 있는 변화를 계획하도록 돕는다. "자, 당신은 자신에 대해 발견해 왔는데 이러한 발견들이 분노를 초래하는 다른 사람과의 관계에 어떻게 영향을 미칠 수 있다고 생각합니까?" 라고 물어서 가족들과 희망적인 미래의 이야기를 만들어 내게 한다. 이와 같은 과정을 통해 스토리는 과거, 현재, 미래를 포함한 이야기로 완성되어 자리잡는다.

치료자는 새로운 이야기를 공동저작할 때 자신들의 치료기법을 통해 내담자에게서 어떤 것을 끌어낼 수 있다고 생각하기보다는 내담자 스스로가 새로운 자기 이야기를 만들어 갈 수 있는 능력의 소유자라고 보는 것이 중요하다.

내담자는 면담과정에서 치료자에게 어떤 사건에 관해 이야기하는데, 이러한 이야기는 시간적인 차례에 따라 주제와 구성을 가지고 있다. 즉, 사건은 그것과 연결된 순서와 시간이라는 시간적 차원을 가진다. 그리고 모든 이야기에는 사건, 시간, 구성, 주제라는 네 가지 요소가 존재한다. 또한 이야기 속에는 행동 조망(landscape of action)과 정체성 조망(landscape of identity)이 있다. 대부분의 사람들은 어떤 사건에서 결론을 내린 정체성에 관한 것을 이야기하는 것이지, 사건 자체에 대해 이야기를 하는 것이 아니다(White, 2000). 외재화 작업은 행동 조망과 정체성 조망을 분리함으로써 내담자의 삶에 관한 이야기의 재진술하도록 돕는 것이다.

행동 조망과 정체성 조망은 서로 연결되어 짜여져 있다. 따라서 이야기는 여러 관점 사이를 오가며 가장 적절한 형태로 자리 잡힐 때까지 끊임없이 수정되고 재연되면서 서로 연합하여 내담자로 하여금 자연스러운 이야기를 만들어 가도록 도와준다.

이야기치료에서는 [그림 13-3]과 같이 행동 조망과 정체성 조망을 번갈아 질문을 제시함으로써 좀 더 내재화된 담론에 근거한 이야기를 적절하게 표출하도록 돕는다.

화이트가 제시하고 있는 질문의 예를 살펴보면 다음과 같다.

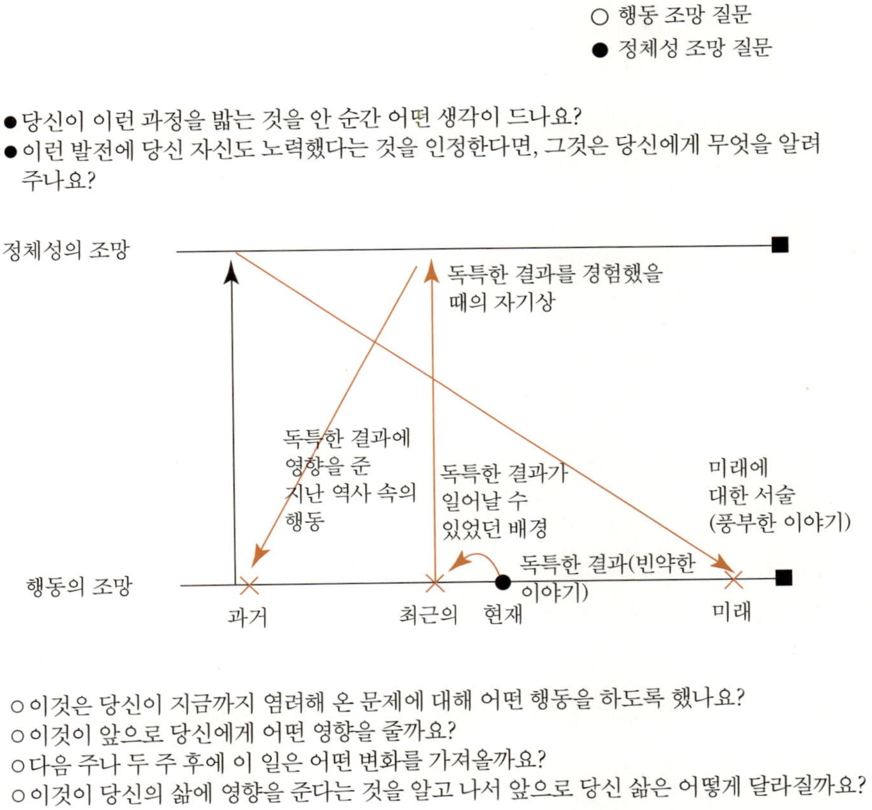

[그림 13-3] 행동 조망과 정체성 조망의 질문 예

4) 이야기를 풍요롭게 만드는 대화

이야기를 풍요롭게 하는 대화는 내담자의 삶에서 한때 중요한 역할을 해 준 사람을 의도적으로 기억 속에서 다시 찾아내어 그 사람의 눈으로 본 내담자의 정체성을 밝히고 그것을 새로운 이야기에 넣어 두는 것이다.

그 방법으로 회원재구성(re-membering) 대화는 그들과의 관계에서 삶의 결정을 내담자가 스스로 내리도록 하는 것이다. 이 대화에서는 부모나 전문가들은 자신들이 행사하던 권위를 낮추고, 내담자가 원하는 다른 사람들, 예를 들면 그를 잘 이해하는 친구 등의 권위는 높여 주고 자신을 학대하는 인물에 대해서는 회원자격을 박탈하거나 지위를 낮출 수 있다. 이 과정에서 내담자의 정체성에 대해 이제까지와는 다른 대안적 견해들이 나올 수 있으며 새로운 기억을 구성할 가능성이 열린다.

또 다른 방법은 외부 증인 집단(outsider witness group)이다. 이야기치료자들은 특이한 방식으로 청중이 치료자와 치료에 온 사람들 사이의 대화를 목격할 수 있는 과정을 마련한다. 이런 과정들은 인증예식으로 알려져 있다. 이것은 사람들이 정체성을 재정의하는 데 유용하다.

외부 증인 집단이란 치료자와 치료를 요청한 사람들의 대화에 청중으로 초대받은 사람들을 일컫는다. 외부 증인 집단은 내담자를 알든 모르든 상관없이 둘이나 그 이상의 사람들로 구성된다. 이들에 의해 진행되는 진술(telling)과 재진술(retelling), 재진술에 대한 재진술(retelling of retelling)을 거듭할수록 스토리는 더욱 풍부해지며 긍정적인 정체성에 대한 결론을 내릴 수 있다. 일반적으로 인증예식은 4단계로 이루어진다.

① 최초의 진술 대화: 가족과 치료자가 나누는 진술 대화로 이루어진다. 외부 증인 집단은 진행되는 대화를 주의 깊게 경청하고 이 대화를 목격한다.
② 외부 증인 집단의 재진술: 치료자와 가족 간의 대화를 마치면 외부 증인 집단은 그들과 자리를 바꾼다. 재진술은 방금 목격했던 대화에 대해 풍부한 서술을 이끌어 내는 데 기여한다.
③ 가족의 응답: 외부 증인 집단에서 재진술한 것에 대해 가족들이 피드백하는 기회를 가진다. 치료자는 보통 가족들에게 그들이 들었던 것에 대해 반응하도록 요청한다. 가족들은 자신들의 삶에 관한 대화

의 청중으로 참여한 경험을 전반적으로 평가하고, 이 경험이 미래의 삶에 어떤 영향을 미치게 될지 예상해 보는 시간을 가진다.

④ 면담에 대한 논의: 가족들이 피드백을 마친 후에 외부 증인 집단은 치료자 및 가족과 함께 대화하도록 초청을 받는다. 이때 모든 사람들은 처음의 세 과정에 대해 다시 한 번 검토해 볼 기회를 갖는다. 이야기를 재진술하는 것은 그 이야기를 더욱 풍성하게 하고 점차 살아 있고 참된 것이 되게 한다.

엡스턴은 편지기법을 활용하여 새로운 스토리를 만들어 갔으며, 새로운 삶의 목표를 추구할 때 도움이 되는 다양한 질문도 개발하였다. 또한 그는 어려움을 해결한 사람들이 어떻게 그 문제를 극복할 수 있었는지에 대한 아이디어를 다른 사람들에게 제공하기 위해 같은 문제를 극복한 내담자의 편지나 테이프를 분류하여 활용하기도 했다. 때로는 문제에 굴복하지 않고 성취한 부분과 개인의 새로운 스토리에 대한 칭찬을 하기 위해 인증서를 주거나 실제 축하파티를 열어 주는 경우도 있었다. 어려운 문제

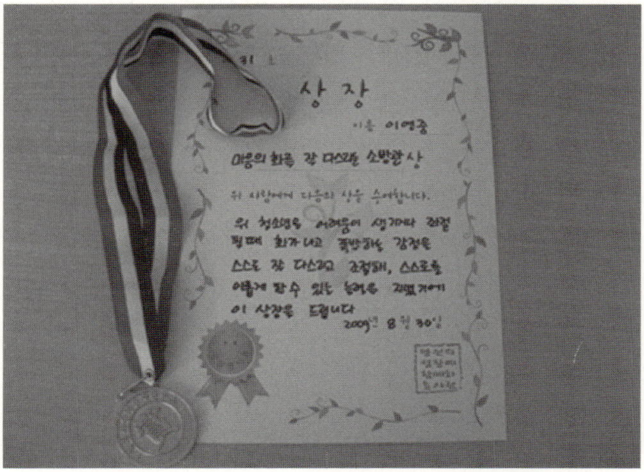

[그림 13-4] 상장 수여

에 도전해 성공함으로써 결국 문제를 패배시켰다는 개인에 대한 감사의 의식은 개인의 새로운 이야기에 공헌하는 부분이 크다. 예를 들어, [그림 13-4]와 같은 상장이나 인증서를 내담자에게 수여하기도 하였다.

| 제14장 |

가족생활주기와 가족치료

1. 가족생활주기의 이해

가족들이 드러내는 임상적 문제는 어떤 발달단계에서 다음 발달단계로 이행할 때 생기는 어려움과 관련된 경우가 많다. 따라서 치료자는 개인이나 가족의 생활주기에 관한 지식을 가지고 있는 것이 바람직하다. 치료자는 특히 어떻게 하면 가족이 이행이라는 발달과정을 수용하고 촉진시킬 수 있는가와 연결하여 생각할 필요가 있다. 한 개인에게 발달단계가 있듯이 가족 역시 시간의 흐름에 따라 정서적 발달을 하는데, 그 같은 발달을 하기 위해 가족에게 요구되는 발달과제가 있다. 개인의 경우 어떤 발달단계에서 요구하는 과제를 충분히 달성하지 못하면 그 단계에 고착하는 것처럼, 가족의 경우에도 어떤 단계에서 요구하는 과제를 수행하지 못하면 어려움을 겪게 된다. 이처럼 생활주기에서 각 단계의 이행이 순조롭게 진행되지 못하면 가족은 스트레스를 받기 쉽다. 이 같은 스트레스에 직면하게 되면 가족은 이전의 단계로 돌아가는 퇴행을 보이는 것이 일반적인 반응이다. 예를 들어, 자녀가 청소년기를 맞이하여 겪게 되는 스트레스를 생각해 볼 수 있다. 이 시기는 부모와 자녀 모두에게 어려운 시기다. 자녀들은 자신에게 부여된 여러 가지 역할이나 과제 중에서 부모로부터 독립하려는 것, 즉 자아정체성을 확립하는 것에 커다란 비중을 둔다. 그런데 때로는 이 같은 자아정체성의 확립과정에서 생겨나는 자녀의 반항이 부모가 자신의 원가족과 해결하지 못한 문제를 자극한 나머지 부모는 자녀에게 더욱 통제를 가할 수도 있다. 이처럼 자녀의 독립과 부모의 통제라는 문제가 복잡하게 얽혀 가족에게 드러나는 어려움을 가중시키기도 한다.

무엇이 전형적인 것인가의 해답이 될 수 있는 정상적인 과정이란 개인과 가족을 둘러싼 체계와 관련이 있는데, 오늘날처럼 다원화된 사회에서는 전형적인 가족의 모습을 그려 내기가 쉽지 않다. 여기서는 가정의 모습의 기초선을 제공해 주는 가족생활주기를 통해 전형적인 가족을 살펴보고자 한다.

가족생활주기는 그 자체가 하나의 정서적 발달의 기본 단위다. 이것은 특유한 단계와 경과를 가진 가족들의 움직임과 상호관계를 이해하는 준거 틀로서 의의가 있다. 모든 가족은 개인과 마찬가지로 결혼, 첫아이의 출생, 청소년기의 시작과 같은 어떤 예측될 수 있는 사건이나 국면을 통과한다. 대부분의 가족은 두 성인이 자신들이 출생한 가족으로부터 분리하여 결혼하고, 남편과 아내로서 서로에게 조화되는 것을 학습하며, 첫 자녀가 태어나면서 부모로서의 새로운 역할을 하게 되고, 그 후 가족 수가 증가하면서 가족구조와 생활방식을 바람직한 방향으로 재조직하는 과정을 겪는다. 이렇게 가족이 성숙해 감에 따라 부모자녀관계는 새롭게 발전하며 그 과정을 통해 부부관계도 변화한다. 또한 가족생활주기를 거치는 동안 각 단계에서 요구되는 발달과제를 해결해야 하는데, 이와 같은 발달과제가 순조롭게 해결되지 않을 경우에는 외부의 도움이 필요하다. 치료자는 가족이 당면한 위기나 문제행동을 그 가족의 생활주기라는 맥락에서 이해하면 보다 잘 파악할 수 있다.

카터와 맥골드릭(Carter & McGoldrick, 2005)은 일반 체계이론을 통합한 새로운 가족생활주기의 개념을 정리하여 발표하였다. 그들은 기존의 생활주기와는 달리 새로운 경향으로 소속되지 않은 어른(young adult)과 이혼 및 재혼 가정에 주목하였다. 현대사회에서는 자신의 원가족이나 결혼가족 그 어디에도 소속되지 않은 어른의 기간이 있으므로 이것을 가족의 출발점, 즉 첫 단계로 보아야 한다고 그들은 주장하였다. 또한 그들은 이혼에 따르는 가족생활주기의 혼란과 그 전후의 가족과정이나 재혼에 의한 새로운 가족 형성의 문제를 예외적 현상으로 생각하지 않고 기본적인 가족과정으로 인식하였다. 그들은 가족 발달과제를 가족이라는 전체 속에서 관계를 확대하거나 축소하거나 재편성하는 것으로 보았기 때문에 이들이 제안한 가족생활주기의 단계는 가족 치료과정에 많은 도움을 준다. 여기서는 핵가족을 중심으로 가족생활주기의 각 단계에서 접하게 되는 발달과제와 가족문제를 살펴보고자 한다.

2. 가족생활주기의 발달과제

1) 제1단계: 어디에도 소속되지 않은 성인 단계

사람들은 일생을 거쳐 살아가면서 대부분의 경우 두 개의 가정을 경험하게 된다. [그림 14-1]과 같이 자신이 자녀로 소속된 원가족(출생가족)과 자신이 부모로서 가족을 만들어 가는 결혼가족(생식가족)이다. 그런데 사람들은 원가족에서 곧 결혼가족으로 이어지는 것이 아니라 그 어디에도 소속되지 않은 시기를 거치면서 자신의 새로운 가정을 이루어 간다.

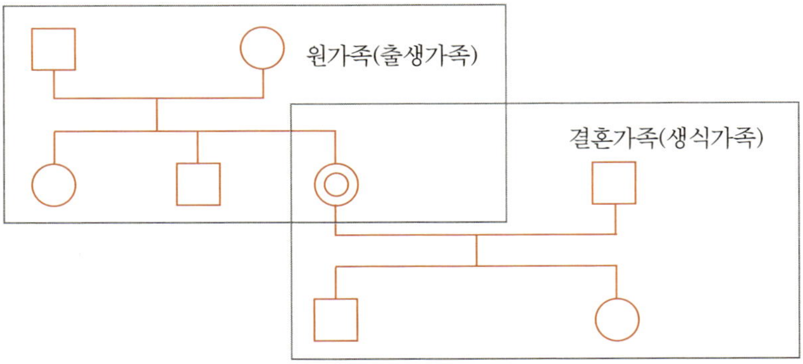

[그림 14-1] 원가족과 결혼가족

이 단계는 결혼에 의한 새로운 부부체계를 바람직하게 형성하기 위한 준비기간인 셈이다. 준비기간으로서 자신에 대한 확신과 다른 사람의 인정이라는 상호작용 속에서 안정감을 획득하고 이것을 바탕으로 특정 사회가 지향하는 미래에 대한 자신감을 갖는 것이 필요하다. 이는 자신의 과거 경험에서 독특한 의미를 찾아내어 이를 통합해 가는 자아정체성과 연결되어 있는데, 우리 사회는 이런 과제에 실패하여 더 이상의 성장을 거부하는 사람들을 일컬어 코쿤족, 캥거루족 등과 같이 은유적으로 표현하기도 한다. 그러나 이 단계에서 요구되는 것은 지금까지의 부모에 대한 의존에서 벗어나 자립하여 사회가 요구하는 역할을 수행하면서 사회의 한 일원으로 성장하는 것이다. 결혼을 가족생활주기의 첫 단계로 본 기존의 관점과 달리, 카터와 맥골드릭은 개인의 성숙함을 다지며 스스로 자립하는 이 시기를 생활주기의 첫 단계로 보았다. 이 단계의 발달과제는 다음과 같다.

첫째, 원가족과 분화된 성숙한 한 개인이 되는 것이다. 미성숙한 사람은 감정이나 정서를 스스로 통제하지 못하고 충동적 또는 공격적 행동을 하거나 여러 가지 퇴행반응을 나타낸다. 가정생활에서도 자기중심적 또는 안이한 생활을 영위하며, 정서적인 면에서는 지나치게 자신의 부모와 연결되어 있어서 심리적인 자립을 하지 못하고 있다. 한마디로 성숙한 사람은 부모로부터 분리되어 있으며 유연한 태도로 여러 사람을 접하지만 개성과 주체성을 가진 생활이 가능한 사람이라고 말할 수 있을 것이다.

둘째, 자립이다. 이 시기에 해당하는 젊은이는 지금까지의 부모의 경제적 또는 정서적 지원으로부터 독립하려는 노력을 해야 한다. 또한 자신에게 맞는 직업이 무엇인지를 탐색하고 그와 같은 직업에 도전해야 한다. 이와 같은 직업 탐색의 과정에서 파생하는 인간관계에도 슬기롭게 대처하는 힘을 키워 가야 한다. 이를 위해서는 주변의 사람들과 친밀감을 형성하는 것이 필요하며, 또한 상대방의 도움을 받거나 도움을 요구하는 것에 유연해야 한다.

2) 제2단계: 새롭게 출발하는 가족

이 단계의 주요 과제는 두 남녀가 각자 출생한 가족으로부터 물리적 또는 심리적으로 분리되어 두 사람만의 세계를 만드는 것이다. 결혼한 두 남녀는 자신들의 기본적인 욕구충족을 원가족에서 추구하지 않고 자신의 배우자에게서 추구하려고 노력해야 한다. 이 같이 상대방의 욕구에 반응하는 것은 쉬운 것처럼 보이나, 대부분은 자신들이 자라 온 원가족의 경험에 의해 욕구의 표현방식을 달리하기 때문에 갈등이 초래되기도 한다.

가족체계 수준에서 부부가 커플로서 잘 기능하기 위해서는 기본적인 규칙과 유형을 만들어 갈 필요가 있다. 이러한 규칙에는 상대의 욕구에 반응하는 것, 의견이나 사고의 차이를 조정하는 것, 가정경제나 집안일 같은 일상생활 활동에 협력하는 것 등이 포함된다. 또한 부부가 하나라는 일체감을 느끼는 동시에 개인으로서의 자립을 손상시키지 않도록 확고한 경계를 만드는 것도 필요하다. 각자의 원가족과 배우자와의 관계에서는 적절한 균형을 유지하는 것이 중요하다. 원가족, 특히 부모는 결혼하여 독립한 자녀에 대해 독립성을 존중하며 적절한 거리를 갖도록 관계를 재구성하지 않으면 안 된다. 이 시기에 흔히 나타나는 갈등은 이전 단계에서 미해결된 문제가 자신들도 모르는 사이에 신혼생활에 드러나는 것이다. 예를 들어, 한쪽 배우자가 지나치게 이기적으로 자신의 요구를 강요하는 경우다. 이러한 문제는 원가족에서 상대방의 욕구에 반응하는 방법을 배우지 못했거나, 원가족과의 균형을 바람직하게 유지하지 못해서 부부간의 적절한 경계를 설정할 수 없는 사람들에게서 자주 드러난다. 이 단계의 발달과제는 다음과 같다.

첫째, 결혼은 자신들의 원가족으로부터 정서적으로 자립한다는 것을 전제로 성립되어야 한다. 그런데 실제로는 부모로부터 자립하지 못한 채 결혼을 한 후 오히려 결혼을 자립하는 하나의 과정으로 생각하는 경우가 적지 않다. 이 같은 생각을 가지고 결혼을 한다면 그들의 결혼생활에는 여러 가지 문제가 일어나기 쉽다. 예를 들면, 배우자의 선택 그 자체가 부모의 대체물이 되어 결혼 후에 원가족과의 관계에서 해결되지 않은 정서적 문제가 새로운 관계인 부부의 결합과 발전을 방해할 가능성이 있다. 이처럼 첫 단계의 발달과제인 부부체계가 잘 형성되지 않으면 이는 이후의 가족생활주기 단계에도 영향을 미친다.

부부체계를 형성하는 동시에 다른 한편으로는 각자의 친인척과 맺게 되는 관계를 부부 단위로 새롭게 재편성해야 한다. 우리나라의 경우 폐백이나 신행은 그와 같은 과정의 첫걸음이다.

둘째, 결혼에 의해 하나의 가족 단위로 성립되기 위해서는 기본적인 가족기능을 원만히 수행할 필요가 있다.이 단계에서 획득해야 할 기본적인 기능은 거주, 식생활, 수입, 취업, 가족건강의 유지와 같이 물리적인 요소다. 이와 더불어 가족기능의 정서적 요소도 중요하다. 정서적 가족기능이란 가족체계 사이에 친밀함을 형성하고 가족 또는 가족 이외의 세계와 관계를 맺는 것을 의미한다. 특히 결혼을 애정관계 및 정서적 결합으로 본다면 두 남녀의 친밀한 결합은 그 이후의 가족생활주기의 방향을 결정하는 데 영향을 미친다.

제2단계에서 다음 단계로 이행하는 분기점은 부모가 되겠다는 부부의 결심과 아내의 임신에 의해서 시작된다. 결혼하면 당연히 자녀를 갖는 것이라고 생각하던 과거의 통념과는 달리 출산을 자유롭게 통제할 수 있는 현대사회에서는 자녀를 언제 출산할 것인가의 문제는 부부간의 합의가 필요한 과제다. 여성이 적극적으로 사회활동을 하면서 상당한 지위와 역할을 갖게 되면 이 같은 문제를 둘러싼 부부간의 심리적인 갈등은 더욱 크게 부각될 수 있다. 이러한 아내의 내적 갈등이나 부부 사이의 의견 불일치는 가족이 다음 단계로 이행하는 데 커다란 발달과제로 대두된다.

3) 제3단계: 어린 자녀를 둔 가족

이 단계는 첫 자녀의 출생과 태어난 자녀가 전적으로 부모에게 의존하는 상태에서 출발한다. 그 이후 가족체계에 몇 명의 새로운 자녀가 더해지고 첫 자녀가 유치원 또는 학교라는 가족 이외의 사회에 참가해 자녀들이 청소년기에 이를 때까지가 이 단계에 속한다.

신혼부부 사이에 자녀가 태어나면 가족관계는 두 사람의 관계에서 세 사람의 관계로 변화한다. 남편에게는 아버지의 역할이, 아내에게는 어머니의 역할이 기대된다. 일상생활의 시간배분, 소비계획, 여가를 지내는 방법, 방의 사용 등 모든 것이 태어난 자녀에 의해 영향을 받게 된다. 부모로서의 부부에게는 영유아를 돌보는 무거운 책임이 있다. 어린 자녀가 건강하게 성장할 것인가, 부모로서 어떤 과오를 범하고 있지는 않은가 등의 걱정이 끝없이 이어진다. 더불어 이때까지 경험하지 못한 육아방법을 습득하지 않으면 안 된다. 부부에게는 인내심이 요구되며, 어린 자녀의 요구를 받아주지 않으면 안 되기 때문에 부부는 한시도 편히 쉴 수 없다. 원가족에서 과보호를 받고 자란 부부는 자기중심적이거나 이기적인 경향을 보여서 어린 자녀 보살피기를 포기하거나 자기 뜻대로 되지 않으면 학대하는 경우도 생긴다. 그러나 이 같은 부담이 있음에도 자녀의 출생은 부부에게 긍정적 영향을 미친다. 대부분의 부부는 부모가 된다는 것에 자존감이나 자랑스러운 감정을 가지며 이는 그들의 자아정체성의 원천이 된다.

가족체계라는 측면에서는 부부체계에 어린 자녀가 더해지면 새로운 경계와 역할을 만들어야 한다. 이때 부부체계와 부모체계가 함께 기능할 수 있도록 고려하는 것이 중요하다. 부모로서의 부부는 자녀의 요구에 응할 의무와 책임을 둘러싼 육아분담에 관한 기본적인 규칙을 결정한다. 핵가족의 경우에는 아내의 직업 유무와 관계없이 남편이 어느 정도 육아에 참여하는 것이 바람직하다. 그것은 남편이 부성을 몸에 익히는 데 도움이 된다. 동시에 어린 자녀에게도 어머니 이외의 다른 성인과 사귈 수 있는 기회가 되기 때문에 아버지와 자녀 모두의 성장에 도움이 된다.

그런데 이 시기의 과제를 잘 해결해 나가지 못하면 다양한 어려움으로 나타나기도 한다. 어느 한쪽의 부부가 자녀돌보는 부분에만 전념하여 부부의 대화나 친밀함, 부부관계 등이 소홀해져서 생기는 불만이 자주 언급된다. 이처럼 부부 어느 한쪽이 부부관계를 무시할 정도로 자녀와 지나치게 친밀할 경우 위기가 초래될 수 있다. 때로는 부모의 의무에 수반된 스트레스에 압도되어 부부 한쪽 또는 모두가 침울해지면서 정서적인 어려움을 겪는 경우도 있다. 특히 아내의 경우에는 출산 후 겪는 산후우울증(maternal blue)으로 심각한 어려움을 드러내기도 한다.

이 시기 가족의 발달과제는 다음과 같다.

첫째, 자녀의 자립성과 가족에 대한 소속감, 충성심 간의 균형을 지닐 수 있도록 노력하는 것이다. 자녀를 가족에게 구속하거나 가족에서 배제해서는 안 된다.

둘째, 자녀가 지나친 기대로 중압감을 느껴 힘들어하지 않도록 부모와 자녀 사이의 균형을 유지해야 한다.

부모와 자녀 사이의 경계나 부모-자녀를 둘러싼 경계가 확실하게 변화함에 따라 부모와 자녀의 경계는 이전보다 확고해진다. 동시에 자녀는 친구나 학교 등의 가정 밖의 체계와도 관계를 가지게 된다. 이러한 체계 사이의 경계가 유연하면서도 명료하다면 자녀의 성장은 촉진될 것이다.

가정에 두 명 이상의 자녀가 생겨나면 형제체계가 생겨난다. 자녀가 성장하면 가정 내에는 남성체계와 여성체계가 추가되기도 한다. 이 같은 가족체계의 확대는 부부간의 경계, 부모체계의 경계에 변화를 초래한다. 자녀들이 부모 어느 한쪽이나 양쪽 모두와 함께 지내는 시간이 많아지면서 부부끼리 지내는 시간은 상대적으로 감소된다. 어머니가 자녀와의 관계를 지나치게 중시하여 부부관계가 소원해지는 경우도 종종 있다. 부모 세대와 자녀 세대 간의 경계를 유지하는 것도 필요하지만 부부간의 의무와 부모로서의 의무 간의 균형을 유지하는 것도 중요하다.

전업주부는 막내가 초등학교에 입학하면 불안, 우울, 고독 등을 호소하는 경우가 많다. 부모의 역할에 대한 상실감이 그러한 반응을 초래한다. 이것은 가족체계가 건강하지 못하다는 징표가 될 수도 있다. 같은 맥락에서 가족체계의 병리를 자녀가 문제행동으로 드러내는 경우도 있다. 학교가기를 두려워하여 등교거부를 하는 자녀가 이에 대한 전형적인 예다. 자녀가 글자 그대로 학교를 두려워하면서 등교하지 않는 것이다. 이러한 행동의 배경에는 부모에 대한 자녀의 책임이나 충성심이 관여한다. 자녀의 불안과 부모의 불안이 서로 미묘하게 어우러져 자녀의 사회 참여를 방해하기 때문에 그들은 가정 안에 머물게 된다. 어떤 자녀는 퇴행하여 야뇨증이나 천식과 같은 신체화 증상을 나타내기도 한다.

이 단계의 특징 및 과제는 다음과 같다.

첫째, 가족은 자녀의 출생을 계기로 실질적인 가족 단위를 형성한다. 부부만의 단계와 비교해 자녀를 포함한 가족은 하나의 집단 또는 체계로서의 위치를 확고히 하는 셈이다.

둘째, 부부체계의 적응은 자녀들을 위한 심리적 · 물리적 공간을 만들어 가는 데 많은 영향을 준다. 발달적 상호작용이라는 점에서 태어난 자녀의 성장, 그것에 대한 아버지와 어머니의 대응, 부모관계는 서로 어우려져 다양한 변화를 초래한다. 예를 들어, 부부로서 원만한 상호작용을 하고 있는 것은 부모로서의 바람직한 상호작용으로 이어져서 자녀와 부모 사이에 건전한 세대경계를 형성하고 성역할을 명확히 할 수 있도록 촉진한다. 때로는 부부로서 바람직한 친밀함과 결합관계를 가진 남편과 아내가 자녀의 출현에 대해 어떻게 유연한 적응력을 발휘하는가가 중요할 때도 있다. 어떤 부부는 부부 사이에 원만한 정서적인 관계가 성립되어 안정되어 있었는데 자녀의 출현으로 인해 그들의 관계가 상실되어 갈등관계에 빠지는 경우도 있다. 이와는 달리 어떤 부부는 서로에게 불안과 불만을 가지고 있었으나 자녀가 출생하여 그 자녀가 두 사람의 중개자 역할을 하게 됨으로써 표면적인 안정을 시도하는 정서적 삼각관계를 형성하기도 한다.

셋째, 첫 자녀 또는 다른 자녀들이 유치원, 학교 등으로 진학하는 데 따른 사회화의 발달이다. 이러한 발달과 함께 가족에게는 지역 또는 학교와의 교류가 시작된다. 자녀가 학교에 입학함으로써 자녀에게는 또래관계를 형성해 자립해야 한다. 그리고 부모와 자녀 모두 상대방에게 보다 사회화된 이상적인 역할을 할 것을 기대한다. 어떤 의미에서는 이 단계가 가족이 가족답게 전개되는 시기라고 할 수 있다.

넷째, 남편과 아내는 부모가 되는 것 또는 부모로서의 역할에 적응해야 한다. 아버지와 어머니의 역할에 적응하지 못한 부모가 자녀를 양육하면 심한 경우 자녀를 학대하는 결과가 초래될 수도 있다. 치료자들은 이 같은 문제에 대해 부모교육과 같은 예방적 개입에 관심을 가지기도 한다.

다섯째, 부모 또는 조부모의 역할을 포함한 확대가족과의 관계를 회복해야 한다. 어느 가족에도 소속되지 않은 성인 단계에서는 자신들의 원가족으로부터 분리하여 자립하게 된다. 이렇게 자립한 남녀가 결혼을 통해 확대가족과의 관계를 회복하기는 하지만 이 단계에서는 부부가 하나의 단위로 결합하므로 구심력이 더 강하다. 그러나 자녀의 탄생은 각각의 부모에게는 손자의 탄생이자 조부모와 손자관계를 포함한 새로운 확대가족관계의 시작인 셈이다. 또한 부모와 조부모의 역할이 늘어나는 이 같은 확대가족의 관계 발전은 자녀의 양육과 성장에도 중요한 부분을 차지한다.

여섯째, 부모가 균형 있는 자녀양육태도를 확립해야 한다. 이 시기에는 모성적 양육박탈과 아동학대 그리고 밀착된 부모자녀관계라는 양 극단의 양육태도에서 중용을 찾는 것이 필요하다. 예를 들어, 어떤 가족은 여가 활용에서부터 식사, 가정경제의 배분, 주거 등 모든 면에서 철저히 자녀 위주로 생활하기도 한다. 한편, 자녀에게 지나친 관심을 가져 심리적인 어려움을 유발시키거나 여러 가지 가족 내의 갈등을 해소하는 수단으로 자녀를 이용할 가능성도 있다. 이처럼 모든 것을 자녀 중심으로 생활하는 것은 오히려 자녀를 희생시킬 위험성을 내포하고 있다.

4) 제4단계: 청소년기의 자녀를 둔 가족

자녀들이 청소년기에 접어들면 아이들이 부모를 떠나는 과정이 시작된다. 자녀의 청소년기의 발달에 동반하여 생기는 가족 변화와 발달과제를 살펴보면 다음과 같다.

청소년기의 발달은 신체뿐만 아니라 심리적인 변화도 보인다는 점을 특징으로 들 수 있다. 자녀는 신체의 성숙에 적응해 가면서 부모로부터 자립하려고 한다. 십대의 자녀는 아동기에 형성한 자기상의 일부를 확립해 가면서 새로운 자아정체성을 확립하는 과제에 직면하게 된다. 이 시기 부모와 자녀관계에서는 자립과 의존의 갈등이 더욱 심하게 표면화된다. 따라서 부모자녀관계는 자녀의 성장에 적합한 형태로 변화하지 않을 수 없다. 이 단계의 가족을 둘러싼 중심과제는 부모자녀관계를 재정립하는 것이다. 즉, 자립, 책임, 통제라는 제각기 다른 세 가지 면이 기본적인 신뢰관계를 파괴하지 않으면서 통합되는 것이 중요하다.

가족체계에서 볼 때, 이 단계에서 보이는 커다란 변화는 여러 가지 면에서 부모와 자녀의 경계가 명료해진다는 것이다. 이 단계에서는 자녀의 가족체계에 대한 관여 정도가 또래관계에서의 참여 정도와 비슷해진다. 이 같은 변화로 인해 부모-자녀 사이에 신뢰관계가 형성되었던 가정에서도 긴장이 동반된다. 자녀는 가정 외의 활동에 대해서는 부모에게 거의 언급하지 않기 때문에 자녀에 대한 부모의 신뢰가 흔들리기 시작한다. 특히 부모가 자녀가 아동기처럼 자신에게 순종하기를 기대할 경우에는 자녀에 대한 부모의 불신감이 더욱 증폭된다. 부모에 대한 자녀의 불신감은 자신의 의사를 인정하지 않는 부모의 완고한 태도에 직면하여 부모가 자신의 연령에 맞는 자립성과 자유를 인정해 주지 않는다고 생각할 때 더욱 심해진다. 그런데 자녀가 보이는 이 같은 강한 자립 욕구의 이면에는 부모에게 의존하고 싶다는 욕구가 아직 남아 있다. 이 같은 양가적 감정으로 인해 부모와 자녀 간의 신뢰문제는 점점 더 뒤엉키게 된다. 부모의 입장에서 보면 아동기에 자녀와 나누었던 즐거운 교류 경험이 더 이상 지속될 수 없다는 상실감이 큰 시기이기도 하다.

이 단계의 가족들이 주로 호소하는 가족문제는 자녀의 반항과 관련된 것이다. 자녀는 부모가 잔소리가 많고 자신을 어린아이처럼 취급한다며 불평한다. 한편, 부모는 자녀가 자신을 무시하고 신뢰하지 않는다고 호소한다. 자녀들의 이러한 불안정한 행동은 부모로부터 자립하고 싶은 욕구와 어린아이로 남아 있고 싶거나 부모로부터 좋은 아이로 인정받고 싶은 감정적 갈등에서 비롯된 것이다. 이 같은 어려움을 보이면 가족은 다음 단계로 도약하지 못한 채 정체된 상태를 유지한다. 한편 가족 내의 누군가가 성장하려고 하면 가족들은 항상성이 깨져 상처받을까 두려워 상대의 변화에 대해 서로 감시한다. 자녀의 문제행동은 가족이 지금까지 영위해 온 생활에 대한 변화를 의미하기도 한다. 반항적인 자녀와는 정반대로 자립을 요구하지 않는 자녀도 문제를 가진 경우가 많다. 이런 자녀의 경우 같은 연령의 또래와 관계를 갖지 못한 채 자신 안에만 안주하기 때문에 친구들로부터 소외를 당한다고 느낀다. 등교거부와 같은 극단적인 행동은 하지 않더라도 학교생활에 적응하지 못하는 특징이 있다. 등교거부를 하는 아동의 부모는 자녀의 복통이나 두통 등 애매한 호소를 인정해 주어 암암리에 자녀의 등교거부를 승인해 주는 경우도 있다. 이것은 때로 자녀의 문제가 현재의 가족체계를 유지하는 데 도움이 되기 때문에 일어나는 일이다.

십대 자녀 중에는 외모, 신장, 체중 등에 지나치게 신경을 써서 사회생활을 회피하는 경우도 있다. 폭식이나 거식과 같은 식이장애의 문제를 가진 청소년의 가족은 정서적으로 뒤엉켜서 부모와 자녀 모두 의존과 자립의 갈등을 드러내기도 한다. 그러나 이들은 자신들이 어려움을 가졌다는 문제의식이 전혀 없어서 치료기관에 도움을 청하는 경우가 많지 않다. 대부분의 경우 이들로부터 신체적 또는 언어적 공격을 받고 힘들어하는 다른 가족에 의해 치료기관을 찾는다.

이 시기에는 자녀가 가족경계의 밖을 자유롭게 드나드는 것에 의해 가족경계의 확대가 이루어진다는 점을 수용하는 것이 중요하다. 이 단계의 가족 발달과제는 다음과 같다.

첫째, 자녀가 가족체계를 자유롭게 드나들도록 허용하는 것으로 부모-자녀관계를 이행해야 한다. 그러나 결혼생활 이후 10년 이상 안정된 가족경계를 유지해 온 부모에게 갑자기 경계를 확대하거나 유연성을 높이는 것은 어려운 일이다. 이와는 달리 청소년기의 자녀는 자유롭게 가족 밖으로 나가 또래의 친구와 친밀한 관계를 가지거나 친구로부터 부모의 대리 역할을 기대하기도 하면서 부모에게서 벗어난 자기를 확립한다. 또한 이 시기에는 이성과의 정서적 친밀감을 경험하는 것이 중요하다. 이때 부모는 가족체계 밖에 머물던 청소년이 필요에 따라 가정으로 돌아올 때 보호와 피난의 장소가 될 수 있는 안정된 심리적 대상으로 계속 남아 있지 않으면 안 된다. 특히 부모는 의식적으로 부모에게 반항하거나 부모를 거부하는 청소년기의 자녀에게 가족 또는 가정이라는 중간적인 영역이 중요한 정신적 피난처가 된다는 사실을 이해시키는 것이 필요하다. 자신의 방, 자신만의 공간과 같은 물리적 구조나 영유아기부터 이어지는 가정에 대한 심리적 편안함은 그들의 정신적 안정과 연속성을 지지하는 역할을 한다. 청소년기의 자녀는 때로 가족 밖에서 경험한 여러 가지 새로운 정보를 가족 안으로 가지고 오기도 한다. 물리적으로는 또래의 친구를 집에 데려오기도 한다. 청소년의 이와 같은 행동에 부모가 얼마나 유연하게 대응하는가 하는 것은 이 시기의 중요한 발달과제다.

둘째, 청소년기 자녀의 다양한 행동과 맞물려서 중년기를 맞이한 부모는 청소년의 자녀로 인한 이 같은 가족경계의 확대에 잘 적응해야 한다. 부모는 자녀에게 그들을 위한 물리적 또는 심리적 공간을 제공하면서 가족 내에서의 자녀의 부재를 인내할 수 있어야 한다. 때로는 청소년기의 자녀가 가지고 온 이질적이지만 새로운 생각을 존중하는 것도 필요하다. 그러나 이것은 부모세대가 지금까지 이상적이라고 믿어 온 생각을 넘어선 어떤 사물이나 사고를 이해하고 받아들여야 하는 것으로, 그들에게 쉽지 않은 과제다. 무엇보다 부모는 자녀들의 반항에 현명하게 대처하면서 자녀가 독립해 가는 것에 대한 불안을 견뎌 내지 않으면 안 된다.

더욱이 청소년기 자녀의 발달에 관한 문제와 부모 자신의 중년기 문제가 서로 얽혀 있는 경우가 있다. 즉, 자녀양육 등으로 은폐되었던 부부관계의 갈등이 표면화될 수도 있고 아버지의 사회적 또는 직업적 문제, 어머니가 새로운 형태로 사회참여를 하는 것 등이 어려움을 초래할 수도 있다. 때로 이 시기는 부모로 하여금 자신이 청소년기에 경험했던 원가족의 부모와 분리되는 과정을 되돌아보게 함으로써 부모 자신의 청소년기 과정을 검토하게 만드는 계기가 되기도 한다.

셋째, 조부모와 관련된 여러 가지 문제에 직면하면서 이것을 조화롭게 해결해 가야 한다. 조부모가 노화하여 허약해지면서 조부모와 동거하는 문제나 병든 조부모를 돌보는 데 따른 여러 가지 스트레스가 가족에게 부각될 가능성이 높다. 한편으로는 조부모와 동거하거나 조부모와의 교류가 친밀해지면서 부모 세대에 여러 가지 변화가 일어날 수도 있다. 그리고 그러한 내면의 변화가 부모의 인간적 성숙을 돕는 바람직한 방향으로 전개되기도 한다. 또한 조부모와 손자 세대의 상호작용이라는 새로운 체계의 발전을 가져오기도 한다.

5) 제5단계: 자립하는 자녀를 둔 가족

이 단계에서는 자녀가 청년기를 맞이해 가정에 소속되지 않은 성인 단계에 진입하면서 심리적 또는 물리적으로 가족에게서 벗어나 가정 밖의 세계에서 자기를 확립하게 된다. 이 경우 자녀의 수나 터울에 따라 가족 상황이 다양하게 전개된다. 첫 자녀 또는 그 이후의 자녀들이 계속하여 결혼하면서 가족에서 일탈하는 경우는 물론, 앞에서 언급한 것처럼 자녀가 가정에 소속되지 않은 성인 단계에 들어서는 경우도 이 단계에 해당된다. 그러나 자녀 수가 많은 가족의 경우에는 막내가 가족 외의 사람들에게서 자신의 정서적 결합을 추구하는 청소년기에 접어들면서 이 단계가 시작된다.

이 시기는 첫 자녀가 독립하여 사회적으로 자립할 때부터 막내 자녀가 독립하는 시기까지를 지칭한다. 이 단계의 가족에게는 부모-자녀라는 근본적인 끈을 단절하지 않으면서 부모와 자녀가 분리되는 것이 중요한 과제다. 이때 가족은 분리에 동반되는 상실감을 인내하지 않으면 안 된다. 그리고 서로가 물리적으로 떨어져 생활하더라도 좋은 관계를 계속 유지해야 하고 각자의 생활이나 일을 충분히 자립적으로 수행할 수 있는 능력을 갖추어야 한다. 부모는 일상생활의 중심이 되었던 자녀가 떠나가면서 정도의 차이는 있지만 슬픔을 경험한다. 이러한 상태를 빈둥지 증후군(empty nest syndrome)이라고 부른다. 가족관계가 큰 장애나 문제를 직면하지 않고 순조롭게 발달하려면 부모와 자녀 모두 자녀의 자립에 대해 충분한 준비를 하지 않으면 안 된다.

지금까지 영위해 온 가정생활이 부부관계보다 부모로서의 역할이 중요시된 경우, 자녀가 떠난 가정에서 새로운 삶의 목표를 찾는 것은 결코 쉬운 일이 아니다. 때로는 자립한 자녀에게 이전의 자녀 역할을 계속하라는 무리한 요구를 하면서 이로 인한 세대 간의 갈등이 초래되기도 한다. 한편, 집을 떠나서 자립하는 젊은이는 혼자서 생활하거나 배우자와 함께하는 생활 속에서 지금까지 경험하지 못한 일에 직면하게 되면서 당황할 수도 있다. 사회나 배우자가 실패에 대해 자신의 부모처럼 너그럽지 못하기 때문에 고독을 느끼거나 이전 생활을 그리워할 수도 있다. 때로는 이러한 스트레스를 견디지 못한 채 원가족의 부모에게 되돌아가 버리는 경우도 있다.

이 단계는 부모와 자녀 간의 경계가 물리적으로 명확해지는 시기이지만 심리적인 단절을 의미하는 것은 아니라는 점을 명심해야 한다. 자녀가 결혼하여 새로운 가족을 만들면 가족체계에는 변화가 일어난다. 기존의 가족체계에 혼인관계로 인해 생겨난 다른 배우자의 가족이 더해지는 것이다.

이 단계의 발달과제는 다음과 같다.

첫째, 2인 1조인 부모의 부부체계를 보다 긴밀한 협력관계로 재구성해야 한다. 즉, 부모 세대가 다시 한 번 부부로 결합해 친밀한 인생을 보내야 하는 것이다. 그러나 이 시기는 이들의 신혼시절과 달리 가족경계가 보다 확대된 상태다. 다시 말하면, 한편에는 연로한 조부모가 있으며, 다른 한편에는 독립한 자녀와 그 자녀의 새로운 배우자와 그들의 자녀, 즉 손자 세대까지 포함되는 것이다. 이 단계의 부부는 확대된 가족체계 속에서 안정된 생활을 할 수도 있고 이와는 대조적으로 자녀 등 모든 것을 잃고 부부만의 공허한 생활을 할 수도 있다.

둘째, 성장한 자녀들과 그 부모가 서로를 성인으로서 인정하면서 보다 안정된 가족관계로 이어 가야 한다. 바람직한 경우는 이 단계에서 부모는 자신의 일, 대인관계, 여가활용 등에 대해 보다 자기중심적인 생활을 영유하며 자녀도 각각 자신의 사회적 활동에 충실하는 것이다. 그러므로 가족에게 바람직한 가족관계를 영위해 가는 방법을 확보하는 것이 중요한 발달과제다.

셋째, 부모 세대는 자녀의 배우자나 손자를 포함한 새로운 확대가족과 관계를 잘 형성해야 한다. 구체적으로 고부관계, 사위와 장인 관계, 그리고 조부모와 손자 관계를 보다 건전하게 발전시키려는 노력이 필요가 있다.

넷째, 부모의 노화와 동반된 신체장애나 사별에 잘 대처해야 한다. 특히 자신의 부모가 사망함으로써 겪게 되는 상실감정의 처리는 이 시기에 중요한 과제가 된다. 또한 이러한 문제를 전후해 유산상속 등으로 인해 어린 시절 잠재되었던 형제간의 갈등이 재현되기도 한다. 또한 이로 인해 중년기의 우울증을 비롯해 각종 정신의학적인 문제에 노출될 가능성도 높다.

6) 제6단계: 노년기를 보내는 가족

결혼으로 출발한 가족생활주기가 부부의 노년을 맞이함으로써 가족발달의 마지막 단계로 접어든다. 이 시기는 모든 가족들이 다양한 상실을 경험한다. 나이가 들면서 부모 세대에서는 노화현상이 나타나며, 부모 세대는 의사소통이나 운동 능력을 상실하게 되고 경제적인 능력도 저하된다. 때로는 배우자, 형제, 친구 등 가까운 사람의 죽음에 직면하게 될지도 모른다. 자녀 역시 언젠가는 부모의 죽음을 받아들이지 않으면 안 된다. 따라서 이 단계의 과제는 지금까지 쌓은 신뢰관계를 손상하지 않으면서 이 같은 상실경험을 잘 수용하는 것이다.

가족구조에서는 자신의 자녀들과 동거하는 경우, 별거하고 있지만 원만한 관계를 유지하는 경우, 전혀 교류가 없는 경우 등 여러 가지 형태가 있을 수 있다. 어느 경우라도 경계와 역할은 반드시 변화를 요구한다. 일반적으로 이 시기에는 부모-자녀관계와 같이 기존의 돌보는 사람과 돌봄을 당하는 사람의 역할이 바뀌게 된다는 점을 염두에 두어야 한다.

이 시기의 발달과제는 다음과 같다.

첫째, 부부의 기능을 유지하고 사회적 또는 육체적 약화에 대응해야 한다. 은퇴가 대표적인 예다. 은퇴는 사회적으로 의미 있는 역할이나 지금까지의 사회적 인간관계를 상실하는 경험을 하게 한다. 이 경우 지금까지의 패턴에서 벗어난 새로운 생활 형태를 필요로 하기 때문에 배우자가 있는 경우라면 부부관계의 재적응이 중요한 과제가 될 것이다.

한편, 이 단계에서 배우자의 생존 여부는 다른 의미를 부여한다. 노년기에 배우자를 상실하면 남은 인생을 오랜 세월 함께한 반려자와 함께하지 못하는 데서 오는 고독, 상실감 때문에 자살이라는 극단적인 선택을 하는 경우도 있다. 따라서 배우자를 상실한 노인에게는 자녀 부부와 갖게 되는 관계가 보다 중요하다.

둘째, 부부 세대는 중년에 접어든 자녀에게 가정 내의 중심적인 역할을 이양해야 한다. 가족 내의 각종 권한이나 지도력을 원만하게 이행하도록 노력하는 것은 이 시기에 중요한 문제다. 노년기를 맞이한 부모 세대는 자녀 세대에게 의존하면서 그들이 중심적인 역할을 수행할 수 있도록 도와주는 것이 바람직하다.

셋째, 부모가 연장자로서의 지혜와 경험을 가족체계 속에서 적절히 살릴 수 있는 기회를 가져야 한다. 손주에게 좋은 조부모의 역할을 하는 것이 대표적인 예다. 대부분의 조부모는 손주와의 교류를 통해 자신의 어린 시절을 회상하면서 이것을 통해 즐거움을 느낀다. 그리고 손주와의 관계는 부모-자녀관계와는 달리 긴장이나 갈등이 없으므로 양가적인 감정을 초월한 애정관계를 맺을 수 있다는 이점이 있다.

3. 이혼과 재혼 가정

카터와 맥골드릭은 이혼에 동반된 가족생활주기의 혼란과 그 전후에 일어나는 가족과정이나 재혼에 의한 새로운 가족 형성의 문제를 예외적인 현상으로서가 아니라 기본적인 가족과정으로 보아야 한다고 주장하였다. 즉, 부부의 별거, 이혼, 한부모가족, 재혼가족이라는 여러 가지 가족구조가 종래의 핵가족 모델과 함께 증가되고 있으므로 가족구조의 다양화에 동반된 가족생활주기에 대한 새로운 접근방법이 필요하다는 것이다. 여기서는 이혼과 재혼의 가족과정에 관한 도식을 소개함으로써 이혼 및 재혼에 동반된 가족생활주기의 분열과 재형성 과정을 살펴보기로 한다(Carter & McGoldrick, 2005 재인용).

이들 가족체계는 이혼과 재혼으로 인해 분열되고 확대되어 뒤엉킨 가족관계를 형성하게 되는 것이 일반적이다. 〈표 14-1〉에 나타난 정서과정과 해결해야 할 과제는 이러한 복잡한 가족체계 속에서 각각의 가족이 어

〈표 14-1〉 이혼의 가족과정

단계	이혼에 이르는 정서과정	각 단계에서 해결해야 할 과제
1. 이혼의 결의	• 부부관계의 긴장을 해결할 수 없어서 부부관계를 지속하는 것이 어렵다는 현실 수용	• 결혼에 실패한 자신을 수용
2. 현재의 가족체계 해체 계획	• 가족체계 중 가능한 대처능력에 대한 활용방안을 검토	• 자녀양육, 경제문제 등에 대해 협의 • 이혼을 둘러싼 확대가족과의 관계를 수습
3. 별거	• 부모로서 협력적인 관계를 계속 가지려는 노력 • 배우자에 대한 양가감정을 해소하기 위한 노력	• 함께한 가족을 상실하는 데 따르는 비애 • 부부 또는 자녀의 재구성 • 확대가족과의 관계 재조정
4. 이혼	• 이혼으로 인한 분노, 죄책감, 미움 등의 정서적 문제 극복	• 함께한 가족을 상실하는 것에 대한 상실감 • 결혼에 걸었던 희망이나 꿈, 기대를 상실한 아픔의 회복 • 확대가족과의 접촉 유지

출처: Carter & McGoldrick (2005).

떻게 움직일 가능성이 있는가를 명백히 제시하고 있다. 즉, 표는 가족체계의 분열과 재구성에 동반해 나타나는 필연적인 정서과정과 그때 해결해야 할 과제를 제시하고 있다.

한부모가족의 가족구조 형태에서는 한쪽 부모가 아버지와 어머니의 역할을 모두 수행해야 하고, 부모가 피로와 고독감을 느끼며, 자녀가 본의 아니게 자신의 성숙 수준 이상의 역할을 수행해야 한다는 역기능의 위험을 안고 있다. 이처럼 특히 자녀들이 포함될 때 가족체계 내의 별거, 이혼, 재혼은 필연적으로 혼란을 유발한다.

1) 이혼가족의 가족 특성

감정적으로 균열된 부모와 함께 생활하는 것보다는 한쪽 부모라도 평온한 상태에서 생활하는 것이 자녀에게 바람직하다는 생각에서 이혼을 선택하는 부모들이 늘고 있다. 그러나 부모의 이혼으로 자녀들이 입게 되는 정신적 타격이 크다는 사실은 이미 알려져 있다. 치료자는 이혼이 자녀에게 줄 충격을 고려할 때 이혼에 대한 부모의 반응, 이혼까지의 에피소드, 그 이후의 결과라는 전체 맥락에서 살펴보는 것이 바람직하다.

부모의 이혼에 대해 자녀가 어떻게 반응하는가는 자녀의 연령과 성숙 정도에 따라 다르다. 일반적으로 이혼하기 전 부부싸움 등 부모의 불화로 인해 긴장된 가정 분위기가 이어진다면 자녀들은 자신의 가족에게 굉장한 일이 일어날지 모른다는 공포감을 가질 것이다. 그런 가운데 어느 한쪽 부모가 갑자기 집을 나가는 별거를 경험하면 자녀들은 심한 정신적인 동요를 겪는다. 그리고 이들은 정서적인 어려움을 극복하기 위해 연령에 따라 여러 가지 다른 행동을 한다. 즉, 유아기나 초등학교 저학년의 자녀는 이제부터 거주지, 식생활 등 살아가는 데 필요한 것을 스스로 해결하지 않으면 안 된다는 막연한 공포감을 가진다. 때로는 남아 있는 다른 부모에게 버림받을지도 모른다는 두려움 때문에 나이에 걸맞지 않게 어른스러운 행동을 하기도 한다. 주택, 의복, 음식을 걱정하는 것은 현실감에서 벗어난 것이 아니라 애정과 안정을 추구하는 욕구를 아동 나름대로 표현하고 있는 것이다. 이와는 달리 연령이 높은 자녀들은 슬픔, 분노, 죄의식 등의 정서적 혼란으로 인해 도벽이나 가출과 같은 문제행동을 일으키기도 한다. 특히 부모가 이혼한 경우에는 사별과 달리 가족 모두가 상실감을 공유할 수 없으므로 자녀들은 자신들이 느끼는 슬픈 감정을 자유롭게 표현할 수 없다는 어려움이 있다. 그렇기 때문에 자녀들은 종종 슬픔, 분노의 감정을 행동으로 표현하기도 한다. 유아의 경우에는 수면장애, 식욕부진, 성장지체로 나타날 수 있으며, 초등학생의 경우에는 두통, 복통 등을 호소하거나 성적이 떨어지기도 한다. 십대의 자녀들은 정서적인 불안이 퇴행이나 비행으로 이어질 수도 있다. 따라서 이혼을 결심한 부모는 자녀의 발달단계에 따라 무엇을 어떻게 말할 것인지를 부부 사이에 결정해 두는 것이 바람직하다. 또한 이혼이 자녀의 탓이 아니라는 점을 밝힐 필요가 있는데, 이것은 자녀들에게 반복적으로 설명되어야 한다. 그러나 현재 부부 사이에 진행되는 과정에 대해 자녀의 연령에 맞게 알리는 것이 무엇보다 중요하다.

월러스테인(Wallerstein, 2001)에 따르면 이혼가정의 자녀가 감당해야 할 과제는 다음과 같다.

첫째, 자녀들은 가정이 파괴되었다는 현실을 받아들일 필요가 있다.

둘째, 부모의 갈등에 영향을 받지 않고 자신들의 일상적인 일을 해 나가야 한다.

셋째, 가족의 해체와 변경에 대한 대처가 필요하다.

넷째, 분노 및 자책감과 같은 정서적 문제를 해결하고 부모를 용서할 수 있어야 한다.

다섯째, 이혼이 바꿀 수 없는 사실이라는 점을 받아들여야 한다.

여섯째, 사랑을 주고받는 능력, 인간관계에 대한 현실적인 기대를 가져야 한다.

이혼이 가져오는 어려움은 자녀뿐만 아니라 이혼을 선택한 부모도 경험하는 문제다. 이혼 후 일 년간은 사회적인 고립, 자존감의 상실, 우울, 무력감을 강하게 느끼며 자녀양육에서도 양쪽 부모의 역할을 떠맡아야 하므로 부모와 자녀 모두 심각한 정서적 스트레스를 경험한다. 이혼은 전형적인 가족생활주기의 흐름을 방해하여 그 주기를 회복하는 데는 최소한 2년 이상이 걸린다. 별거나 이혼 과정에서 각 배우자는 자녀양육, 양육비 문제 등 부모가 해야 할 부분에 대해 타협할 필요가 있다. 이혼 후 가족은 사회관계를 재구축하고 부모자녀관계를 다시 형성해야 하는 어려운 과제에 직면하게 된다.

2) 재혼가족의 가족 특성

이혼의 증가와 함께 재혼가족의 비율이 늘어나며 이들의 재혼 형태도 달라지고 있다. 요즘은 부부가 이전 가족에서 출생한 자신의 자녀들을 포함하여 가족을 형성하는 혼합가정도 늘고 있다. 이처럼 재혼가족의 증가와 그 형태의 다양성은 가족생활을 영위하는 데 여러 가지 문제를 드러내고 있다. 이들이 겪게 되는 어려움 중에는 특히 새롭게 형성한 부모-자녀관계가 자주 언급된다. 재혼하는 부부는 당연히 새로 시작되는 가정에 대한 많은 기대를 갖게 되는데, 한 예로 계부모는 새롭게 관계를 맺는 아이들과 친밀함을 유지하는 애정 어린 가정을 꿈꾸게 된다. 반면 아이들의 경우에는 계속해서 언젠가 계부모가 떠나고 그 자리에 친부모가 되돌아오기를 기대한다. 이처럼 서로 다른 기대를 가지고 출발하는 재혼 초기에는 많은 어려움에 당면한다.

재혼가족은 모든 가족 구성원이 부모의 죽음이나 별거와 같은 중요한 상실경험을 가지고 있으며, 서로 다른 경험과 전통, 가치, 기대를 가진 사람들이 갑자기 모여 한 가족을 이루었으므로 여러 가지 어려움을 경험한다. 즉, 이들은 전형적인 가족생활주기에서 형성된 가족역사를 공유할 수 없기 때문에 함께 생활하면서 긴장을 느끼는 것은 당연하다. 또한 부모는 결혼생활이 또다시 실패할지도 모른다는 두려움 때문에 가정생활에서 자신들의 부정적인 감정을 좀처럼 드러내지 않는다. 또한 새롭게 형성한 부부관계보다 새로운 자녀들과의 부모자녀의 유대를 우선으로 생각하여 종종 새로운 결혼에 긴장이 초래되기도 한다. 그리고 실제 상황이건 기억이건 친부모의 존재는 새로운 관계형성에 끊임없는 영향을 주어서 새로운 부모-자녀관계 형성에 어려움을 줄 수 있다. 때로는 자녀들이 친부모와 계부모 두 가정의 구성원이 될 때 이혼한 부모 사이의 끝나지 않은 싸움에 휘말릴 수도 있다. 따라서 재혼가족의 발달과제로는 대상 상실의 슬픔을 극복하고 새로운 생활양식을 확립하는 것을 들 수 있다(Visher & Visher, 1996).

특히 재혼가족 자녀들이 겪는 어려움 중 가장 큰 것은 충성심의 문제다. 이들은 원가족에 대한 충성심을 그대로 유지하고 있기 때문에 새롭게 맺어진 계부모와 새로운 구조를 만들어 가려고 할 때 자신들이 가진 충성심에 상처를 준다고 생각하기 쉽다. 따라서 자녀들은 각기 다른 유형의 가족에 자신을 맞추어 가야 할 때 충성심에 대한 딜레마를 경험하게 된다. 계부모 역시 새로 맞이한 계자녀가 이전 가족에 대한 충성심의 감정을 가지고 있다는 사실을 알게 되면 심한 갈등을 느끼게 된다. 따라서 치료자는 새로운 부모와 잘 지내는 것이 친부모를 배반하는 것이라고 생각하기 쉬운 어린 자녀가 있는 재혼가족을 만나면 이 같은 충성심의 문제에 각별한 주의를 기울여야 한다. 즉, 치료자는 자녀들이 스스로 충성심의 문제를 정리할 수 있도록 부모들로 하여금 서서히 다가가도록 해야 한다. 새로운 가족에 적응하도록 무조건 강요할 경우 그들은 오히려 이전 가족에게 더욱 고착되어 버릴 수 있기 때문이다. 재혼가족의 궁극적인 목적은 통합이지만 가족들이 이전 가족과 현재 가족에 대해 모두 안정감을 갖는 것이 중요한 과제다.

| 참고문헌 |

고미영(1998). 탈 근대주의 시대의 가족치료의 동향. 한국가족치료학회지 6(1).

김유숙, 박정희, 천희선 공역(2011). 가족치료의 기술 [Palterson J., et al.(2009). *Essential skills in Family therapy*(2nd. ed.) New York: Guilford]. 서울: 학지사.

김유숙(2002). 가족치료의 이론과 실제. 서울: 학지사.

김유숙 역(2003). 심리치료와 사회구성주의 [McNamee, S. & Gergen, K. J. (1992). *Therapy as Social Construction*. London Sage.]. 서울: 학지사.

김유숙(2005). 가족상담. 서울: 학지사.

김유숙, 전영주, 정혜정 공역(2009). 이야기치료 [Freedman et al. (1996). *Narrative Therapy*. New York: W. W. Norton Company]. 서울: 학지사.

김정규(2006). 게슈탈트 심리치료. 서울: 학지사.

김정규, 김영주, 심정아 공역(2008). 알아차림, 대화 그리고 과정 [Yontef, G. M., *Awareness, Dialogue and Process* (1993). Gestalt Journal Press. Inc.]. 서울: 학지사.

노혜련, 허남순 공역(2008). 해결을 위한 면접(2판) [De Jong, P., & Berg, I. K. (1998). *Interviewing for Solutions*. New York: Brooks/Cole Publishing Company]. 서울: 학문사.

이부영(2011). 분석심리학. 서울: 일조각.

이부영 역(1993). 인간과 무의식의 상징(5판) [Jung, C. G. (1964). *Man and His*

Symbols. London: Aldus Books]. 서울: 집문당.

이영분, 김유숙, 정혜정, 최선령, 박정희 공역(2011). 가계도: 사정과 개입 [McGoldrick, M., & Gerson, R. (2008). *Genograms in Family Assessment*. New York: Norton]. 서울: 학지사.

한국버지니아사티연구회 역(2000). 사티어 모델: 가족치료의 지평을 넘어서. 서울: 김영애가족치료연구소.

菊地孝則(1993). ねかりやすい精神分析 療法(3) 一診斷面接と治療への 導入. 心身医療, 5.

野口裕二(2002). 物語としてのケア. 東京: 医学書院.

窪内節子, 吉武光世(2003). やさしく学べる心理治療の基礎. 東京: 培風館.

河合集雄(1991). イメージの心理学. 東京: 淸土社.

河合集雄, 岩井實, 福島章(1984). 家族精神療法. 東京: 金剛出版.

村山正治, 野島一彦(1997). エンカウンター・グルプ-プロセスの発展段階. 九州大学教育学部紀要, 21, 72-84.

Ackerman, N. W. (1958). *The Psychodynamics of Family Life*. New York: Norton.

Ackerman, N. W. (1966a). *Treating the Troubled Family*. New York: Basic Books.

Ackerman, N. W. (1966b). Family psychotherapy-theory and practice. *American Journal of Psychotherapy, 20*.

Allan, J., & Lawton-Speert, S. (1993). Play Psychotherapy of a profoundly incest abused boy; Jungian approach. *International Journal of Play Therapy, 2*(1), 33-48.

Allan, J. (1997). Jungian Play Therapy. In K. J. O'Connor & L. M. Braverman(Eds.), *Play therapy theory and practice, a comparative presentation*. New York: John Wiley & Sons.

Anderson, H. (1997). *Conversation, Language, and Possibilities: A Postmodern Approach to Therapy*. New York: Basic Books.

Anderson, H., & Goolishian, H. (1990). Beyond Cybernetics: Comments on Atkinson and Health's Further thoughts on second-order family therapy. *Family Process, 29*.

Anderson, H., & Goolishian, H. (1992). The Client is the Expert: A Not-knowing Approach to Therapy. In S. McNamee & K. Gergen (Eds.), *Therapy as*

Social Construction. Newbury Park: Sage Publications.

Bandura, A. (1977). *Social Learning Theory*. New Jersey: Prentice-Hall.

Barker, P. (1986). *Basic Family Therapy*. New York: Blackwell Scientific Publication.

Beck, A. T (1967). *Depression; Clinical, Experimental, and Theoretical Aspects*. New York: Hoeber.

Bateson, G. (1978). The birth of a matrix or double bind and epistemology. In M. Berger(Ed.), *Beyond the Double Bind*. New York: Brunner & Mazel.

Bateson, G., Jackson, D. D., Haley, J., & Weakland, J. (1956). Toward a theory of schizophrenia. *Behavioral Seience, 1*.

Beels, C. C., & Ferber, A. (1969). Family Therapy: A View. *Family Process*, *8*, 280-310.

Bell, J. E. (1975). *Family Therapy*. New York: Jason Aronson.

Berg, I. K. (1994). *Family-Based Services: A Solution-Focused Approach*. New York: Norton.

Crawford, B. (2002). *How to Get Kids to Do What You Want: The Power and Promise of Solution-Focused Parenting*. Humanics Pub Group.

Bowen, M. (Ed.). (1978). *Family Therapy in Clinical Practice*. New York: Jason Aronson.

Brock, G. W., & Barnard, C. P. (1992). *Procedures in Marriage and Family Therapy*. Boston: Allyn & Bacon.

Burr, V. (1995). *An Introduction to Social Constructionism*. New York: Routledge.

Carter, E. A., & McGoldrick, M. (2005). *The Expanded Family Life Fycle: Individual Family and Social Perspectives* (3rd ed.). Boston: Allyn & Bacon.

Corey, G. (2009). *Theory and Practice of Counseling and Psychotherapy*. (8th ed.). CA: Thomson.

Davison, G. C., & Neale, J. M. (1994). *Abnormal Psychology* (6th ed.). New York: John Wiley & Sons. Inc.

de Shazer, S. (1988). *Clues: Investigation Solutions in Brief Therapy*. New York: Norton.

Dollard, J. & Miller, N., (1950). *Personality and Psychotherapy: An analysis in terms of learning, thinking and cultures*, New York: Mc-Graw Hill.

Duhl, F. J., Kantor, D., & Duhl, N. S. (1973). Learning, space and action in family therapy: A primer of sculpture. In (D. A. Bloch(Ed.), *Techniques of Family Psychotherapy*. New York: Grune & Stratton.

Duvall, E. M., & Miller, B. C. (1985). *Marriage and Family Development* (6th ed.). New York: Harper & Row.

Ellis, A., & Dryden, W. (1997). *The practice of Rational Emotive Therapy*. New York: Springer.

Erickson, M. H. (1980). *A Teaching Seminar with Milton H. Erickson, MD*, J. K. Zeig(Ed.). New York: Brunner & Mazel.

Foley, V. (1974). *An Introduction to Family Therapy*. New York: Grune & Statton.

Franklin, C., Biever, J., Moore, K., Clenons, D., & Scamardo, M. (2001). The Effectiveness of Solution-Focused Therapy with Children in School Setting. *Research on Social Work Practice*, *11*(4), 411-434.

Gergen, K. J. (1999). *An Invitation to Social Construction*. London: Sage.

Gil, E. (1994). *Play in Family Therapy*. New York: Guilford Press.

Glenn, M. L. (1984). *On Diagnosis: A Systemic Approach*. New York: Brunner & Mazel.

Glick, L. D., & Kessler, D. R. (1974). *Marital and Family Therapy*. New York: Grune & Stratton.

Golan, S. (1988). On second-order family therapy. *Family Process*, *27*(1).

Goldenberg, I., & Goldenberg, H. (2000). *Family Therapy: An Overview* (5th ed.). California: Brooks & Cole.

Griffin, W. A. (1993). *Family Therapy: Fundamentals of Theory and Practice*. Brunner & Mazel.

Haley, J. (1963). *Strategies of Psychotherapy*. New York: Grune & Stratton.

Haley, J. (1973). *Uncommon Therapy: The Psychiatric Techniques of Milton H. Erickson*. New York: Norton.

Haley, J. (1976). *Problem-Solving Therapy*. San Francisco: Jossey-Bass.

Hoffman, L. (1981). *Foundations of Family Therapy: A Conceptual Framework for Systems Change*. New York: Basic Books.

Hoffman, L. (1990). Constructing realities: An art of Lenses. *Family Process*, *29*(1).

Hoyt, M. (1994). *Constructive Therapies*. New York: The Guilford Press.

Kaduson, G. H., & Schaefer, C. (2000). *Short-Term Play Therapy for Children*. New York: Guilford.

Kilpatrick, A. C., & Holland, T. P. (2003). *Working with Families: An Intergrative Model by Level of Need*. Boston: Pearson Educations, Inc.

Kirschner, D. A., & Kirschner, S. (1986). *Comprehensive Family Therapy: An Integration of Systemic and Psychodynamic Models*. New York: Brunner & Mazel.

Korchin, S. J,. (1976). *Modern Clinical Psychology: Principles of Intervention in the Clinic and Community*. New York: Basic Books Inc.

Lee, M. Y. (1997). A Study of Solution-Focused Brief Family Therapy: Outcomes and Issues. *The American Journal of Family Therapy*, *25*, 3-17.

Liberman, R. P. (1970). Behavioural approaches in family and couple therapy. *American Journal of Orthopsychiatry*, *40*.

McNamee, S., & Gergen, K. J. (Ed.). (1992). *Therapy as Social Construction*. London: Sage Publications.

Minuchin, S. (1974). *Familes & Family Therapy*. Massachusetts: Harvard University Press.

Minuchin, S., & Fisherman, H. C. (1981). *Family Therapy Techniques*. Cambridge: Harvard University Press.

Morgan, A. (2000). *What is Narrative Therapy?* Adelaide: Dulwich.

Nichols, M. P. (2009). *Family Therapy: Concepts and Methods* (6th ed.). Boston: Allyn & Bacon.

Palazzoli, M. S., Boscolo, L., Cecchin, G., & Prata, G. (1980). Hupothesizing-circularity-neutrality: Three guidelines for the conductor of the session. *Family Process, 19*.

Palmer, S. (2000). *Introduction to Counselling and Psychotherapy*. London: Sage Publications.

Papp, P. (1977). *Family Therapy: Full Length Case Studies*. New York: Gardner Press.

Papp, P., Silverstein. O., & Garter, E. (1973). Family Sculpting in Preventive Work with well Families. *Family Process, 12.*

Patterson, G. R., Weiss, R. L., & Hops, H. (1976). Training in marital skills: Some problems & concepts. *Handbook of Behavior Modification & Behavior Therapy.* New Jersey: Prentice-Hall.

Peery, J. C., (2003). Jungian Analytical Play Therapy. In C. E. Schaefer (Eds.). Foundations of Play Therapy. New York: John Wiley & Sons.

Plante, T. G. (1999). *Contemporary Clinical Psychology.* New York: John Wiley & Sons, Inc.

Raymond. J., Wedding C., & Wedding. D., (2000). *Current Psychotherapies.* New York: Peacock Publjhers. Inc.

Rogers, C. (1989). *The Carl Rogers Reader.* New York: Mariner Books.

Rogers, C. (1995). *On Becoming a Person: A Therapist's View of Psychotherapy.* Mariner Books.

Satir, V. (1967). *Conjoint Family Therapy.* California: Science & Behavior Books.

Satir, V. (1972). *Peoplemaking.* California: Science & Behavior Books.

Satir, V., Banmen, J., & Gomori, M. (1991). *The Satir Model: Family Therapy and Beyond.* Palo Alto: Science & Behavior Books.

Skynner, A. C. R. (1969). Indications and contra-indications for conjoint family therapy. *International Journal of Social Psychiatry, 15.*

Stacey, K. (1995). Language as an exclusive or inclusive concept: Reaching beyond the verbal. *Australian & New Zealand Journal of Family Therapy, 16*(3), 123-132.

Stuart, R. B. (1969). Operant-interpersonal treatment for marital discord. *Journal of Consulting and Clinical Psychology, 33.*

Tomm, K. (1984). One perspective on the Milan systemic approach: Part I. Overview of development, theory and practice. *Journal of Marital and Family Therapy, 10.*

Truax, C. B., & Mitchel, K. M. (1971). Research on certain interpersonal skills in relation to process and outcome. In S. L. Garfield & A. E. Bergin (Eds.). *Handbook of Psychotherapy and Behaviour Change: An Empirical Analysis* (pp. 299-344). New York: Wiley.

Visher, E. B., & Visher, J. S. (1996). *Therapy with Stepfamilies*. New York: Brummer & Mazel.

von Bertalanffy, L. (1968). *General Systems Theory: Foundations, Development Application*. New York: Braziller.

Wallerstein, J. (2001). *The Unexpected Legacy of Divorce*. Hyperion Books.

Walrond-Skinner, S. (1976). *Family Therapy: The Treatment of Family Systems*. London: Routledge & Kegan Paul.

Walker, A., Rablen, R., & Rogers, C. (1960). Development of a scale to measure process changes in psychotherapy. *Journal of Clinical Psychology*, 16, 79-85.

Walsh, F. (Ed.). (1982). *Normal Family Processes*. New York: Guildford.

Walter, J. (1992). *Becoming Solution-Focused in Brief Therapy*. New York: Brunner & Mazel.

Watzlawick, P., Beavin, J. H., & Jackson, D. D. (1967). *Pragmatics of Human Communication*. New York: Norton.

Watzlawick, P., Weakland, J., & Fisch, R. (1974). *Change: Principles of Problem Formulation and Problem Resolution*. New York: Norton.

Weakland, J. (1979).The double-bind theory. *Journal of the American Academy of Child Psychiatry, 18*.

Whitaker, C. (1981). Symbolic-experiential family therapy. *Handbook of Family Therapy* (ed.). New York: Brunner & Mazel.

White, M. (1995). *Re-Authoring Lives: Interviews & Essays*. Adelaide: Dulwich.

White, M. (2000). *Reflections on Narrative Practice*. Adelaide: Dulwich Centre Publications.

White, M., & Epston, D. (1990). *Narrative Means to Therapeutic Ends*. New York: Norton.

Wiener, N. (1948). *Cybernetics, or Control and Communication in Animal and the Machine*. New York: Wiley.

Wolf, P. (1973). Family Structure in three cases of anorexia nervosa: The Role of the Father. *American Journal Psychiatry, 130*.

Woods, M. D., & Martin, D. (1984). The work of Virginia Satir: understanding her theory and technique. *American Journal of Family Therapy, 12*(4).

Wynn, J. C. (1987). *The Family Therapist*. New Jersey: Fleming H. Revell.

Yalom I. D. & Leszcz, M., (2005). *Theory and Practice of Group Psychotherapy* (5th. ed.). New York: Basic Books.

찾아보기

《인명》

《내 용》

저자 소개

김유숙

일본 동경대학교 의학부 임상심리전공(보건학 박사)
가족치료, 가족상담 지도감독자(한국가족치료학회, 한국상담학회)
이야기치료전문가(한국이야기치료학회)
놀이치료교육전문가(한국놀이치료학회)
미국가족치료학회(AFTA), 국제모래놀이치료학회(ISST) 정회원
현) 서울여자대학교 교육심리학과 교수
　　한스카운셀링센터 수석 상담위원

〈주요 저서〉
가족상담, 가족치료, 아동과 청소년 심리치료, 모래놀이치료의 본질 외

〈주요 역서〉
가족치료의 기술, 가계도: 사정과 개입, 이야기치료 외

심리치료이론과 가족치료

2012년 10월 30일 1판 1쇄 발행
2017년 2월 15일 1판 3쇄 발행

지은이 • 김 유 숙
펴낸이 • 김 진 환
펴낸곳 • (주) 학지사
04031 서울특별시 마포구 양화로 15길 20 마인드월드빌딩 5층
대표전화 • 02) 330-5114 팩스 • 02) 324-2345
등록번호 • 제313-2006-000265호
홈페이지 • http://www.hakjisa.co.kr
페이스북 • https://www.facebook.com/hakjisabook

ISBN 978-89-6330-754-1 93180

정가 17,000원